D1639958

Dr. Nick Begich und James Roderick

Freiheit leben

Verrat an Wissenschaft, Gesellschaft und Seele

Dr. Nick Begich und James Roderick

Freiheit leben

Verrat an Wissenschaft, Gesellschaft und Seele

Michaels Verlag

Originialtitel: Earth Rising II The Betrayal of Science,
Society and the Soul
Übersetzt von Gertraud Geyer

ISBN 10:   3-89539-382-7
ISBN 13: 978-3-89539-382-2
1. Auflage Oktober 2006

©   Michaels Verlag
Ammergauer Str. 80
86971 Peiting
Tel.: 08861-59018   Fax: 08861-67091

e-mail: mvv@michaelsverlag.de
www.michaelsverlag.de

Inhalt

Widmung

Während wir an diesem Buch arbeiteten, sprachen Jim und ich oft darüber, wie wunderbar es war, dass wir die Möglichkeiten besaßen, die Themen, die auf den folgenden Seiten zu lesen sind, zu erforschen und zu veröffentlichen. Wir glaubten beide fest dran, dass wir damit dem Ruf folgten, der in diesem Lebensabschnitt an uns gerichtet war – die Worte auszusprechen, die gehört werden mussten. Ich glaube, dass wir gemeinsam auf diesen Seiten den Auftrag gut ausführen. Wir wussten auch beide, dass wir es allein nicht schaffen konnten und dass hinter uns die Unterstützung unserer Familien und enger Freunde stand. Viele Leute hatten jahrelang den Eindruck, dass *Earthpulse Press Incorporated* eine große Organisation mit vielen Angestellten und Helfern sei, während in Wirklichkeit die tägliche Arbeit nur von uns beiden erledigt wurde. Es gibt eine Reihe von Leuten, die unsere Bemühungen unterstützten und die im Text und in den Fußnoten dieses Buches erwähnt sind. Ihre Bemühungen verdienen besondere Erwähnung, weil unser Material ohne diese individuellen Beiträge nur lückenhaft geblieben wäre. Jedem von ihnen gilt unser besonderer Dank.

Hinter der Organisation stehen die Leute, die es uns möglich machen unsere Arbeit zu tun. Viele wissen nichts von den Opfern, die andere Leute bringen, damit die Dinge vorangehen, wie es in den vergangenen Jahren geschehen ist. Meine Frau, Shelah Slade, war immer eine stabile Kraft hinter uns und unterstützte James und mich, während sie ertragen musste, dass ich oft lange weg war und 70 bis 80 Stunden pro Woche arbeiten musste. Gleichzeitig hat sie die Anforderungen eines Haushalts mit Kindern gemeistert und war in Gemeindeangelegenheiten aktiv. Das ist bewundernswert, weil sie sich auf wunderbar liebenswerte Weise um alles kümmert.

Ich bin auch in der glücklichen Lage, dass ich mit zwei wunderbaren Schwiegerkindern gesegnet wurde, die ganz in der Nähe wohnen. Glen und Betty Slade verbrachten frühe Morgen- und späte Abendstunden damit mich zum Flughafen zu bringen oder von dort abzuholen, halfen mit den Kindern und waren einfach da, wenn wir Hilfe am nötigsten brauchten. Die vergangenen Jahre haben an James und mich hohe Anforderungen gestellt, während wir darum kämpften das Buch fertig zu stellen und auch alles andere am Laufen zu halten. Betty und Glen waren immer da und haben geholfen, haben jemanden irgendwohin gefahren oder haben Essen gekocht, wenn alle anderen zu erschöpft waren. Dafür bin ich ihnen ewig dankbar.

Jim starb, ehe diese letzten Worte geschrieben waren. Seine Mutter, die im Sommer 2002 starb, war für ihn eine Inspiration und stellte mit ihren wöchentlichen Anrufen eine Quelle von Mitgefühl und nicht endender Unterstützung dar. Carolyn und Paul Roderick, Jims Bruder und Schwägerin, hatten ihm in der schlimmsten Zeit geholfen und waren so, wie Familie eben ist – sie halfen einander. Seine Bemühungen wurden bereichert durch die Liebe der Familie, von Freunden und von denen, die es schafften im ansonsten hektischen Alltag auch noch etwas Gutes zu tun.

Ich danke meiner adoptierten Athabasca-Indianer-Familie für ihre Unterstützung, während ich versuchte das Buch zu beenden, dem Chickaloon Village zu helfen und den anderen Verpflichtungen in meinem Leben gerecht zu werden. Meine Athabasca-Familie hat mich die Erfahrung des Mitgefühls erleben lassen, wodurch ich viel gelernt habe, das sich für den Rest meines Lebens in meinen Schriften niederschlagen wird. Die Weisheit von Clan-Großmutter Katherine Wade, Häuptling Marie Smith-Jones, Häuptling Gary Harrison und anderen, die ich während meiner Arbeit kennen gelernt habe, erinnerten mich an die Wurzeln unserer Kämpfe als Menschen und an die Kraft der Liebe, die alle Hindernisse überwinden kann.

Durch all diese Menschen konnte dieses Buch zustande kommen. Sie sind die lebendigen Engel, die niemals einen gerechten Lohn erhalten werden, bis der Schöpfer seinem „guten und treuen Diener" den Lohn überreichen wird. All diesen Menschen möchte ich danken.

Prolog

Wir haben immer versucht mehr zu tun als einfach nur die Geschichten und Themen, über die wir berichten, zu recherchieren – wir haben uns selbst in die Vorgänge vertieft, wie es Aktivisten eben tun – wir haben die wahren und tatsächlichen Aktionen mit unseren Worten in Einklang gebracht. Denn so geschehen Dinge – indem wir das, was uns tief im Innersten bewegt, was wir für richtig und wahr halten, nehmen und es direkt in die Tat umsetzen. Sogar wenn alle gegen einen sind, geht die Arbeit weiter.

Mein Mitautor, bester Freund und Mitstreiter James Roderick starb am 10. August 2002 eines natürlichen Todes, als die Arbeiten an diesem Buch sind dem Ende näherten. Ich kann mit einfachen Worten nicht erklären, wie viel Jim für mich und meine Familie bedeutete. Er hatte seinen Blick darauf gerichtet, aus der Welt einen besseren Ort zu machen. Ohne einen Gedanken an wirtschaftliche Grundlagen zu verschwenden, war James der Überzeugung, dass ein Einzelner auch ohne Penny in der Tasche trotzdem daran gehen kann, etwas wirklich Großartiges für andere zu tun. Er strebte nicht nach Anerkennung oder Lohn. Er wollte einfach etwas tun, um damit das voranzubringen, woran er glaubte und was er für richtig und wahr hielt. Er wusste, dass das „Versuchen" nötig war. Nicht das Gewinnen oder Verlieren entsprechend den Standards dieser Welt, sondern immer wieder das Bemühen ohne Rücksicht auf die Hindernisse. Jim wusste, dass der Geist einer einzigen Seele mehr Kraft enthält als tausend Sonnen. Er wusste, dass seine Verbindung zum Universum und zum Schöpfer es ihm möglich machen würde, einem größeren Ganzen zu dienen. Er wollte genau das tun und tat es auch. Jim lebte sein ganzes Leben lang unterhalb der Armutsgrenze, hatte keinerlei materielle Vorteile, wie sie sogar der Durchschnittsbürger dieses Landes besitzt. Aber er wusste, was er hatte, und das gab er her, bis er seinen letzten Atemzug tat. Seine Seele verließ ihn, während er von seinen besten Freunden und engsten Verwandten umgeben war.

Als Umweltaktivist war Jim damit betraut die Nahrungszufuhr für die Seeotter während der berüchtigten Ölverschmutzung in der Prinz-William-Bucht zu organisieren. Er engagierte sich für das, woran er glaubte. Er war verantwortlich dafür, dass einige der wichtigsten Umweltnachrichten aus diesem Teil der Welt an die Öffentlichkeit gelangten – nur einige von uns wussten, dass er eine der Hauptinformationsquellen war.

Nachdem Jim Roderick einige Jahre damit verbracht hatte seinen Vater bis zu seinem Tod zu pflegen, begann er sich für die seltsame Geschichte rund um HAARP zu interessieren. Damals war Jim ein Aktivist, der gegen die Verschmutzung durch militärische Giftstoffe kämpfte, und stieß 1991 zufällig auf HAARP. Er hatte ein feines Gespür für diese Dinge und wusste, dass er einem Skandal auf der Spur war. Er gründete mit zwei anderen die Initiative „No HAARP". Ich wurde erst zwei Jahre später in diese Angelegenheit verwickelt. Als ich 1993 Jim traf, hatten er und seine Freunde ihre Ressourcen und Energien erschöpft und überlegten sich, ob sie den Kampf aufgeben sollten. Kurz zuvor hatte ich meinen ersten Artikel über HAARP veröffentlicht und löste damit eine Kette von Ereignissen aus, die ihren Höhepunkt in der Veröffentlichung des Buches *Angels don't play this HAARP* (2004 auf deutsch unter dem Titel „Löcher im Himmel" im Michaels Verlag erschienen) zusammen mit Jeane Manning fand. Die Hälfte der Beiträge in diesem Buch waren von den ursprünglichen No-HAARP-Aktivisten zusammengetragen und von Jim Roderick überprüft worden. Nach einer Beratung mit seinen Kollegen stimmten sie überein, ihre Archive an mich zu übergeben, und wir kamen zu dem Schluss, dass wir den Kampf gemeinsam fortsetzen wollten. Als die Jahre vergingen und das Buch veröffentlicht wurde, legten Jim, meine Frau und ich den Kurs von No HAARP fest. Inzwischen sind acht Jahre vergangen. Wir brachten mit dem Verkauf und dem Vertrieb unseres geistigen Eigentums zwei Millionen Dollar auf und gaben sie für den Widerstand gegen HAARP aus – wir investierten das, was uns in unseren Köpfen und unseren Herzen am wichtigsten war.

Gemeinsam verfassten wir Texte, um die Welt zu verändern. Gemeinsam forschten wir und veröffentlichten schließlich *Earth Rising – The Revolution* (2005 auf deutsch unter dem Titel „Freiheit nehmen" im Michaels Verlag erschienen). Nichts, was ich in den vergangenen Jahren erreicht habe, wäre möglich gewesen ohne Jim Roderick und meine Frau Shelah. Wenn ihr mich in Zukunft seht und hört, dann hoffe ich, dass ihr auch an Jim und meine Frau denkt, die im alltäglichen Kampf an meiner Seite bleiben wird. Am 9. August 2002, einen Tag vor Jims Tod, konnte ich ihm mitteilen, dass die Debatte um HAARP eine neue Ebene erreicht hatte, denn die russische Duma (das nationale gesetzgebende Organ in Russland) entschloss sich zum Widerstand gegen HAARP.

Nachdem wir einige Zeit über große Entfernung zusammengearbeitet hatten, war Jim vor vier Jahren schon einmal dem Tod sehr nahe. Damals wurde uns gesagt, dass Jim nur noch eine Woche zu leben hätte. Meine Frau und ich eilten zum Flughafen, um nach Homer, Alaska, zu fliegen und unseren schwerkranken Freund zu besuchen. Dann geschah das Wunder. Seine Leberfunktion kehrte zurück und sein Körper begann sich zu erholen. Er wurde ein paar Tage später entlassen. Wir entschieden uns, dass Jim in unserer Nähe leben sollte, wo er wesentlich günstigere Arbeitsbedingungen finden könnte. Wir organisierten seinen großen Umzug nach Eagle River und halfen ihm beim Einzug in sein Heim, das nur ein paar Häuser von meiner Familie entfernt lag. Ein paar Monate später kam es zu einigen Vorkommnissen, die seine letzten vier Lebensjahre zu seinen besten machen sollte, während ich gerade meine schlimmsten durchlebte. Gemeinsam stützten mich Jim und meine Frau von rechts und von links, und ohne ihre Hilfe wäre in diesen vier Jahren gar nichts zustande gekommen. Das sind die wahren Helden, die niemals ins Rampenlicht treten. In dieser Zeit schrieben Jim und ich unser erstes Buch zusammen und begannen mit der Arbeit an dem Buch, das hier nun vorliegt.

Kurz nachdem Jim in Eagle River angekommen war, starb eine unserer engsten Freundinnen, die Aktivistin Gael Flanagan. Gael war nicht nur eine gute Freundin, sie war auch eine meiner Mentorinnen, wie eine Schwester für meine Frau und eine zweite Mutter für meine Kinder. Sie war die Frau von Patrick Flanagan, dessen Biographie *Towards a New Alchemy* ich 1998 schrieb. Einst zählte ich Patrick zu meinen engsten Freunden, jetzt ist er nicht mehr mein Freund.

Gael starb durch die Einnahme des Medikaments Ketamin in einer Dosis, die „mehrere hundert Mal" die tödliche Dosis überstieg, wie der ärztliche Befund ergab. Es gibt viele unbeantwortete Fragen um ihren Tod. Der Bericht des Gerichtsmediziners schloss Selbstmord aus, ließ aber die Frage offen, ob es sich um einen Unfall oder um Mord handelte.

Nach Gaels Tod intensivierte Patrick ein uraltes Muster von zunehmend bizarren Verhaltensweisen, die eine Reihe von Ereignissen auslösten, wodurch es für uns unmöglich wurde als Organisation weiterzumachen. *Earthpulse* war in Schwierigkeiten. Ich fragte Jim, ob er bleiben oder nach Homer zurückkehren wolle, weil ich wusste, dass es ein harter Kampf werden würde, die Firma aufrecht zu erhalten und mit Patrick fertig zu werden. Jim weigerte sich zu gehen – er war bis zum Ende mit dabei. Meine Arbeit war auch Jims Arbeit.

Während unserer Forschungen und Schreibarbeiten in den letzten vier Jahren passierte sehr viel. Ich übernahm zusätzliche Arbeitsaufträge, um die Rechnungen zahlen zu können, und versuchte *Earthpulse* am Leben zu halten, während Jim die Stellung hielt und die tagtäglich anfallende Arbeit für *Earthpulse* erledigte. Mein Kampf mit Flanagan schwelte und brach offen aus, als ich ihn und seine Firmen vor Gericht brachte. Die Auswirkungen der Verstöße gegen mich durch Flanagan führten 2002 zu meinem persönlichen Bankrott. In den zwei Wochen vor Jims Tod begannen wir mit intensiven Verhandlungen, um den Streit mit Flanagan beizulegen. Uns wurde ein Vergleich über 100.000 Dollar angeboten – ein kleiner Teil dessen, was wir durch unsere „Flanagan-Erfahrungen" verloren hatten. Der Vergleich hätte erfordert, dass wir zu allen Themen über Patrick, Gael oder die mit ihm in Verbindung stehenden Organisationen schweigen müssten.

Das Geld wäre in den Wiederaufbau von *Earthpulse Press* geflossen, so dass wir damit das 1993 begonnene Werk hätten fortsetzen können. Aber das Angebot konnte unter der Bedingung des Schweigens nicht akzeptiert werden. Wir lehnten den Vergleich ab und zogen uns aus dem Prozess zurück, damit verloren wir die Möglichkeit mit unserem Kampf gegen Flanagans Organisationen fortzufahren. Die Wahrheit hat keinen Preis – sich Schweigen auferlegen zu lassen ist die Essenz des „Verrats an Wissenschaft, Gesellschaft und Seele", wie der Untertitel des vorliegenden Buches lautet. Bis Oktober 2002 konnten wir den Bankrott abwenden und bekamen die Gelegenheit, unsere Arbeit zu den Themen fortzusetzen, die auf diesen Seiten zu lesen sind.

Viele haben uns in den vergangenen Monaten geholfen, so dass die Veröffentlichung dieses Buches möglich wurde. Wir bauen eine neue Organisation auf und werden weiterhin unsere Berichte und unsere Bücher veröffentlichen. Wir wissen nicht, was uns die Zukunft im Einzelnen bringen wird, aber ich will mich der Aufgabe widmen, das zu Ende zu bringen, was wir begonnen haben. Ich will mich dem Kampf für das Gute an allen Fronten widmen. Mit seinem Tod hat Jim mir ganz deutlich ins Bewusstsein gebracht, dass nichts die Seele und den Geist einer Person unterdrücken kann. Das ist die zentrale Botschaft dieses Prologs, der zusammengestellt, geschrieben und veröffentlicht wurde, während ich mich in jeder Hinsicht Herausforderungen zu stellen hatte.

Dieses Buch wurde über einen Zeitraum von drei Jahren geschrieben, die mit Widerstand, Verzögerungen und persönlichen Herausforderungen befrachtet waren. Es schien, als ob sich jedes Hindernis vor uns erheben wollte und nur mit Durchhaltevermögen und Willenskraft überwunden werden könnte. Weil ich von vielen Leuten unterstützt wurde, die auch weiterhin mit uns zusammenarbeiten, wurde dieses Buch endlich fertig gestellt.

Das Leben bietet Widerstand und Gelegenheit. Wir sind es, die wählen, wie wir das Leben nutzen wollen, das wir haben. Am Ende unseres Lebens hoffen wir, dass wir von unserem Schöpfer die Worte hören: „Das hast du gut gemacht, mein guter und treuer Diener." Diese Worte durfte mein Mitautor James Roderick schon hören, da bin ich mir ganz sicher.

Erinnern wir uns auch in Zukunft an Jim und erkennen wir in uns selbst unsere eigenen individuellen Möglichkeiten als Menschen. Tun wir etwas Gutes für jemanden auf unserem Planeten in Erinnerung an das, was die vielen unbeachteten Helden für jeden von uns schon getan haben. Möge der Schöpfer unsere Schritte lenken.

Dr. Nick Begich
11. März 2003

Kapitel 1

In den Dienst gerufen

Dieses Buch wurde mit der hingebungsvollen Unterstützung von vielen Freunden von *Earthpulse Press* zusammengestellt, aber ganz besonders durch meinen Mitautor James Roderick, der bis zu seinem Tod mit mir gemeinsam an diesem Projekt gearbeitet hat. Ich habe auf vielerlei Arten um dieses Buch gekämpft und versucht, es im Andenken an meinen lieben Freund, Kollegen und Wegbegleiter herauszubringen. Dieses Buch war über zwei Jahre lang für die Veröffentlichung geplant und durch eine Reihe von Hindernissen immer wieder verzögert worden. Aber nun ist es endlich in Druck gegangen.

In diesem Buch werden vier Hauptthemen behandelt. Es gibt ein Kapitel über neue Unterwassersonare, die vom Militär der Vereinigten Staaten für den Einsatz geplant sind, obwohl man inzwischen erkannt hat, dass es Risiken für das Leben in den Ozeanen gibt. In einem zweiten Abschnitt werden Mobiltelefone und ihre Risiken für Menschen erörtert, da wir uns auf dem Weg in eine neue und drahtlose Welt befinden. Der dritte Teil befasst sich mit Informationssystemen und damit verwandten Technologien. Der letzte Abschnitt umfasst schließlich eine Diskussion über die Auslöschung der persönlichen Privatsphäre in den Vereinigten Staaten und auf der ganzen Welt aufgrund der neuen Technologie. Wenn diese neuen Technologien nicht auf einer Basis von Zurückhaltung und Wahrheit entwickelt werden, dann begehen sie Verrat am Grundgehalt der Wissenschaft, die der Diener und nicht der Beherrscher der kreativen menschlichen Seele und des Lebenssystems auf unserem Planeten sein soll.

„Earth Rising II" ist ein Buch, das sich mit bestimmten Inhalten befasst, um einen Trend oder eine Richtung aufzuzeigen, mit denen man sich näher befassen muss. Das Buch verwendet über dreihundert wörtliche Zitate aus öffentlich zugänglichen Archiven und Zeitungsberichten und koppelt sie mit den Erfahrungen der Autoren.

Am Ende bringen wir Lösungen und Ideen für Veränderung. Es ist die Hoffnung der Autoren, dass dieses Buch zur Veränderung anregt. Wir hoffen, dass diese Worte einen Funken des Schöpfungsfeuers entzünden, von dem wir glauben, dass es in uns allen steckt und für uns eine Kraft ist, die uns ermutigt Aktivisten für die Wahrheit zu sein.

Wie schon in unserem letzten Buch müssen wir auch hier auf einige wichtige Dinge hinweisen, die belegen, warum es für uns zwingend notwendig ist, dass wir uns unseres Potenzials als Menschen und unserer Verpflichtung als Verwalter bewusst werden. Die Menschen haben seit der Zeit, als sie die Entdeckung des Feuers machten und das Rad erfanden, Technologie geschaffen und entwickelt. Die Technologie hat sich für Millionen von Jahren langsam entwickelt, so weit wir das aus der Geschichte wissen. Der Vorgang hat sich jedoch beschleunigt, als die Computertechnologie und andere menschliche intellektuelle Fähigkeiten auftauchten. Bis zum Ende des 20. Jahrhunderts hatte sich das Tempo der Veränderung auf Geschwindigkeiten gesteigert, bei denen sich das menschliche Wissen alle zehn Monate verdoppelte. Bei diesem Tempo ist es für die meisten von uns schwierig geworden Schritt zu halten, und noch viel weniger können wir die kurzfristigen oder die langfristigen Auswirkungen dieser schnell voranschreitenden Technologien einschätzen. Wir von *Earthpulse Press* sammeln das Material von Tausenden von Dokumenten und wollen damit erreichen, dass wir das Mosaik zusammenstellen können, das die tatsächlichen Auswirkungen dieser neuen Wissenschaften darstellt.

Ich wurde oft gefragt, was die Motivation für meine Arbeit ist und warum ich solche Anstrengungen unternehme, wenn auch ganz andere Wege möglich wären. Ich komme aus einem Elternhaus mit politischem Hintergrund, wo es aufregende und geistvolle Debatten über Politik, Prinzipien der Demokratie innerhalb einer Republik und die Ideale der menschlichen Gerechtigkeit, Freiheit und Willensfreiheit gab. Öffentliche Debatte in der bürgerlichen Gesellschaft war ein wichtiger Bestandteil meiner Erziehung, wo man einen Sinn für Fairness, Offenheit und vor allem auch für ein ehrliches Aussprechen der Wahrheit pflegte. Mit 14 Jahren verlor ich meinen Vater, als ein Flugzeug spurlos verschwand, während er als einziger Kongressabgeordneter für Alaska im Repräsentantenhaus des 92. US-Kongresses tätig war. Als er mit Hale Boggs, dem Mehrheitsführer des Repräsentantenhauses, spurlos verschwand, stand zwei Wochen später die Wiederwahl von Richard Nixon zum Präsidenten bevor. Es standen auch die Enthüllungen bevor, die sich aus dem Watergate-Skandal der frühen 1970er Jahre ergaben. Erst zwanzig Jahre später tauchten Informationen auf, die andeuteten, dass das Verschwinden der beiden Politiker vielleicht mehr als ein Unfall war.

Es ist Ironie, wenn man bedenkt, dass Hale Boggs und mein Vater in vielen Fällen gegen die gleichen Dinge kämpften, mit denen wir uns heute beschäftigen. Erziehung, Rechte der Ureinwohner Amerikas, militärische Themen, Verantwortlichkeit der Regierung und persönliche Privatsphäre waren auch bei uns in den vergangenen achtzehn Jahren die zentralen Themen.

Das Verschwinden

„Hale Boggs hatte keine eigene Familie, für die er kämpfen musste, deshalb sprach er im Namen von Kollegen auf der ganzen Welt, so wie ich auch. Von Mitte Oktober an, als die Vertagung des Kongresses erwartet wurde, bis zum Wahltag, der drei Wochen später angesetzt war, hatten wir gemeinsam fünfzehn Vortragsverpflichtungen übernommen. Hale flog hinunter nach Texas, und Präsident Clinton erzählte mir später, dass er als junger Demokrat aus Arkansas, der sich freiwillig in der Texas-Wahlkampagne engagiert hatte, am folgenden Tag Hale zum Flughafen gebracht hatte, von wo aus er nach Washington zurückfliegen wollte."[1] Dort nahm Hale einen Flug nach Alaska, um dort für Nick Begich an der Kampagne teilzunehmen. „Nick Begich war ein lebenssprühender, offener Demokrat – 40 Jahre alt, Vater von sechs Kindern, der für seine zweite Zwei-Jahres-Amtszeit kandidierte. Er hatte Boggs gebeten nach Alaska zu kommen und ihn im Wahlkampf zu unterstützen, obwohl die Republikaner nur eine symbolische Opposition darstellten.

Die Opposition war Don Young, ein Senator aus Fort Yukon. Youngs Kampagne stand nur auf schwachen finanziellen Füßen, teilweise deshalb, weil Begich als sichere Sache galt.
Und das war er auch. Drei Wochen nachdem sein Flugzeug verschwunden war, schlug der Kongressabgeordnete, von dem man glaubte, dass er ums Leben gekommen war, Young mit 55 Prozent der Stimmen."[2] Mein Vater war ein beliebter politischer Führer in Alaska und die Suchaktion, die seinem Verschwinden folgte, erwies sich als die intensivste Suche in der Geschichte der Vereinigten Staaten. Und doch fand man nach Aussagen der offiziellen Suchprotokolle nicht eine einzige Spur des Flugzeugs.
„Am Tag nach dem Verschwinden des Flugzeugs, mit dem Mehrheitsführer Hale Boggs (D-Louisiana) und der Abgeordnete Nick Begich (D-Alaska) vor 20 Jahren in Alaska unterwegs waren, erhielt die US-Küstenwache einen geheimnisvollen Bericht, dass ein Funkruf von einem notgelandeten Flugzeug aufgefangen worden sei und dass zwei der vier Passagiere noch am Leben seien.

Der Inhalt dieses Berichts, der noch nie zuvor veröffentlicht worden war, liegt verschlossen in FBI-Dokumenten, die letzte Woche von *Roll Call* mit Hilfe des *Freedom of Information Act* (Gesetz zur Informationsfreiheit) zugänglich gemacht wurden."[3] Diese Anfrage und dieser Artikel stellten den ersten offiziellen Hinweis dar, dass ein sehr faules Spiel und/oder Inkompetenz die wahren Gründe hinter dem ganzen Ereignis waren. Die Tatsache, dass Boggs das FBI und J. Edgar Hoover kritisiert hatte, indem er einige Monate zuvor seinen Rücktritt gefordert hatte, könnte der Grund für den unglücklichen Ausgang des Fluges nach Alaska gewesen sein. Obwohl Hoover zu diesem Zeitpunkt bereits gegangen war, brauchte das FBI eine gründliche Erneuerung. Boggs war ein Reformer, der in einer Position war, um das FBI in eine Behörde umzuwandeln, die dem Kongress und der Verfassung gegenüber verantwortlich war. Damals hörte das FBI die Telefone von Kongressleuten ab, unterwanderte Protestgruppen und beeinträchtigte die Grundrechte der Amerikaner auf Rede- und Versammlungsfreiheit.

Boggs war zu der Zeit als Anführer der Mehrheit im US-Repräsentantenhaus einer der mächtigsten Demokraten im Kongress, und das zu einer Zeit, als durch die Veröffentlichung von Pentagonpapieren, durch den Watergate-Skandal und andere größere Geschichten die Korruption aufgedeckt wurde. Boggs war verärgert über den Machtmissbrauch der FBI-Leute, besonders über das Abhören von Kongresstelefonen, das Beobachten von Studentengruppen und andere höchst fragwürdige Aktivitäten. Als Mitglied der Warren-Kommission (Untersuchungsausschuss nach der Ermordung von John F. Kennedy) wollte er die Untersuchung noch einmal aufrollen. Boggs war ein ausdrücklicher Verfechter der Bürgerrechte und trat für eine „offene Regierung" ein, ein Bemühen, das von Nixon und seinen Regierungsmitgliedern nicht geteilt wurde, während sie auf der Verfassung und den Werten des amerikanischen Volkes herumtrampelten und die Regierungsverantwortung so benutzten, als handelte es sich um einen privaten Club.

Obwohl die FBI-Dokumente glaubwürdig waren, entschied die Regierung, dass man zwanzig Jahre später nicht weiter nachforschen sollte. „Staatsbeamte entschieden, die Suche nach der Cessna 310, mit der Hale Boggs, der damalige Anführer der Mehrheitspartei aus Louisiana, und der US-Abgeordnete Nick Begich unterwegs waren, nicht noch einmal aufzurollen. Als Grund wurde angegeben, dass die Gegend, die für den Absturz als wahrscheinlich galt, bereits mehrmals in den vergangenen Jahren wegen anderer Abstürze abgesucht worden war. Nicht ein Bruchstück vom Wrack des Flugzeugs war dabei gefunden worden."[4] Es wurde allerdings nicht in Betracht gezogen, dass das Flugzeug von Eis und Schnee überdeckt sein könnte. Der vermutete Absturzort liegt inmitten eines Eisfelds im südöstlichen Alaska. Moderne Sensoren verschiedenster Art, die den Boden durchdringen, könnten sehr leicht den Ort lokalisieren, falls ein Metallflugzeug dort vorhanden ist. Die Gegend, wo man das Flugzeug vermutet, wird regelmäßig für militärische Übungen genutzt, so dass als Teil einer Übung auch der Absturzort lokalisiert werden könnte. Genau die Technologien, die in unseren Schriften zur Sprache kommen, sind diejenigen, die das Militär dafür einsetzen könnte, während sie sich mit ihren regulären Übungen beschäftigen – vielleicht werden sie es eines Tages noch tun.

Das Geheimnis

Die nun folgende Geschichte, in der die Geschichte des Verschwindens erklärt wird, wurde von meinem Bruder Tom geschrieben. Ich werde oft nach den Einzelheiten gefragt. Es scheint, dass das Geheimnis, das diese Ereignisse umgibt, zu den gleichen grundsätzlichen Regierungsproblemen führt, die es in der Regierungszeit Nixons gab, als der Verrat am Vertrauen der Öffentlichkeit in all seiner Rücksichtslosigkeit praktiziert wurde.
„Die folgenden Ereignisse stammen direkt aus Interviews und Zeitungsberichten über die Ereignisse, die der Notlandung der Cessna 310 folgten. An Bord der Maschine waren der Kongressabgeordnete Nick Begich und Hale Boggs, Begichs Mitarbeiter Russ Brown und Pilot Don Jonz.
Juneau in Alaska ist bekannt für seinen Regen und Nebel. Am Morgen des 16. Oktober 1972 herrschte auch dieses Wetter. Es

nieselte fortwährend, die Wolken hingen tief, der Flughafen war in Bereitschaft. Bob Cooksey blickte auf seine Uhr und ging seinen Terminplan noch einmal durch. Die Cocktailparty, das Wohltätigkeitsessen am Abend. Für alles musste der Zeitplan eingehalten werden – das war nicht leicht, da das Flugzeug schon fünfzehn Minuten Verspätung hatte. Aber mit der Geduld, die er aufgrund seiner Erfahrung erworben hatte, stellte er sich auf Warten ein. Flugzeuge hatten auf der Strecke von Anchorage nach Juneau oft Verspätung. Fünfzehn Minuten vergingen. Cooksey ging zum Tower, um noch einmal nachzufragen, ob das Flugzeug auch wirklich in Anchorage gestartet war. Kein Problem, sagte man ihm, das Flugzeug war mit einer kleinen Verspätung gestartet. Aufgrund des Wetters. Warte noch etwas, sie werden gleich kommen. Möchtest du vielleicht eine Tasse Kaffee? Setz dich doch! Eine Stunde später wusste Cooksey, dass irgendetwas schief gelaufen war.

‚Flugzeug von Boggs und Begich vermisst', von Paul Anderson, Anchorage, Alaska (UPI). ‚Ein Geschwader von dreißig Flugzeugen begann heute mit einer intensiven Suche nach einem Leichtflugzeug, das am Montag über der Wildnis von Alaska verschwunden war ...'

Am Sonntag Abend lehnte sich Nick Begich im Saal des Westward Hotels zu Margaret Pojhola hinüber, während eine Schar von Gratulanten ihm die Hände schüttelten und ihn mit guten Wünschen überschütteten. Der Erfolg des Abends berauschte ihn, und er schaffte es zu sagen ‚Bleibt doch noch...', ehe die Menge ihn überwältigte. Die Zahl der Leute um den Kongressabgeordneten wurde nicht kleiner. Es war an der Zeit, dass Margaret etwas unternahm. Sie wandte einen alten Kampagnetrick an und sprach zu Begich, während sie ihn durch die Menschenmenge schob. Ihre Stimme war so laut, dass die Leute um sie herum jedes Wort verstehen konnten: ‚Nick, wenn du jetzt nicht aufbrichst, dann verpasst du deinen nächsten Termin!'
Nick fügte sich Margarets Drängen, nickte seinen Anhängern dankbar zu und ging aus dem Hotel hinaus in die regnerische Nacht von Anchorage. Margarets Mann Carl kam mit dem Wagen, und sie

fuhren zum nahegelegenen Travelodge. Dort trafen sie zwei weitere Freunde, Bill Sheffield und Wendall Kay, die beide wohlbekannte Figuren in der politischen Landschaft Alaskas waren. Im Oktober war die Politik das Hauptthema, und für die Demokraten von Alaska sah die Zukunft rosig aus. Die Fünf setzten sich zu einem Gespräch zusammen. Bill übernahm die Spesen.

Nach einer Stunde verabschiedeten sich Sheffield und Kay, und damit war das Thema Politik erst mal beendet. Nick entspannte sich. Obwohl es schon spät war, bat er Carl und Margaret noch zu bleiben. Er wollte noch über andere, persönliche Dinge sprechen. Das war einer der Augenblicke, als die Politik nicht all sein Denken bestimmte. Sie blieben und redeten. Die Begeisterung des Abends hatte Nick noch nicht verlassen. Er sprach von diesem Abend, von der Stimmung bei den Leuten. Seine Augen spiegelten die Spritzigkeit der von Lachen unterbrochenen Rede von Hale Boggs, dem Kongressabgeordneten aus Louisiana, wider, der nach Norden geflogen war, um seine Unterstützung für den Demokraten aus Alaska zum Ausdruck zu bringen. Nick sprach über seine Familie und darüber, dass er seine Frau Pegge am Tag zuvor in St. Cloud, Minnesota, gesehen hatte, unterwegs auf einer weiteren der schier endlosen Reisen zwischen Washington, D.C., und Alaska. Er machte Witze über sein Zuhause, seine Kinder und die Zukunft. Er war in einem Zustand der Euphorie, er war ganz oben angelangt. Mit seinen Worten nahm er Margaret und Carl mit in sein Leben hinein, wie es nur Freunde können.

Aber auch dieser Abend musste einmal zu Ende gehen. Am nächsten Tag wartete in Juneau ein voller Terminkalender, der schon am frühen Morgen begann. Er begleitete sie zu ihrem Wagen. ‚Nächsten Samstag bin ich wieder in der Stadt', sagte er. ‚Ich ruf euch dann an.' Die Pojholas fuhren davon, während Nick zurück ins Hotel ging.

Es gibt Zeiten, da überkommt einen ein Gefühl, eine Vorahnung, ein Zweifel, dessen Ursprung man nicht feststellen kann. Obwohl dieser Abend einer der angenehmsten war, an den Margaret sich erinnern konnte, fühlte sie dennoch eine Art Vorahnung. Als sie abfuhren, wurde ihr Gefühl immer stärker, bis sie fast von Angst überwältigt wurde, sich zu Carl umdrehte und die ersten Worte sprach, seit sie Nick auf dem regnerischen Parkplatz des Travelodge verlassen hatten. ‚Irgendetwas Furchtbares wird passieren', sagte sie.

‚Intensive Suche nach vermisstem Flugzeug von Begich und Boggs geht weiter; Flugzeug vermutlich abgestürzt', von der Redaktion von *Empire* und *Associated Press*.... In Juneau begannen Flugzeuge der Küstenwache am frühen Nachmittag mit der Suche, nachdem man den ganzen Vormittag abgewartet hatte, dass der Nebel sich lichten sollte. ‚Kein Flugzeug war aufgrund des Nebels an diesem Vormittag am Flughafen Juneau angekommen oder abgeflogen...'

In Juneau versuchte der Vertreter der Erziehungsvereinigung von Alaska (AEA) den ganzen Tag, mit seinem Amateurfunkgerät Notrufsignale des vermissten Flugzeugs aufzufangen. Als politischer Verbündeter und Freund von Nick weigerte er sich zu glauben, dass das Flugzeug nicht irgendwo da draußen war und darauf wartete, dass das Wetter sich besserte oder dass ein Rettungsfahrzeug unterwegs wäre. Aber er hatte keinen Erfolg. Im Flugzeug hatte sich ein Notfallsignalgerät befunden, aber es sah nicht so aus, als sei es aktiviert worden. Oder wenn es doch aktiviert worden war, dann in einem Bereich, wo kein Funkgerät seine Signale empfangen konnte. Er versuchte es am nächsten Tag wieder und auch am übernächsten.

Gene Kennedy, Nicks Verwaltungsassistent und bester Freund, flog von Anchorage nach Juneau und charterte einen Helikopter, um nach der vermissten Maschine zu suchen. Sie suchten den ganzen Tag die Buchten und Durchfahrten rund um Juneau, Douglas und die Inseln rundherum ab. Vom Flugzeug konnte keine Spur gefunden werden.

Am Montag hatte Kennedy seinen Sitzplatz in diesem Schicksalsflug an Russ Brown, den Mitarbeiter von Nick, abgetreten. Brown war nicht in der Lage gewesen einen Linienflug nach Juneau zu bezahlen und hatte gefragt, ob Kennedy mit ihm Platz tauschen würde. Gene hatte sich dazu bereit erklärt.

Er konnte nicht glauben, dass ein Leben, das so voll Energie steckte, wie das seines Freundes Nick zu Ende sein sollte. Es war undenkbar, dass es so schnell hatte passieren können. Nick war zu jung. Die Tage vergingen, aber Gene hoffte immer noch auf eine Nachricht.

Als die Stunden vergingen, wurden Harry Lupros Hoffnungen immer schwächer. Als Mitverantwortlicher für Nicks Kampagne in Juneau musste er zu den Veranstaltungen gehen, egal ob der Kandidat da war oder nicht. An diesem Abend ging er zum vereinbarten Abendessen. Wenigstens konnte er denen, die es vielleicht noch nicht gehört hatten, erzählen, was geschehen war. Als er im Baranof Hotel ankam, stellte er fest, dass einige von den Leuten, die hier herumliefen, schon Bescheid wussten.

‚Regen, Nebel, langsame Suche', von Howard Weaver, Redakteur der *Daily News*. ‚Eine Armada von Flugzeugen wurde am Mittwoch bereit gestellt, aber zurück gehalten, weil die Wetterbedingungen an der Küste von Alaska es den Suchern weiterhin unmöglich machten, nach dem Flugzeug Ausschau zu halten, in dem der Abgeordnete Nick Begich, der Mehrheitsführer Hale Boggs und zwei weitere Männer auf einem Flug von Anchorage nach Juneau unterwegs gewesen waren ...'

Im Fernsehen lief gerade ‚The Rookies' und fesselte die Aufmerksamkeit der Kinder, die es sich auf dem Sofa und auf dem Boden bequem gemacht hatten. Als einige Augenblicke später das Telefon läutete, schauten sich die Kinder an und zögerten, ehe einer der Jungs aufsprang und ins Arbeitszimmer lief, um abzunehmen. Er kam Sekunden später zurück und kletterte wieder auf seinen Stammplatz auf dem Sofa.

‚Es ist für dich, Mama, irgendein Gouverneur oder so jemand...', sagte er, und dann hatte ihn die Fernsehshow wieder in ihren Bann gezogen.

Ein Gouverneur? Pegge dachte nach. Es konnte nur Bill Egan sein. Aber warum sollte er sie anrufen? Als sie den Hörer aufnahm, stellte sie fest, dass es ‚Gouverneur Bill' war. Er sprach schnell und ohne Umschweife. Er war der erste, der ihr mitteilte, dass das Flugzeug ihres Ehemannes vermisst wurde. Sie hörte schweigend zu und bat um genauere Angaben, wie die Lage sich jetzt darstellte. Er teilte ihr alles mit. Als er fertig war, dankte sie ihm und hängte ein. Ruhig kehrte sie zu den Kindern zurück, setzte sich vor den Fernseher und starrte den Bildschirm an. Die Kinder merkten kaum, dass sie wieder da war, da sie fasziniert die Show verfolgten. Obwohl Pegge hinschaute, bekam sie überhaupt nichts mit.

Das erste, was Lindy Boggs sah, als sie das Flugzeug in Anchorage verließ, war der wolkige Himmel, der die Stadt zu ersticken schien. Sie wurde von Militärpersonal begrüßt und ins Kommandozentrum für die Suchaktion begleitet. Dort informierte sie Major Henry Stocker über den neuesten Stand der Suchbemühungen und zeigte ihr auf den Karten die Suchrouten und die Transkripte der vielen Berichte, die von den Piloten geliefert wurden. Als sich später die Reporter um sie drängten, gab sie eine kurze Erklärung ab. Sie war ‚sehr zuversichtlich‘, dass ihr Mann lebend gefunden werde, sagte sie. Draußen begann die Wolkendecke immer dichter zu werden.

‚Ein Spezialist schließt sich der Suche nach Boggs und Begich an‘, von Paul Anderson, Anchorage, Alaska (UPI). ‚Heute war der Air-Force-Spezialist für Such- und Rettungsaktionen vor Ort, während die Suche nach dem vermissten Flugzeug mit Mehrheitsführer Hale Boggs und drei anderen Personen in ihren neunten Tag ging...‘

Einen Tag nachdem das Flugzeug verschwunden war, weckte Pegge Begich ihre Kinder für die Schule und teilte ihnen mit, was passiert war. Sie war die ganze Nacht auf gewesen und hatte sich um ihren Mann gesorgt. Sie überlegte, ob sie es den Kindern mitteilen sollte. Sie vermutete, dass sie die Neuigkeiten vermutlich früh genug erfahren würden, und entschied sich, dass sie es zuerst von ihr hören sollten. Sie ließ sie selbst entscheiden, ob sie in die Schule gehen wollten oder nicht. Sie erklärte ihnen, dass sie vielleicht auf Reporter treffen würden, die Fragen stellen wollten. Alle Kinder hörten gut zu. Alle von ihnen entschlossen sich in die Schule zu gehen.

Auf dem Weg zur James Fennimore Cooper Junior High School blieben Nick und Tom Begich stehen, um sich auf einer Steinbrücke auszuruhen. Als Tom zum Himmel blickte und eine Wolkenformation erkannte, packte er seinen Bruder am Arm.

‚Schau! Siehst du diese Wolke? Sie sieht wie ein Flugzeug aus. Und die andere da? Das ist ein Berg.‘ Er deutete mit den Fingern auf die

Wolken. ‚Das bedeutet, dass Dad es geschafft hat. Es geht ihm gut!'

Nick blickte zum Himmel und begann dann mit zusammengebissenen Zähnen weiter zur Schule zu gehen. Tom zögerte und folgte ihm schließlich. Am Himmel wurden das Flugzeug und der Berg wieder zu Wolken.

‚Pegge Begich behält den für Alaska typischen Optimismus', von David R. Bolt, *Washington Post*. ‚Leute, die Alaska nicht verstehen, verstehen auch nicht, warum wir nicht zusammenbrechen', sagte Pegge Begich, deren Mann, der Abgeordnete Nick Begich, irgendwo in Alaska vermisst wird, seit das Kleinflugzeug, mit dem er unterwegs war, vor 20 Tagen verschwand ... 1970 wurden alle Kandidaten der Demokraten in Alaska neun Stunden lang vermisst, als ihr Kleinflugzeug in undurchdringlichen Nebel flog und auf dem Wasser notlanden musste, bis das Wetter aufklarte.'

Im Hauptquartier der Kampagne ‚Begich in den Kongress' in der Innenstadt von Anchorage taten Margaret Pojhola und Gene Kennedy, was sie nur konnten, um die Mitarbeiter der Kampagne bei Laune und die Kampagne am Laufen zu halten. In einer Zeit, in der der Optimismus immer mehr verloren ging, war das eine schwierige Aufgabe.

Erst kurz zuvor hatten die Aktionen von Republikanern und Demokraten, die gefordert hatten, dass Nicks Name nach seinem Verschwinden von den Wahlzetteln der bevorstehenden Wahlen entfernt werden müsse, Kennedy schockiert und zutiefst getroffen. Überall herrschte ein Gefühl der Hoffnungslosigkeit. Margaret saß neben ihm und lächelte fast bei dem Gedanken, der ihr gerade durch den Kopf gegangen war. ‚Wenn er zurückkommt, Kennedy', sagte sie, ‚und du diese Wahl für ihn verloren hast, dann bringt er dich um!' Gene lächelte bei dem Gedanken an einen vor Wut rasenden Nick Begich und für den Augenblick munterte ihn das auf. Er ging wieder an die Arbeit.

‚Wiederwahl von Begich', Washington (*UPI*). ‚Die Kongressabgeordneten Hale Boggs und Nick Begich sind vermisst, seit ihr Flugzeug am 16. Oktober verschwand, aber die Namen von beiden werden heute auf den Wahllisten erscheinen...'

Der junge Reporter Howard Weaver war in das Hauptquartier von Begich geschickt worden, um einen Bericht über die Wahlnacht zu schreiben. Ihm war aufgetragen worden einen Artikel über die Leute zu schreiben, die an der Kampagne teilgenommen hatten. Es sollte eine persönliche Geschichte aus einem Hauptquartier sein, wo der wahrscheinliche Wahlgewinner genauso wahrscheinlich nicht mehr am Leben war. Höflich fragte Weaver, ob er im Hauptraum sitzen und sich Notizen machen dürfe. Margaret und Gene waren einverstanden, aber der Gedanke, dass irgendein junger Reporter hier eine mittelmäßige Wahlnachtreportage zusammenschustern sollte, war fast mehr als sie ertragen konnten. Weaver wurde eisig behandelt, seine Anwesenheit wurde mit Mühe toleriert.

Als die Ergebnisse Begichs Wiederwahl bestätigt hatten, dankte Weaver und ging, um die Geschichte auszuarbeiten. Später an diesem Abend tauchte Kay Fanning, die Herausgeberin der *Anchorage Daily News*, mit der Ausgabe vom folgenden Tag auf. Die Wahlmitarbeiter lasen Weavers Artikel und waren verblüfft. Er war wundervoll. Mit einem feinen Gespür für das Thema war Weaver mitten ins Herz seiner Geschichte vorgedrungen und hatte die Verzweiflung geschildert, die von der Ironie einer erfolgreichen Wiederwahl und der Tapferkeit des Kampagneteams erhellt wurde. An diesem Morgen erwarb sich Howard Weaver in den Augen von Kennedy und Pojhola einen Respekt, von dem nur wenige Reporter überhaupt träumen dürfen.

Nach 39 Tagen mit Suchaktionen aus der Luft, was die umfangreichste Suche in der Geschichte von Alaska war, wurde abgebrochen. An dem Tag, an dem eigentlich Nicks 16. Hochzeitstag hätte gefeiert werden sollen, wurde in Anchorage eine Anhörung über den mutmaßlichen Tod in Anchorage abgehalten. Zwei Tage später, am 31. Dezember 1972, wurde von den sechs Juroren nach einer zwanzigminütigen Beratung die folgende Erklärung abgegeben: ,Nachdem die Jurymitglieder alle vorliegenden Beweise gehört und geprüft haben, halten sie es für eine sichere Vermutung, dass Nicholas J. Begich den Tod erlitten hat.'

Die Cessna 310, mit der Nick Begich, Hale Boggs, Russ Brown und Don Jonz unterwegs gewesen waren, wurde niemals gefunden."[5]

Am Dienstag, 26. Juni 2001, und danach noch mehrmals sendete der *History Channel* die einstündige Sendung „Mysterien der Geschichte" mit dem Titel „Alaskas Bermuda-Dreieck". Darin wurde das Verschwinden als eine mögliche Verschwörung bezeichnet. Erwähnt wurde der Artikel in *Roll Call* aus dem Jahr 1992, in dem Regierungsakten zitiert wurden, die den Fundort des Flugzeugs beschrieben und behaupteten, dass es zwei Überlebende nach dem Verschwinden des Flugzeugs gab. Die Informationen deuteten an, dass eine nicht genannte „Firma", die damit beschäftigt war, fortschrittliches Überwachungsgerät zu testen, den Ort des Absturzes lokalisiert hätte. Der Informant hatte einen militärischen Hintergrund, wie es in dem FBI-Dokument heißt, das *Roll Call* zur Verfügung stand. Das FBI-Telex wurde ins FBI-Hauptquartier nach Washington, D.C., gesandt, wo es vermutlich dem Leitenden Direktor L. Patrick Gray übergeben wurde.

Der frühere Direktor J. Edgar Hoover hatte sich in einem bedeutenden Konflikt mit Boggs befunden, der im Kongress öffentlich seinen Rücktritt gefordert hatte. Boggs war damals einer der mächtigsten Leute im Land, als gerade erst die Anfänge des Machtmissbrauchs zu sehen waren, die schließlich im Rücktritt des Präsidenten der Vereinigten Staaten, Richard Nixon, ihren Höhepunkt fanden. Über diesen Zeitabschnitt in der Geschichte des Landes liegt vieles noch im Verborgenen, und wenn die Geschichte um meinen Vater veröffentlicht wird, dann fühlt sich vielleicht jemand gezwungen den Rest der Geschichte zu erzählen.

Ein weiterer interessanter Punkt rund um das Verschwinden des Flugzeugs ist die Tatsache, dass Boggs von einem jungen Demokraten mit Namen Bill Clinton zum Flughafen gebracht wurde, als er den ersten Teil der Reise antrat. Clinton ernannte später, als er Präsident war, die Ehefrau Lindy des Abgeordneten Boggs zur US-Botschafterin im Vatikan. Diese Ernennung erfolgte, nachdem sie nach dem Verschwinden ihres Mannes in den US-Kongress gewählt worden und dort 18 Jahre lang tätig gewesen war. Mein Vater hatte gerade seine erste Amtszeit im Kongress hinter sich und hatte als Neuling den umfangreichsten Geld- und Landtransfer an die Ureinwohner Amerikas über die Bühne gebracht, die es in der Geschichte der Vereinigten Staaten je gegeben hat – über 44 Millionen Hektar Land und fast 1 Milliarde Dollar wurden transferiert. Dieser Transfer und die „Einigung" waren nötig, um die Ansprüche für die Genehmigungen der Trans-Alaska-Pipeline zu sichern, die damals gebaut wurde. Sie liefert seitdem fast ununterbrochen bis zu 25 Prozent des US-Öls. Begichs Zusammenarbeit mit den Ureinwohnern von Alaska wurde niemals vollendet, insofern diese Volksstämme von Alaska nicht anerkannt wurden, als sie in den folgenden drei Jahrzehnten ihre Forderungen äußerten. Die Forderung nach Gleichstellung für Alaskas Ureinwohner und Verantwortung in der Regierung bleiben unbeantwortet. Wir hoffen, dass die Arbeit, die wir derzeit tun, in der Tradition dieser beiden Männer weitergeht, die ihr Leben verloren haben, als sie auf der Suche waren nach dem, was richtig und wahr ist.

Alles scheint sich im Kreis zu bewegen. Es ist interessant, wenn ich das Werk meiner Familie in Alaska anschaue und wenn ich die Arbeit anschaue, die wir jetzt als Ergebnis unserer ersten Zusammenstöße mit der Regierung tun. Ich hatte immer vermutet, dass noch mehr mit dem Tod meines Vaters zusammenhing, als über die Jahre hinweg bekannt wurde. Die Zeit ist der Freund der Wahrheit. Es scheint, dass diese Art von Verschwörungen durch seltsame Zufälle und finstere Planung zustande kommen. Manchmal ist es schwierig zu entscheiden, was was ist – Verschwörung oder Zufall.

Es ist nicht nötig zu erwähnen, dass der Verlust des Vaters im Alter von 14 Jahren ein entscheidendes und das Leben veränderndes Ereignis ist. Mich und meine Familie schleuderte es in die Erkenntnis, wie zerbrechlich das Leben doch ist. Es formte unsere Erkenntnis dessen, was unseren wertvollsten Besitz darstellt – die Zeit selbst und der Schnappschuss des Lebens, das wir wirklich leben. Damals erkannte ich, dass wir nur kurze Zeit hier auf Erden sind und dass wir versuchen sollten, unsere höchsten und besten Möglichkeiten als Menschen auszunützen. Damit sollten wir, wenn wir dazu gerufen und angespornt werden, auch versuchen, durch unser Tun das Gleiche für andere zu erreichen. Jetzt, dreißig Jahre später, stelle ich fest, dass ich engagiert bin und doch immer noch lerne.

Earth Rising II soll die Leser auf Probleme und Ideen hinweisen, die eine öffentliche Diskussion verdienen. Wir wählten eine Reihe von Themen für dieses Buch aus. Als wir die Arbeit beendet hatten, stellten wir fest, dass immer noch viel zum Besprechen übrig bleibt. Wir haben nur einige Themenbereiche herausgepickt, die wir als Autoren für diejenigen halten, die heutzutage am wichtigsten sind. Diese Themenbereiche werden als Beispiele für Symptome des alles überragenden Problems benutzt, durch das diese Situationen überhaupt eintreten konnten. Sie sind das Ergebnis von Furcht, Unsicherheit und Apathie, die von einer immer komplizierter werdenden Welt erzeugt werden. Einige dieser Technologien, über die wir berichten, bieten große Möglichkeiten, um uns als lebende Seelen weiterzuentwickeln, wenn sie richtig angewendet werden. Auf diesen Seiten finden sich wichtige Themen, Unterpunkte und persönliche Geschichten, die erziehen und motivieren wollen und die die Art und Weise verändern wollen, wie wir die Welt sehen.

Hinter jedem Problem, das wir darstellen, steckt die gleiche Wurzel – Machtmissbrauch. Ob es Machtmissbrauch durch Firmen, Regierung oder den Einzelnen ist – Machtmissbrauch führt immer zur Katastrophe. Die Menschheit besitzt jetzt die Macht, die Bevölkerung durch den Missbrauch der Technologie zu versklaven, die natürlichen Systeme der Umwelt unseres Planeten zu zerstören oder eine Welt zu schaffen, in der Menschen ihr höchstes individuelles Potenzial erreichen können. Die Systeme, in die wir unser Vertrauen setzten, haben uns verraten, weil die Leute, die sich hinter den Institutionen des öffentlichen Vertrauens verstecken, weiterhin hinter dem Schleier bleiben. Der Schleier ist die Schwelle zur Wahrheit und muss gelüftet werden. Wir haben unseren Institutionen große Macht zugesprochen ohne die entsprechende Verantwortlichkeit einzufordern. Wenn wir an die Wurzeln unserer Geschichte zurückkehren, dann sind unsere grundsätzlichen Werte und die Schaffung einer transparenteren Regierung Teil der Herausforderung, die vor uns liegt, während wir gleichzeitig auch die persönliche Privatsphäre im Kontext moderner Technologie neu definieren.

Kapitel 2

Energie für die Ozeane

„Die Lärmverschmutzung der Ozeane ist wie ein Tod durch tausend Schnittwunden. Jedes einzelne Geräusch ist vielleicht allein noch kein Anlass zur Besorgnis, aber wenn man alle zusammennimmt, dann schafft der Lärm von Schiffen, seismischer Überwachung und militärischer Aktivität eine völlig andere Umwelt, als sie noch vor 50 Jahren existiert hat. Der hohe Lärmpegel muss zwangsläufig eine schwerwiegende, durchschlagende Auswirkung auf das Leben im Ozean haben.

Es kann schwierig sein diese Geräuschquellen einzuschränken, aber man muss irgendwo anfangen. Jeden Atemzug, den wir machen, verdanken wir dem Ozean. Und wenn wir nicht wirklich verstehen, wie dieses Riesensystem zusammenwirkt, und nicht besser darauf aufpassen, dann steht nicht nur der Ozean auf dem Spiel. Es ist unsere gesamte Zukunft, die wir aufs Spiel setzen."

Dr. Sylvia Earle, ehemalige Chefwissenschaftlerin im US-Ministerium für Ozean und Atmosphäre

Dieses Kapitel verdanken wir in besonderer Weise Robert W. Rand, der den Text auf technische Richtigkeit für uns überprüfte. Rand ist ein professioneller Berater mit über 21 Jahren Erfahrung im Bereich der Lärmkontrolltechnik und Akustik. Er ist Mitglied des Instituts für Lärmkontrolltechnik und der Gesellschaft für Audiotechnik. Er war als Berater an zahlreichen industriellen und kommerziellen Projekten beteiligt und hat bei etlichen Gelegenheiten sein Expertenurteil abgegeben. Ich traf Rand, als wir beide als Gastredner zu einem Symposium geladen waren („A Symposium: The Navy's High Intensity Sonar. 14.-15. August 2000"). Das Symposium fand im *College of the Atlantic* in Bar Harbor in Maine statt.

Akustische Signale in den Ozeanen der Welt erregen zunehmend die Besorgnis der Öffentlichkeit, je mehr wir davon verstehen, wie sich die Schallenergie im Wasser der Ozeane verhält. Diese Art der Vibrationsenergie, „Schall", gibt es als Nebenprodukt moderner

Technologie und als absichtlich produzierte Energieform. Wenn Schall von militärischen Organisationen absichtlich in den Weltmeeren erzeugt wird, dann haben die Interaktionen signifikante Konsequenzen. Die Art und Weise, wie Schallenergie sich im Wasser des Ozeans verhält, oder die Art und Weise der Interaktion sind die Bereiche, die die Forschung interessieren, ohne dass dabei realistische Risikoberechnungen in Bezug auf das biologische Leben angestellt werden, von dem Milliarden von Menschen abhängig sind. Der Mensch bringt unsere technologischen Gerätschaften im Meer sehr schnell voran, und zwar auf eine Weise, die ganz anders zu unserer Vernichtung beitragen wird als die Umweltbelastungen der Vergangenheit. Die alten Bedrohungen durch massives Austreten von Öl, durch nukleare, chemische und vielleicht sogar biologische Unfälle verblassen im Vergleich zu dem, was passieren wird, wenn wir weiterhin zulassen, dass das Meer als Leitungsmedium für Sonarkriege benutzt wird. Wir haben schon erlebt, welche Auswirkungen schlechte Planung mit begrenzter Technologie anrichtet, als es um die alten Bedrohungen ging. Die neue Welle der Technologie, die Regierungen und Akademien jetzt in ihren Händen halten, hat die Menschheit näher an das gebracht, was in den meisten religiösen Traditionen nur Gott vorbehalten war – die Kontrolle der Umwelt. Wir können jetzt eine bessere Welt schaffen oder auf vielfältige Weise die Welt zerstören, die unserer Obhut anvertraut wurde. Die Ozeane sind im Rahmen der militärischen Revolution (*Revolution in military affairs – RMA*) bedroht, weil ein neuer, stiller, kalter Krieg seinen Anfang nimmt.

Jahrelang hat *Earthpulse Press* verschiedene Entwicklungen im Bereich der elektromagnetischen Kriegsführung verfolgt. Die Verwendung von manipulierten Energiefeldern als fundamentaler Bestandteil der neuen Technologien hat immer mehr Aufmerksamkeit von Seiten militärischer und ziviler Wissenschaftler auf sich gezogen. Besonderes Interesse galt der Idee, Energie in ihren verschiedenen Formen zu verwenden um damit militärische Systeme zu verstärken oder zu beeinträchtigen. Im Verlauf dieses Buches wird das Thema der Energiemanipulation erforscht und aus unterschiedlichen Perspektiven diskutiert. Dieses Kapitel befasst sich mit der Ver-

wendung einiger dieser neuen Technologien in den Ozeanen der Welt, bei denen akustische oder Schallenergie verwendet wird.
In einem nicht geheimen NATO-Dokument[6] wurde die Definition der Meeresumweltverschmutzung folgendermaßen festgelegt:
„Die Verschmutzung der Meeresumwelt bedeutet die durch Menschen direkt oder indirekt verursachte Einbringung von Substanzen oder Energie in die Meeresumwelt einschließlich der Küstenregionen, dessen Konsequenzen oder wahrscheinliche Konsequenzen derartige zerstörerische Auswirkungen haben wie Schaden an lebenswichtigen Ressourcen und Meeresleben, Schäden für die menschliche Gesundheit, Behinderung der Meeresaktivitäten einschließlich Fischfang und andere legitime Verwendungen des Meeres, Beeinträchtigung der Qualität des verwendeten Meerwassers und die Reduktion der Erholungsflächen."
In diesem Dokument wurden Standards festgelegt, aber sie umfassten keine Standards für „Energie". Obwohl Energie im gleichen Atemzug wie „Substanzen", die in die Meere eingeleitet werden, erwähnt ist, muss die Größenordnung der Energie als umweltverschmutzender Faktor erst noch definiert werden, damit eine Regulierung stattfinden kann. Es gibt keine Beschränkungen für Energie, weder nach Art noch nach Frequenz oder Intensität in Bezug auf die Ozeane, sei sie durch Maschinenlärm, Sonare oder Tiefenmesser erzeugt. Die Beschränkung der Energieausbringung muss noch in die Wege geleitet werden. Das Dokument erwähnt im weiteren Text die Unzulänglichkeit der internationalen Gesetze, insofern sie die Energie im Meer und speziell Schall betreffen. Das Dokument zieht keine grundlegenden Schlussfolgerungen und ist lediglich ein Hinweis auf Vorsicht im Umgang mit Sonarschall im Meer.
Das Thema wird vermieden, weil militärische Planer ein Interesse daran haben, ihre Arbeit ohne Beschränkung fortsetzen zu können. Im Januar 2003 sagte mir Dr. Marsha Green, dass das Schutzgesetz für Meeressäugetiere überarbeitet werden soll und dass das Militär versuchen wird, das Gesetz zu modifizieren, so dass für das Militär eine Ausnahmeregelung gelten kann. Auf diese Weise könnten die Militärverantwortlichen ungestört die Ozeane missbrauchen. Das ist ein gefährlicher Präzedenzfall, wenn man bedenkt, dass das

Verteidigungsministerium bekannt ist als größter einzelner Umweltverschmutzer der Vereinigten Staaten. Im März 2003 berichtete die *Washington Post*, dass die Militärbehörden ihr Interesse bekundet haben, von allen umweltpolitischen Regulierungen ausgenommen zu werden, indem sie das durch Patriotismus geschürte Klima der Angst als günstige Gelegenheit ausnutzten.[7]

Die Geschichte beginnt

In der Mitte der 1990er Jahre erhielt ich einen Anruf von einem sehr erbosten Taucher, der vor der kalifornischen Küste unter Wasser unterwegs gewesen war, als er ein Erlebnis mit Schall hatte, wie er es bei einem Tauchgang noch nie erlebt hatte. Er hatte beobachtet, dass das Militär eine neue Art von Sonar (*Sound Navigation and Ranging*) in dieser Gegend testete. Das Geräusch des Sonars hatte beim Einbringen ins Wasser eine Auswirkung auf die Meereslebewesen, besonders auf die Meeressäugetiere. Damals wussten wir noch nichts von diesen Experimenten und schlugen vor, dass der Taucher seine Beobachtungen aufzeichnen sollte. Es handelte sich um eine völlig andere Art von Sonar, weil es kein System zum Abhören war – es war dafür gedacht, Schallenergie durch das Wasser zu senden. Es sollte ein aktives Schall erzeugendes System und nicht nur ein passives Empfangssystem sein. Das war ein großer Unterschied zu den Sonarsystemen der Vergangenheit, die dazu verwendet wurden Ozeantemperaturen zu messen, als Unterwasserabwehr gegen Bedrohungen zu dienen und um durch Abhören Objekte unter Wasser aufzuspüren.

Sonargeräte werden verwendet, um mit Hilfe von Schallwellen Objekte unter Wasser zu entdecken. Aktive Sonare geben an das Wasser Schall ab, der sich dann mit einer Geschwindigkeit von ungefähr 1500 Metern pro Sekunde fortbewegt. Wenn die Schallwelle auf ihrem Weg auf Objekte trifft, dann kommt ein Teil der Schallenergie zurück zur Ausgangsquelle. Misst man die Schallgeschwindigkeit, dann kann die Entfernung des Objekts festgestellt werden. Durch sorgfältige Computeranalyse des Signals lassen sich auch andere Charakteristika des entdeckten Objekts feststellen.[8]

Der Hörsinn ist wahrscheinlich das von den Walen, Delphinen und anderen Meerestieren am meisten verwendete Sinnesorgan, und er ist für sie so lebenswichtig wie das Sehen für Menschen wichtig ist. „Die meisten Meeressäugetiere verlassen sich auf Schall, wenn sie auf Nahrungssuche sind, Feinde aufspüren, Partner suchen und im Dunkeln des Ozeans ihre Gruppe zusammenhalten. Für die großen Wale und andere findet diese Aktivität im Bereich der niedrigen Frequenzen statt, in der Bandbreite unter 1000 Hertz. Leider wird dieser Teil des Spektrums auch von einigen der lautesten Schallquellen der Menschen beansprucht."[9]

Die Auswirkung, die eine dieser Quellen auf ein Tier haben kann, hängt teilweise von der Entfernung ab. In großer Nähe kann ein kräftiger Schall Gewebe in den Lungen, Ohren oder anderen Teilen des Körpers zum Reißen oder zum Bluten bringen. Ist er weiter entfernt, kann der gleiche Schall vorübergehenden oder dauerhaften Verlust des Hörvermögens verursachen. Und sogar in größerer Entfernung kann er das Verhalten beeinflussen, so dass Tiere vom Kurs abkommen, ihren Lebensraum verlassen, aufhören zu singen oder sogar aggressiv werden. Außerdem hat jedes laute Geräusch das Potenzial, andere Töne – Kälber, Partner, Feinde, Nahrungsquellen - zu verdrängen, die auf der gleichen Frequenz liegen, ein Phänomen, das als ‚Überlagerung' bekannt ist.[10]

Es hat den Menschen schon immer fasziniert, dass die Meerestiere Schall verwenden, und es hat dazu geführt, dass Technologien entwickelt wurden, die versuchen diese Effekte nachzumachen oder künstlich die gleichen Effekte zu erzielen. Dr. Christopher Clark von der *Cornell University* ist einer der bedeutendsten Forscher auf dem Gebiet der Sonarstudien an Säugetieren. Er sagte, dass die *Navy* einst einige Wissenschaftler folgendes gefragt hat: „Wenn Sie eine Schallquelle hätten, die wie die Stimme eines Blauwals klingt, was könnten Sie dann damit machen?" Nach Clark war die einstimmige Antwort der Wissenschaftler, dass man damit „den gesamten Ozean ausleuchten könnte".[11] Die Menschheit versucht oft durch Beobachtung das nachzumachen, was die Natur so elegant zustande bringt – so ist es auch mit den neuen aktiven Unterwassersonargeräten.[12] Die Absicht der *Navy* der Vereinigten Staaten ist es, in etwa 80 Prozent der Weltmeere aktive Sonare zu installieren.

Die Beschränkung von Schall an Orten, wo Leute leben und arbeiten, ist kein neues Konzept, sondern eine Idee, die schon geraume Zeit vorhanden ist. Praktisch jede örtliche Gemeinde, jeder Staat und jede moderne Nation haben Lärmpegelstandards (auf dem Land und in der Luft), damit Hörverluste und negative gesundheitliche Auswirkungen vermieden und geräuscharme Wohngebiete aufrecht erhalten werden. 1974 gab die Umweltschutzbehörde der Vereinigten Staaten (EPA) einen Bericht heraus, der Sicherheitsrichtlinien formulierte.[13] Praktisch alle Standards, die umgesetzt wurden, sind dazu gedacht an Orten ihre Wirkung zu erzielen, wo Menschen und andere Lebewesen auf der Oberfläche der Erde leben. Es gibt keine Standards für „sichere" Lärmniveaus in den Ozeanen der Welt. Das Risiko für Meereslebewesen wurde vom Büro für Meeresforschung angedeutet. Im Rahmen des „Programms zur Erforschung der Meeressäugetiere" wurde 1999 ein Bericht veröffentlicht, der andeutete, dass es aufgrund neuer Unterwassergeräuschquellen ein Risiko für das Leben im Meer geben könnte.[14]

Sollte es hier auch Standards geben? Welche Auswirkungen von Lärm in den Meeren gibt es, und spielen sie wirklich eine Rolle? Dieses Kapitel beschreibt die Wirkungen von Schall in den Meeren und die mögliche Wirkung auf Meereslebewesen und Menschen. Wie viele neue Technologien verwenden diese neuen Sonare die normalen Bestandteile der Natur als Erweiterungen für die Technologie der Menschheit. Die Ausbeutung der normalen Energieaustauschsysteme der Erde ist das, was viele neue Technologien auf fundamental riskante und gefährliche Weise erreichen wollen. Wenn man das anschaut, was bisher nur die Natur erreichen konnte, wie zum Beispiel etwas so Kompliziertes wie die Bildung einer Feder, dann kann das der Mensch jetzt mit der Energie einer Explosion ebenfalls zustande bringen.

Auswirkungen auf die menschliche Gesundheit

Das Risiko für Menschen durch hochintensiven Unterwasserschall wird von der *Navy*, der NATO und anderen Organisationen untersucht. Einige der Forschungsprojekte, die die *Navy* in Gang brachte, sind in den Programmen des *Naval Submarine Medical Research Laboratory* aus dem Jahr 1998 als „laufende wichtige Programme" aufgeführt. Nur wenig wird darüber gesagt. Die *Navy* erwähnt die beiden folgenden Studien:

„Aktives Niedrigfrequenz-Sonar: Die taktische Verwendung von aktivem Niedrigfrequenzsonar (LFA) kann sich als unabsichtliche Beeinträchtigung (Beschallung) von Freizeittauchern auswirken. Diese Studie bezieht die Verwirrung und Panikreaktion von Tauchern auf Elemente des LFA-Signals und erhält dadurch eine Leitlinie für die Beschallung und eine Aussage über die Auswirkungen auf die Umwelt."

„Biologische Vibrationseffekte von Niedrigfrequenzschall auf Taucher: Dieses Projekt untersucht die biologischen Effekte von Niedrigfrequenzschall auf Taucher. Unter Einwirkung von niederfrequentem Unterwasserschall werden die Vibrationsreaktionen des Schädels bestimmt, die Vibrationen in den Körperstrukturen und auch die psychologischen Auswirkungen und Effekte auf die Tauchleistung gemessen."[15]

Wenn diese Studien abgeschlossen sind und die volle Bandbreite der Energiestärken zeigen, die von dem neuen System *Surveillance Towed Array Sonar System Low Frequency Active (SURTASS LFA)* in Betracht gezogen werden, dann könnten sie sich in Bezug auf ein Verständnis der Risiken für Menschen als durchaus nützlich erweisen. Die gleichen Tests sind jedoch vielleicht nicht umfassend genug, damit auch Rückschlüsse auf die Wirkung auf Meeressäugetiere und andere Meereslebewesen gezogen werden können. Solche Studien sollten so ausgelegt sein, dass sie auch anderes biologisches Leben in den Ozeanen und nicht nur die Beeinträchtigung der Menschen umfassen. Es ist unwahrscheinlich, dass die Tests sich den Grenzen nähern, die nötig sind, um die Obergrenzen für Sonar zu testen, damit so die wirklichen Risiken bei einem vollen Einsatz des Systems erkannt werden können. Die *Navy* hat die

Öffentlichkeit während des ganzen Vorgangs im Unklaren gelassen, indem zunächst völlig auf eine Bekanntgabe verzichtet wurde und dann keine bedeutsamen Testserien durchgeführt wurden. Es bleibt zu hoffen, dass diese Studien auch die volle Bandbreite möglicher Beschallungen umfassen, damit sowohl menschliches als auch ozeanisches Leben geschützt werden kann und nicht durch den Einsatz dieser Technologie zerstört wird. Das Meer und das Leben im Meer sind für alle Lebenssysteme auf der Erde lebenswichtig, auch für das menschliche Leben. Diese Lebenssysteme funktionieren nicht für sich allein und ohne Interaktion untereinander.

Ein NATO-Bericht[16], der einige der Risiken der Beschallung in den Weltmeeren behandelt, schlägt vor, dass „als allgemeine Daumenregel das Schallniveau in Tauchergebieten nicht über 150 dB hinausgehen sollte ..." Der Bericht betont ausdrücklich, dass Vorsichtsmaßnahmen ergriffen werden sollten, definiert aber nicht, was die Beschallung der Meere prinzipiell für Auswirkungen hat. Die „Daumenregel", die im Bericht vorgeschlagen wird, ist nur eingeschränkt anwendbar und widerspricht den Berichten über Verhaltensänderungen bei Meeressäugetieren. Wieder missachteten die Militärorganisationen die Energieniveaus, bei denen man bereits erste Auswirkungen feststellen kann, und konzentrierte sich lieber auf höhere Energieniveaus, wo vielleicht bereits Gewebeschäden festgestellt werden können. Außerdem befasst sich der Bericht nicht mit der Auswirkung der Resonanz in Bezug auf Energieaustausch, der bereits bei viel niedrigeren Energieniveaus für Schäden sorgen könnte. Die NATO diskutiert auch eine Beschallungsgrenze, die davon ausgeht, dass man bei Werten von bis zu 160 dB noch auf der sicheren Seite ist.[17] Tatsache ist, dass gewisse Energie-Interaktionen bedeutsame biologische Reaktionen hervorrufen können, die von mentaler Verwirrung bis zu Gewebeschädigung gehen können.

Lärm in den Meeren

Es ist schon seit langem bekannt, dass sich Schall als vibrierende Energieform in Wasser effizienter fortbewegt als Licht oder andere Formen der Vibrationsenergie. 1922 verwendete Daniel Colloden eine Unterwasserglocke in einem Versuch, mit dem er die Schallgeschwindigkeit in Wasser im Genfer See in der Schweiz berechnen wollte. Trotz der primitiven Gerätschaften gelang es 1922, die Schallgeschwindigkeit in Wasser zu berechnen, die etwa 4,5 mal schneller ist als die Schallgeschwindigkeit in der Luft (1530 Meter/Sekunde statt 340 Meter/Sekunde in der Luft). Anfang des 20. Jahrhunderts wurde dieses Wissen in der Navigation angewandt. Während des Ersten Weltkriegs wurden Sonarsysteme entwickelt, um U-Boote und Eisberge lokalisieren zu können, allerdings mit nur eingeschränkter Effektivität. Die Dinge änderten sich im Zweiten Weltkrieg entscheidend, als neue Sonare entwickelt wurden, die die Effizienz dieser Geräte entscheidend verbesserten. Es wurde außerdem festgestellt, dass sich der Schall unterschiedlich fortbewegte, je nachdem wie viel Druck in entsprechender Meerestiefe ausgeübt wurde, welche Wassertemperatur herrschte und welchen Salzgehalt das Wasser hatte. Diese Faktoren konnten den Schall auf mehrere verschiedene Weisen beeinflussen. Es wurde beobachtet, dass der Schall sich entlang gewisser unterseeischer Pfade mit großer Effizienz fortbewegen konnte, weil der Schall durch diese Bereiche mit weniger Energieverlusten fließen und so viel größere Entfernungen zurücklegen konnte. Es war, als ob Elektrizität durch einen Draht fließen würde, wie der Schall sich entlang dieser Pfade fortbewegte, die durch die Beschaffenheit der Schallinteraktionen in den Meeren definiert waren.[18] Schall, der sich auf diese Weise fortbewegt, ist teilweise verantwortlich für die Walkommunikation, die über Hunderte von Meilen stattfindet, wenn sie ihre Lieder mit niedrigem Energieniveau und niedrigen Frequenzen singen.
Wenn sich Schall durch die Luft bewegt und auf eine Person trifft, dann werden nur 0,03 Prozent der Schallenergie vom Körper aufgenommen, während die verbleibenden 99,97 Prozent der Energie reflektiert werden. Diese kleine Menge absorbierter akustischer Energie wird meistens als harmlos betrachtet, wenn es um die Aus-

wirkungen auf Lebewesen geht. Eine Ausnahme ist dann vorhanden, wenn die Schallenergie mit sehr hohen Amplituden auftritt, wie es beispielsweise bei Explosionen der Fall ist. Andererseits wird akustische Energie, die sich in Form von Schall im Meerwasser fortbewegt, zu 100 Prozent aufgenommen, wenn sie auf ein Lebewesen trifft. Sie dringt in das Lebewesen ein und hat möglicherweise eine entscheidende Wirkung, die von der Frequenz und der Energiekonzentration (Energiedichte) abhängt. Wenn sich die Energie durch das Körpergewebe bewegt, verändert sie ihre Geschwindigkeit, je nach der Dichte des Materials, durch das sie sich bewegt. Im Fall von Menschen und Meeressäugetieren können bedeutsame Energiemengen freigesetzt werden, wenn die Energie mit den Lufträumen innerhalb des Gewebes interagiert. Das kann Traumata und Blutungen zur Folge haben. Bei anderen Lebewesen können mikroskopisch kleine Gasbläschen in ihren Körpern betroffen sein, die dann ähnlich schädigenden Einflüssen ausgesetzt sind.

Der Schall kann in Bezug auf seine Stärke (Amplitude) oder Bandbreite (Frequenz, ausgedrückt als Schwingungen pro Sekunde oder Vibrationen pro Sekunde – Hertz) charakterisiert werden. Die gebräuchlichste Messung der Amplitude geschieht in Dezibel (dB). Eine typische Gesprächssituation in Luft kann zwischen 65 und 70 dB erreichen. Ein menschliches Ohr ist in der Lage ein relativ enges Band von Schall zu hören, das bei etwa 20 Hertz (Hz) beginnt, was unterhalb des tiefsten Tons auf dem Klavier liegt, und bis zu 20.000 Hz geht, was weit über dem höchsten Ton einer Pikkoloflöte liegt.[19] Schall, der außerhalb der Bandbreite des menschlichen Gehörs liegt, kann von bestimmten Tierarten einschließlich der Meeressäugetiere gehört werden.

Das Schallniveau wird in Dezibel (dB) ausgedrückt, das als relative Einheit mit einer physikalischen Dimension definiert ist und dazu verwendet wird, Stärke und Intensitätsniveau von Geräuschquellen miteinander zu vergleichen. Die Methoden zum Messen der Schallenergie in der Luft und im Wasser sind aufgrund mehrerer Faktoren sehr unterschiedlich. Bei der Verwendung von Dezibel für die Messung der Intensität in den folgenden Kapiteln kann die folgende Information hilfreich sein:

Eine Intensität von 10 entspricht 10 dB
Eine Intensität von 100 entspricht 20 dB
Eine Intensität von 1.000 entspricht 30 dB
Eine Intensität von 10.000 entspricht 40 dB
Eine Intensität von 100.000 entspricht 50 dB
Eine Intensität von 1.000.000 entspricht 60 dB
Eine Intensität von 10.000.000 entspricht 70 dB
Eine Intensität von 100.000.000 entspricht 80 dB

Diese Aufstellung zeigt, dass bei einer Steigerung der Dezibel-Differenz auch die Intensitätsquotienten betroffen sind. Es ist wichtig zu wissen, dass es Standardbezugspunkte gibt, die den Schalldruck berücksichtigen, der völlig anders ist, wenn man den Schall in der Luft mit dem Schall im Wasser vergleicht. Misst man den Schall im Wasser wird für die Dezibel ein Standarddruck von 1 MikroPascal angesetzt, während bei der Messung in der Luft für die Dezibel ein Standard von 20 MikroPascal angesetzt wird. Das ist entscheidend, denn man kann beim Vergleich von Dezibelmessungen in der Luft, die dazu verwendet werden, um Sicherheitsstandards in unseren Gemeinden festzulegen, nicht einfach die gleichen Standardrichtlinien auf den Ozean übertragen, wenn es um die Sicherheitsniveaus der Dezibel geht. Würde man das tun und die Druckstandards nicht berücksichtigen, dann wäre es so, als würde man Äpfel mit Orangen vergleichen.

Das bedeutet: Wenn die Zahl der Dezibel steigt, dann steigt die Intensität des Signals noch viel mehr als auf den ersten Blick sichtbar ist, wenn man nur die Dezibel betrachtet. Zum Beispiel war bei den höchsten von der *US Navy* getesteten Schallniveaus in den Experimenten in Hawaii und im Mittelmeer das Energieniveau deutlich unter den Energieniveaus, das letztendlich von der *Navy* erwünscht wird, wie es in ihren eigenen Berichten heißt. Die *Navy* hat angedeutet, dass sie das System mit einem Quellenenergieniveau von 230 bis 240 Dezibel einsetzen möchte. Wie sieht das im Vergleich zu den Tests im Mittelmeer und in Hawaii aus?
Obergrenze im Mittelmeer bei 160 dB im Vergleich zu 240 dB = ein Unterschied von 80 dB oder 100.000.000 mal intensiver.

Obergrenze in Hawaii bei 203 dB im Vergleich zu 240 dB = ein Unterschied von 37 dB oder ein 5000facher Intensitätsunterschied. Das Schallniveau einer akustischen Quelle unter Wasser bezieht sich normalerweise auf das Schallniveau, das in einem Meter Entfernung von der Schallquelle in Bezug auf 1 MikroPascal gemessen wird. Das empfangene Niveau ist das Schallniveau an der tatsächlichen Position des Hörenden, das mit zunehmender Entfernung zwischen Schallquelle und Empfänger (Schallziel) sehr schnell abnimmt.[20] Das bedeutet, dass die wirklichen Effekte, wenn die volle Stärke genutzt wird, noch viel zerstörerischer sein werden als die Tests, die mit einem Fünftausendstel der vollen Stärke durchgeführt wurden. Denn da wurde bereits Schaden angerichtet. Was wird erst passieren, wenn die fünftausendfache Energie eingesetzt wird? Der zweite wichtige Punkt befasst sich mit der Art und Weise, wie Energie sich ausbreitet und über die Entfernung absorbiert wird. Es stimmt, dass die Energie mit der Entfernung bedeutend abnimmt, aber bei jedem Test oder militärischen Konflikt, bei dem der Einsatz dieser Systeme in großem Umfang stattfindet, wird über Hunderte von Quadratkilometern Schaden entstehen, und die Auswirkungen wird man erst feststellen können, wenn es schon zu spät ist.

Man muss eher vorsichtig vorgehen, wenn man das Schallniveau in der Luft mit dem in Wasser vergleicht. Zunächst sind, wie in der oben beschriebenen allgemein anerkannten Übereinkunft, die entsprechenden Druckwerte um 26 dB unterschiedlich. Außerdem muss der Schall aufgrund des relativen Widerstands in der Luft im Vergleich zum Wasser (Steifheit oder Dichte des Mediums) oder anderem Material durch grob gemessen 3500 mal größere Energiedichten (35,5 dB) hindurchdringen. Das ist in der Luft im Gegensatz zum Wasser nötig, um ein entsprechendes Druckniveau zu erzeugen. Wenn man diese beiden Werte kombiniert, kommt man auf einen Unterschied von 61,5 dB, einen Korrekturfaktor, der zwischen den beiden Messungen nötig ist. Daher müssen 61,5 dB vom Schallniveau in Wasser abgezogen werden, um eine entsprechende akustische Intensität in der Luft zu erreichen. Wie zuvor schon erklärt wurde, bedeutet ein Unterschied von 60 dB einen Millionenfachen Energieunterschied. Daher ist es jetzt leicht zu erkennen, wie irreführend es sein kann, den Unterwasserschall mit dem vergleichen zu wollen, was ein Sonar vom Typ SURTASS LFA mit Geräuschen in der Luft macht. Alle Schallwerte in diesem Buch sind Wasser-Standard-Werte, es sei denn, es wird anderes erwähnt.[21]

Die *Navy* drückt sich nicht klar aus, wenn sie die Korrekturfaktoren in ihren Veröffentlichungen beschreibt und erklärt auch nicht den Unterschied bei der bereits erwähnten Energiekopplung (nur 0,03 % der Schallenergie in Luft werden absorbiert, während im Wasser 100 % der Energie vom Gewebe aufgenommen werden). Dieser wichtige Faktor muss im Kontext der autorisierten Grenzwerte für den Einsatz anerkannt werden, wenn man überprüft, was die *Navy* als sicher darstellt. Die Intensitätsniveaus in den Tests sind nur ein Bruchteil der Niveaus, bei denen diese Geräte in den Ozeanen eingesetzt werden sollen, wenn die *Navy* die Erlaubnis bekommt weiter zu machen. Die Auswirkungen auf die Ozeane und das Leben in ihnen könnten vernichtend sein, wie aus den Testreihen des Militärs selbst und aus anerkannten wissenschaftlichen Prinzipien zu ersehen ist. Die *Navy* versäumt es die wahren Wirkungen ihrer Tests zu enthüllen und zur Diskussion zu stellen.

Die Ozeane der Welt werden die Opfer von neuen und gefährlichen Technologien, die vom Militär und anderen auf der Suche nach besseren Waffensystemen vorangetrieben werden. Der Einsatz von immer mehr U-Booten auf der ganzen Welt ist inzwischen eine der größten Bedrohungen der nationalen Sicherheit geworden. Da U-Boote im Einsatz immer leiser werden, entsteht erhöhter Druck für die Entwicklung dieser neuen Sonare. Unterseeische Bedrohungen mit ganz geringen Betriebsgeräuschen haben die Fähigkeit ganz nah an unsere Küsten heranzukommen, und sobald sie einmal da sind, ist es schwierig sie aufzuspüren. Aktive Sonare sind in ihrem Einsatz auch aufgrund der Art und Weise, wie sich ihre Signale im flachen Wasser fortbewegen, eingeschränkt. Die Probleme, die mit dem Einsatz von Unterwassersonar in großer Nähe zur Küste verbunden sind, wurden zu einem wichtigen Forschungsbereich für die *Navy* in ihrem Versuch, ein effektives Verteidigungssystem zu schaffen. Es wurde auch vorausgesagt, dass sich in den nächsten 35 Jahren die Kapazitäten der Anti-U-Boot-Kriegsführung auf Nah-Aufklärung und andere begrenzte Aufklärungsaufgaben beschränken wird, wenn nicht effektive aktive Sonarsysteme und neue

Aufklärungstechnologien eingeführt werden.[22] Der größte Teil der Forschung wird aus diesem Grund vorangetrieben, und die Risiken werden gegen die Vorzüge einer unterseeischen Ausbeutung aufgewogen, ohne dass vernünftige Abwägungen stattfinden.

Das neue aktive Niedrigfrequenzsonar der *Navy* SURTASS (*Surveillance Towed Array Sensor System*) wird der Öffentlichkeit von der *Navy* als sicher und effektiv präsentiert. Der Einsatz dieses Systems durch die *Navy* wird erwartungsgemäß auch in den nächsten Jahren weitergehen.

Das System ist dazu gedacht, zwischen 100 und 500 Hz zu operieren. Es wurde als Teil der Anti-U-Boot-Kriegsführung (ASW) als Initiative der *US Navy* entwickelt. Es beinhaltet zwei Typen von Sonar – passives und aktives Sonar. Passives Sonar wird seit Jahrzehnten auf der ganzen Welt von Militäreinheiten verwendet und beschränkt sich hauptsächlich auf das Abhören von Geräuschen unter Wasser, die dazu verwendet werden können Boote, U-Boote und andere Objekte aufzuspüren. Diese Objekte erzeugen Geräusche, die sich durch das Wasser fortbewegen und von kompliziertem Gerät in einer Entfernung von Hunderten oder Tausenden von Meilen gehört werden können. Die Geräte „hören" das Objekt im Prinzip nur und können aus der Art, wie das Gerät das Signal auffängt, feststellen, wo sich das Objekt befindet und was es ist. Beim passiven Sonar geht es in der Hauptsache nur um das Horchen nach unterseeischen Geräuschen und es wird in Bezug auf Umweltauswirkungen derzeit als harmlos eingestuft. Auf der anderen Seite ist das aktive Sonar eine völlig andere Sache. Aktives Sonar erzeugt ein Schallsignal, das ins Wasser abgegeben wird. Der Schall kann, je nach Energieniveau, Tausende von Meilen weit durch den Ozean gesendet werden, wo er dann auf ein Objekt trifft und einen Teil des Signals zur ursprünglichen Schallquelle zurückschickt. Dieses zurück gesandte Signal wird von Computern und Gerätschaften interpretiert, die die Natur, den Ort und die Größe des Objekts feststellen.

Das Interesse am aktiven Sonar geht mindestens bis in die 1950er Jahre zurück, wobei das Interesse an der Technologie in den 1980er Jahren wieder neu erwachte, als die ersten Anfänge der Entwicklung eines aktiven Sonars durch die *US Navy* begannen. Bei dem System SURTASS LFA geht es um aktives Sonar. Das Schallsignal, das von diesem neuen Sonar erzeugt wird, wird durch niedrigfrequente akustische Senderelemente ausgeschickt, die „Projektoren" heißen. Die Projektoren sind die Geräte, die das aktive Signal oder den Schall erzeugen. Der Schall wird dann als „Ping" durch den Ozean gesendet, das von 6 bis 100 Sekunden andauern kann. Das Ping ist ein komplexer Satz von Wellenformen, die in Frequenz und Dauer variieren. Die Signale werden alle sechs bis fünfzehn Minuten periodisch erzeugt, solange das System in Aktion ist.[23]

Das System SURTASS LFA besteht aus einer Sammlung von achtzehn Unterwasser-Lautsprechern (Hydraphone), von denen jeder die Größe einer Badewanne hat. Die Anordnung der Hydraphone wird mit Hilfe von speziell ausgerüsteten Schiffen zwischen 300 und 500 Fuß ins Wasser abgesenkt. Die Lautsprecher werden von einem Computer aktiviert, so dass die entstehenden Sendesignale synchron sind und sich gemeinsam in einem relativ schmalen Strahl von Schallenergie durch das Wasser bewegen. Die Schallenergie wird auf eine Breite von 100 bis 500 Hz konzentriert, wenn sie durch die Lautsprecher geschickt wird und die in 110 bis 540 Metern Entfernung von den Lautsprechern konvergiert. Ab diesem Konvergenzpunkt werden die Schallwellen, die den Strahl akustischer Energie bilden, Hunderte von Meilen weit hinausgeschickt. Zunächst sinken sie ab und steigen dann ganz abrupt an die Oberfläche, wenn die Energie in einem unterseeischen Wellenband gefangen wird, das durch das natürliche Zusammenspiel von Meereswasser und Schallwellen entsteht.[24] Dieser Effekt, dass Schall zwischen Wasserschichten eingeschlossen wird, ist der Grund dafür, dass Schall über so große Entfernungen durch die Ozeane transportiert werden kann.

Eine moderne Auseinandersetzung mit den aktiven Sonartechniken begann in den späten 1990er Jahren, als Umweltorganisationen und andere begannen auf die neuen Systeme und die Experimente aufmerksam zu werden, die bereits seit mindestens einem Jahrzehnt durchgeführt wurden, ehe man sie entdeckte. Die *Navy* war an mehreren Projekten beteiligt, die nicht entsprechend den umweltpolitischen Gesetzen abgewickelt wurden. Das System SURFASS

LFA gab es seit den frühen 1980er Jahren. Die *Navy* versäumte es damals in einem Statement die Öffentlichkeit über die Umweltauswirkungen in Kenntnis zu setzen. Dieses Statement ist dazu gedacht der Öffentlichkeit die Risiken, andere möglicherweise auftretende Probleme und Methoden mitzuteilen, damit Probleme gemildert oder vermieden werden können. Das einschneidendste Problem ist die mangelnde Bereitschaft der *Navy* sich mit der aktuellen wissenschaftlichen Literatur zu befassen, relevante unabhängige Studien in Auftrag zu geben und die experimentellen Beweise für die Risiken auf ehrliche Weise zu überprüfen. Die *Navy* gab zu, dass wissenschaftliche Forschung in Bezug auf die aktiven Unterwassersonare nur begrenzt stattgefunden hat und dass noch zusätzliche Studien unternommen werden müssen. Der Bedarf an Klarstellung bezüglich der Risiken muss jedoch erst noch anerkannt werden. Außerdem war die Navy nicht bereit irgendwelche Risiken zu bewerten, bis sie durch die Arbeit von Aktivisten und US-Gerichten dazu gezwungen worden war.

Ein weiterer Themenpunkt, der aufgeworfen wurde, ist die Tatsache, dass der Einsatz eines aktiven Sonarsystems tatsächlich ein Ziel für einen Feind darstellt. Wir müssen bedenken, dass alle modernen Militärorganisationen passive Sonare haben – das sind die, die die Geräusche unter Wasser abhorchen. Wenn ein aktives Sonar im Einsatz ist, dann erzeugen sie ein Signal solcher Intensität, dass die Lokalisierung des aktiven Sonars und aller US-U-Boote und anderer U-Boote in der Nähe den Gegnern ebenfalls enthüllt werden würde. Dieser Punkt müsste von der *Navy* berücksichtigt worden sein, da er im Laufe der Debatte zu diesem Thema angesprochen wurde. Was gedenkt die *Navy* zu tun, um die Sendequelle und die US-U-Boote zu schützen, da sie ihre Schallsignale für alle, die sie hören wollen, aussendet?

„Spielplatz" der Navy

Es war immer schon eine Herausforderung, die öffentlichen Verlautbarungen des Militärs zu durchforsten, wenn sie versuchen die Wahrheit durch sorgfältige Wortwahl zu verbergen. Eines der Dokumente mit den meisten Enthüllungen wurde von Dr. Marsha Green vom Institut für Meeressäugetiere geliefert. Es war ein Brief des Wal-Biologen Kenneth C. Balcomb III. an die *Navy*. Sein Brief war deutlich und sprach eine Reihe von Themen an, die für die Diskussion um die Technologie und die zugrunde liegenden biologischen Mechanismen von Bedeutung sind. Es ging dabei um den Tod von Walen aufgrund von Sonareinsatz. Balcomb erwähnte die folgenden wichtigen Punkte:

1. Die Tötung erfolgte hauptsächlich durch das Resonanzphänomen, das immer dann auftritt, wenn die Schallenergie durch die Tierkörper dringt, bis sie die Lufträume im Schädel in der Nähe der Ohren und des Gehirns dieser Meeresgeschöpfe durchläuft. Die Resonanzeffekte unterscheiden sich gewaltig von den Hörschwellen, die vom Militär als Sicherheitsmaßstab angegeben werden. Balcomb behauptet, dass Resonanzeffekte bei niedrigeren Energiekonzentrationen für den gemeldeten Schaden verantwortlich sein könnten. Alle Objekte haben eine natürliche Vibration. Resonanz ist eine bedeutende Verstärkung der Energie, wenn die Frequenz einer ankommenden Kraft mit der natürlichen Vibration des Objekts übereinstimmt. Die entsprechende Energie steigert den Energiestatus des Objekts und verursacht größeren Schaden, als er entstehen würde, wenn die Resonanz keine Rolle spielen würde.

2. Resonanz, so erklärt er, kann dramatisch zur Schubkraft beitragen, die extrem schädigend sein kann. Nach einem Ereignis wie dem Einsturz von Brücken oder von Häusern kann durch Physik und Mechanik erklärt werden, dass es die Wirkung der Resonanz ist, die den Schaden anrichtet. Balcomb fragte ganz ausdrücklich nach der Wirkung der Resonanz in Bezug auf das LFA-Sonar und bekam nur ausweichende Antworten.

3. 1998 wurde von der NATO und dem *US Naval Undersea Warfare Center* bereits die Resonanzfrequenz der Luftkammern in Cuvier-Schnabelwalen berechnet. Sie beträgt etwa 290 Hz und liegt mitten im Frequenzbereich des Systems SURTASS LFA.

4. Weiterhin sprach er über die Auswirkung von Resonanz in Bezug auf Schall in Wasser und in Luftkammern, wobei auch die Wirkung auf Menschen mit einbezogen ist. Er deutete darauf hin, dass die *Navy*, andere Forscher und Wissenschaftler alle die Wirkung der Resonanz mit Hilfe von wohlbekannten Formeln berechnen könnten. Er betonte, dass sich durch die Erkenntnis, was in den Luftkammern passiert, wenn die Tiere tauchen, und was die Interaktion mit der Schallenergie bei spezifischen Frequenzen des Sonars bedeutet, eine Erkenntnis der Probleme ganz offensichtlich von allein ergeben müsste. Berücksichtigt man die Resonanzeffekte, dann erklären sich die Mechanismen der Schädigung.

5. In den abschließenden Abschnitten seines Briefes weist er auf die Tatsache hin, dass das System SURTASS LFA nicht in einem sicheren Bereich betrieben werden kann, sobald man den Resonanzeffekt berücksichtigt. Er bringt auch die Idee zum Ausdruck, dass andere existierende Sonare überprüft werden sollten. Er kommt außerdem zu dem Schluss, dass die Verwendung von LFA-Sonaren ähnlich ist wie das Fischen mit Dynamit, was die Wirkungen betrifft.[25]

Eine ganze Reihe von Organisationen hatten die Anführer der Kongressparteien mit einer Informationskampagne über die neuen Formen des aktiven Sonars im Visier, und das führte zu jeder Menge Interesse am Thema. Die *US Navy* antwortete in einem Brief vom 7. Oktober 1999 auf eine Kongressanfrage. Der Brief stammte von Captain S. C. Miller, III., Leiter der *Undersea Surveillance* (N874).[25] In diesem Brief werden eine ganze Reihe von Themen in irreführender und unvollständiger Art und Weise behandelt. Die *Navy* will dieses System haben und macht einfach weiter, ohne die bekannten Probleme, die dabei entstehen werden, ausreichend zu berücksichtigen. Bis zum Januar 2000 hatte die *Navy* über 350 Millionen Dollar in SURTASS LFA investiert, so dass es ziemlich schwierig ist, sich jetzt aus dem Programm zurückzuziehen.[26]

Die *Navy* hat verschiedene Statements abgegeben, darunter auch die folgenden:

„Die *Navy* setzt sich dafür ein, dass dieses System in der Umwelt gegenüber verantwortlicher Weise zum Einsatz kommt."

Dieses Statement ist nicht zutreffend, wenn einige eklatante Probleme in Betracht gezogen werden. Die Umweltschutzgesetze *National Environmental Protection Act* (Nationales Umweltschutzgesetz), *Endangered Species Act* (Gesetz zum Schutz gefährdeter Arten), *Coastal Zone Management Act* (Küstenschutzgesetz) und *Marine Mammal Protection Act* (Gesetz zum Schutz der Meeressäugetiere) erfordern alle eine entsprechende Erlaubnis und Übereinstimmung mit Programmen, die umweltschädigende Konsequenzen haben könnten. Diese Prozesse erfordern eine offene Debatte und eine Klärung der Risikofaktoren, damit unabsichtliche Schädigungen der Umwelt oder geschützter Arten auf ein Minimum reduziert werden können. Zwischen 1980 und 1995 gab es keine Genehmigungen, und entgegen der geltenden Gesetze der Vereinigten Staaten wurde kein *Environmental Impact Statement* (EIS, Unbedenklichkeitsstudie für Auswirkungen auf die Umwelt) ausgearbeitet. Weitreichende Tests und Experimente wurden in dieser Zeit durchgeführt, viele Millionen Dollar wurden in das Projekt und die dazugehörigen Forschungsanstrengungen investiert. Nach Druck von Seiten der Bürger und nicht regierungsabhängiger Organisationen wurde 1995 ein EIS-Entwurf vorgelegt, um den Bundesgesetzen Genüge zu leisten. Die EIS war nur begrenzt, da es den Einsatz des Systems mit der geplanten vollen Energiestärke nicht berücksichtigte. Außerdem nahm die *Navy* erst 1998 die Auswirkungen auf Menschen in die Prioritätenliste ihrer Forschungsprojekte auf, indem auf Taucher hingewiesen wird.[27] Jetzt versuchen sie sich vollständig aus der Gültigkeit des Gesetzes auszuschließen.

„Vor der Erstellung eines Entwurfs des Umwelt-Unbedenklichkeitsstatements (DEIS) zum Einsatz dieses Systems finanzierte die *Navy* ein umfassendes Wissenschaftliches Forschungsprogramm (SRP) um damit speziell die möglichen Effekte zu überprüfen."

Die Tatsachen unterscheiden sich auch hier in vielerlei Hinsicht von den Verlautbarungen der *Navy*. Der „Entwurf" war sehr begrenzt und berücksichtigte nicht die Risikofaktoren für den Fall, dass das System bei seinem vollen Energiepotenzial arbeitet. Denn das ist viele tausend mal intensiver als die Tests, von denen bisher öffentlich die Rede war. Außerdem war der Test auf vier Tierarten und einen Monat Studien begrenzt. Es wurden keine Langzeitstudien mit der vollen Frequenzbreite und den Energiedichten in Auftrag gegeben, die die *Navy* geplant hat, wenn das System in vollem Umfang zum Einsatz kommt. Die Grenzen der Testreihen waren so eng, dass es unmöglich ist zu sagen, das System sei sicher. In der Tat ist es aufgrund der eingeschränkten Tests, die durchgeführt wurden, für viele Beobachter klar geworden, dass die Risiken sehr groß sind, dass es zu entscheidenden Auswirkungen auf das Leben im Meer kommt. Die Kommission für Meeressäugetiere, eine Bundesbehörde, die zum Schutz dieser Lebewesen gegründet wurde, drückte 1997 in ihrem Bericht an den Kongress ihre Besorgnis über die Verwendung der neuen Sonare aus.
Die Kommission sagte: „Wenn das LFA-System wie geplant weltweit zur Verfügung gestellt wird, könnten möglicherweise alle Arten und Populationen von Meeressäugetieren einschließlich der Tiere, die unter dem *Endangered Species Act* als gefährdet oder bedroht eingestuft sind, betroffen sein." Der Bericht führt weiter aus, dass die folgenden negativen Auswirkungen vom Einsatz des Systems herrühren könnten:

- Tod durch Lungenblutung oder anderes Gewebetrauma;
- vorübergehender oder dauerhafter Hörverlust oder Hörschaden;
- Störung der Nahrungssuche, Nachwuchspflege, akustischen Kommunikation und Orientierung oder anderer lebenswichtiger Verhaltensweisen und bei schwerwiegender Störung häufige oder lang andauernde mögliche Abnahme der individuellen Lebenszeit und Fortpflanzung und damit die entsprechende Abnahme in Populationsgröße und Fortpflanzung;

- psychologischer und physiologischer Stress, der Tiere empfänglicher macht für Krankheiten, Parasiten und räuberisches Verhalten;
- Veränderungen in der Verteilung, dem Vorkommen oder der Fortpflanzung wichtiger Beutetiere der Meeressäugetiere und daraufhin sowohl Abnahme der individuellen Lebenszeit und Fortpflanzung als auch die entsprechende Abnahme in Populationsgröße und Fortpflanzung.

„Das LFA-Sonar wurde nicht nur von *Navy*-Wissenschaftlern, sondern auch von unabhängigen Meeresbiologen gründlich getestet."
Tatsache ist, dass die einzige Testreihe von der *Navy* bezahlt und gesponsert wurde und dass es keine unabhängige Überprüfung irgendwelcher Testergebnisse gegeben hat. Außerdem wurden die Beobachtungen, die während der Test gemacht wurden, von der *Navy* entsprechend der Erfordernisse ihrer eigenen Projekte nicht weiterverfolgt. Die Beobachtungen wurden von der *Navy* nicht ausreichend berücksichtigt und überprüft.
„Die Meeresbiologen, die im September und Oktober 1997 die SRP-Phase 1 vor der Küste von Südkalifornien mit Blauwalen und Finnwalen durchführten, beobachteten keine Abnahme der Walgesänge und sahen keine ausdrückliche Störung des Fressverhaltens von Walen, die den Schallniveaus von 110 bis 153 dB ausgesetzt waren. Die Störung von Finnwalen und Blauwalen schien mehr von der Störung der Beute als von den Schallübertragungen des SRP-Sonars beeinflusst zu sein."
Diese Aussage steht in direktem Widerspruch zum eigenen Bericht der *Navy* über die Tests, der andeutete, dass die Wale Auswirkungen gezeigt hatten. Der Chef-Wissenschaftler, der von der *Navy* engagiert wurde, erklärte im Bericht, dass die Walgesänge je nach Spezies zwischen 30 und 50 Prozent abnahmen.
„Es gibt keine Daten oder Informationen, die die Behauptungen stützen, dass die Tests aus SRP-Phase II vor der Kona-Küste von Hawaii im März 1998 dazu geführt haben, dass im Sonar-Testgebiet verlassene Kälber aufgefunden wurden."
Die *Navy* hat ihre Tests nicht abgebrochen, obwohl es Berichte gab, dass Probleme mit Kälbern aufgetreten waren. Sogar im eigenen Bericht der *Navy* wurde festgestellt, dass bei mindestens drei

Gelegenheiten in dem fraglichen Gebiet im Stich gelassene Kälber von Meeressäugetieren aufgefunden wurden. Von allen Beteiligten wurden diese Ereignisse als äußerste Ausnahmen bezeichnet, und alle fanden im Testgebiet statt.

„Es gibt keine Daten oder Informationen, die die Behauptungen stützen, dass die Tests aus SRP-Phase II vor der Kona-Küste von Hawaii im März 1998 dazu geführt haben, dass während der Tests eine Reduzierung der Buckelwalgesänge um 80 Prozent stattgefunden hat."

Der eigene Bericht der *Navy* über die Testreihe in Hawaii deutet an, dass von 17 Walen 10 während der Testphase aufgehört haben zu singen. Zusätzliche Tests wurden vom *Woods Hole Oceanographic Institute* in Massachusetts durchgeführt und in der Ausgabe von *Nature* vom 22. Juni 2000 ausgeführt. Hier heißt es, dass die Muster der Buckelwalgesänge während der LFA-Operationen beeinträchtigt waren.

„Es gibt keinerlei Beweise, dass es in der Nähe des *Navy*-Testgeländes irgendwelche Walstrandungen gegeben hätte, es gibt auch nicht den entferntesten Hinweis, dass die SRP-Tests mit irgendwelchen Strandungen in Zusammenhang stehen könnten."

Es gab mehrmals Zusammenhänge zwischen Strandungen und *Navy*-Manövern. 1991 veröffentlichte das Wissenschaftsmagazin *Nature* einen Artikel, der drei verschiedene Walstrandungen auf den Kanarischen Inseln 1985, 1988 und 1989 mit Übungen der *US Navy* in Verbindung brachte. Das waren die einzigen Walstrandungen, die jemals von den Kanarischen Inseln berichtet wurden. Außerdem waren die Tests, die 1997 und 1998 von der *Navy* durchgeführt wurden, Tausende Male weniger intensiv als die Energieniveaus, die für die neuen Sonare beabsichtigt werden. Dr. Alexandros Frantzis schrieb einen Artikel, der 1998 im Magazin *Nature* veröffentlicht wurde[28] und der darauf hinwies, dass die NATO-Tests im Mittelmeer bei 150-160 dB dazu geführt hatten, dass 1996 in Griechenland Strandungen vorkamen. Diese Strandungen wurden im Umwelt-Statement der *Navy* ignoriert, obwohl das den US-Gesetzen widersprach. Eine weitere Strandung, die nicht notwendigerweise mit dem LFA-Sonar in Verbindung zu bringen ist, ereignete sich im Oktober 1999 auf den Bahamas. Diese letzte Strandung geschah in Zeiten, als andere Sonare im Gebiet der Strandungen aktiv eingesetzt wurden. Die physische Beweisführung, die aufgrund der Untersuchung der Tiere durchgeführt wurde, zeigte, dass das Trauma durch Schäden aus akustischer Energie hervorgerufen wurde. Die *Navy* gab schließlich zu, dass die Strandung der Wale auf den Bahamas „höchstwahrscheinlich" durch den Einsatz von Mittelstreckensonar verursacht wurde, das in der Gegend im Einsatz war.

„Einige der qualifiziertesten Spezialisten für Meeresbiologie und im Besonderen für Bartenwale beobachteten die SRP-Experimente. Diese Experten hatten den Eindruck, dass die Tests ausreichend waren um eine Extrapolation der Ergebnisse möglich zu machen, so dass das Potenzial für das Zufügen nicht ernsthafter Verletzungen festgelegt werden kann."
Das ist nicht das, was die Experten wirklich gesagt haben. Die Tests selbst waren mindestens 5000 mal weniger intensiv als das Anwendungsniveau, das im Entwurf des Umweltverträglichkeitsstatements angegeben war. Der eigene Bericht der *Navy* bestätigte, dass „diese Tests das LFA-Niveau nicht voll ausschöpften". Im *Navy*-Bericht heißt es weiter, dass „es schwierig sein wird, von diesen Werten ausgehend eine Extrapolation zu erstellen, um damit die Reaktionen bei höheren Einsatzniveaus vorauszusagen."[29]

Es ist ein grundlegendes Problem, wenn die Militärforschung und die Verbindung zur Finanzierung durch das Militär einschränkende Faktoren für eine offene und ehrliche Forschungsarbeit werden. Die augenblicklichen Strukturen für die Erforschung der Unterwasserakustik, bei denen es um mittelgroße und große Projekte geht, werden praktisch alle von der *Navy* und anderen Verteidigungsorganisationen in den Vereinigten Staaten kontrolliert, was die akademische Freiheit effektiv einschränkt. Die traurige Geschichte, die im Magazin *Marine Mammal Science* angedeutet wird, liegt in der Tatsache, dass Behörden, deren Hauptaufgaben nichts mit Wissenschaft zu tun haben, die größten Projekte finanzieren, die die akustische Umwelt im Meer betreffen.[30] Dieses Problem gibt es nicht

nur bei der *Navy*, sondern es taucht überall in der Verteidigungs-
industrie und bei den Behörden der Bundesregierung auf, die sich
mit dieser Art der Forschung befassen.

Earthpulse Press hat während seiner Beschäftigung mit den fraglichen Themen festgestellt, dass die Probleme, bei denen es um die
Förderung von Waffensystemen geht, routinemäßig durch Falschinformation, minimale Information oder Regeln der nationalen Sicherheit verborgen bleiben. Das beschränkt den Zugang für Wissenschaftler, die sich ansonsten dagegen aussprechen würden. Es
sollte auch festgestellt werden, dass das Militär als einer der
schlimmsten Umweltverschmutzer auf dem ganzen Planeten bekannt ist. Tatsache ist, dass unsere Militärmaschinerie sich nicht
nur zum Wächter für die nationale Sicherheit entwickelt hat, sondern ohne Schwierigkeiten vielleicht auch zum Wächter der Wissenschaft geworden ist. Ist es denn weise, diesen Bürokratieunter-
nehmen zu erlauben, die Information und die Verwendung der modernen Technologie zu kontrollieren? Ist es weise, Institutionen zu
vertrauen, die weiterhin die Sicherheitsnetze missachten, die durch
das Gesetz errichtet wurden? Ist es weise, Institutionen zu vertrau-
en, die ohne Überwachung im Geheimen operieren?

Sicherheit in den Meeren

Die Frage nach der Sicherheit ist in der Debatte zu diesem Thema
ganz zentral, außerdem andere Fragen in Zusammenhang mit der
Auswirkung von Energie auf Menschen und andere Lebewesen.
Überall in der wissenschaftlichen Literatur findet man das Thema
des Unterwasserschalls. Es ist bereits seit langem anerkannt, dass
sich Auswirkungen bei Meeressäugetieren bereits bei 110 bis 120
dB anfangen zu zeigen.[31], [32] Diese Werte liegen deutlich unter dem
Niveau von 160 dB, das die *Navy* als „sicher" bezeichnet. Bei 160
dB kann schwerwiegender Schaden zugefügt werden, wie es an
der Strandung von Walen im Mittelmeer zu sehen ist, über die im
Magazin *Nature* 1998 berichtet wurde. Dr. Frantzis berichtete, dass
die NATO mit 99,9-prozentiger Wahrscheinlichkeit für die Strandung der Wale verantwortlich war, weil sie Energiekonzentrationen

zwischen 150 und 160 dB verwendete. Die eigene Untersuchung der NATO zu diesem Ereignis gab die Energieniveaus an, denen die Tiere vor ihrem Tod ausgesetzt waren. Das von der *Navy* erwünschte Niveau von 240 dB wäre der lauteste nicht durch Explosion hervorgerufene Schall, der jemals in den Meeren erzeugt wurde, und hätte Auswirkungen, die bei diesem Energieniveau noch unbekannt sind. Die Behauptung der *Navy*, dass sich Verhaltensveränderungen nicht zeigen, ehe Energieintensitäten von 160 dB erreicht sind, ist falsch und wird in der wissenschaftlichen Literatur nicht unterstützt. Die *Navy* möchte jedoch einem Bericht zufolge das sichere Niveau bei der Verwendung von LFA-Systemen bei 180 dB festlegen. Das wäre bereits an einem Punkt, wo ernsthafte physische Schäden einschließlich Taubheit auftreten können. Das von der *Navy* gewünschte Niveau hat wenig mit Sicherheit zu tun, aber eine große Menge mit dem Einsatz von LFA-Sonaren.[33] Die *Navy* will dieses System haben und untertreibt die Risiken in ihrem Eifer, diese Technologie einzusetzen. Personen, die sich im Wasser befinden, werden Auswirkungen spüren, wenn dieses System bei voller oder fast voller Kraft in ihrer Umgebung eingesetzt wird.

Die anderen Strandungen, die zuvor erwähnt wurden, betrafen verschiedene Spezies, die unter allen Umständen nur sehr selten vorkommen, und die Übungen der *Navy* im Gebiet der Strandungen bleiben höchst verdächtig. Ein Hauptthema im Hinblick auf die Bahamas ist die Tatsache, dass das LFA-System nach Aussagen der *Navy* nicht im Einsatz war, dafür aber mindestens zwei andere Sonarsysteme in dieser Gegend in Funktion waren – Systeme, von denen man die Öffentlichkeit glauben machen wollte, dass sie sicher sind. Die Tatsache, dass bereits „in Funktion befindliche" Systeme die Schäden bei den Walen verursachten, ist sogar noch viel beunruhigender, weil diese Systeme bereits regelmäßig im Einsatz sind und für sicher gehalten werden.

Die *Navy* besteht darauf, dass diese Systeme sicher sind und dass „die *Navy* der Vereinigten Staaten seit über 80 Jahren überall in den Weltmeeren Sonare benutzt hat und dass es keine Hinweise darauf gibt, dass Sonare Wale töten". Diese Behauptung ist absichtlich irreführend und erweckt den Eindruck, dass alle Sonarsysteme in den Ozeanen auf die gleiche Art und Weise funktionieren. Wie zuvor schon angedeutet, sind diese neuen Sonare aktiv und weniger passiv, was ein bedeutender Unterschied ist. Außerdem ist der Gedanke, dass das Schallenergieniveau, das die *Navy* im Auge hat, auf vernünftige Weise mit den Sonaren der Vergangenheit verglichen werden könnte, so als wollte man das erste Flugzeug der Gebrüder Wright mit einem F-16-Kampfjet vergleichen – es gibt keinen Vergleich, außer dass man sagen kann, dass es sich bei beiden um Flugzeuge handelt.

Es gibt entscheidende Unterschiede bei den Sonartypen, die die *Navy* in einen Topf werden will, als ob sie alle das Gleiche wären. Es wird nicht unterschieden zwischen militärischen Sonaren, Fischfindern und Navigationssonaren, die alle ganz unterschiedlich arbeiten. Diese drei Gruppen von Sonaren sind völlig verschiedenartig, wie in einer informativen Presseveröffentlichung durch Joyce O'Neal und Dr. Marsha Green vom Institut für Meeressäugetiere im Mai 2000 dargestellt wurde. Folgende Unterscheidungen wurden aufgezeigt:

1. Die abgegebene Energie von Fischfindern variiert von 55 Watt (die Energie einer Glühlampe) bis etwa 600 Watt. Wenn elektrische Energie in Schallenergie umgewandelt wird, dann entspricht das Maximum von 600 Watt ungefähr etwas weniger als 300 Watt an akustischer Energie und etwa 190 dB. Dieses hohe Energieniveau wird nur erreicht, weil das „Ping" oder der Schall, der erzeugt wird, sehr scharf ist und typischerweise in weniger als einem Prozent der Zeit auftritt, in der das Gerät aktiviert ist. Militärische Sonare haben dagegen viel längere Laufzeiten oder Aktionskreise, in denen der Schall erzeugt und durch das Wasser gesendet wird.

2. Außerdem konzentrieren militärische Sonare die Energie tatsächlich auf die Art und Weise, wie das Signal durch eine Anordnung von mehreren Sendern hervorgerufen wird. Der Schall wird in einem kleinen Bereich fokussiert, klein im Vergleich zum Signal des Fischfinders, das sich schnell von der Quelle aus ausbreitet, um dann bereits nach kurzer Entfernung immer schwächer zu werden.

Fischfinder und Tiefenmesser sind im Allgemeinen nach unten gerichtet und der Schall kann das Leben im Meer in Mitleidenschaft
ziehen, aber die Energieausstöße sind kurz und begrenzt im Vergleich zu denen der militärischen Technologie.

3. Der andere wichtige Unterschied zwischen diesen Gerätschaften ist die Funktionsfrequenz des Sonars in Bezug auf das erzeugte
Signal. Man sollte bedenken, dass lange Wellen oder niedrig-
frequenter Schall große Entfernungen durch Land und Wasser zurücklegen kann, während kurze Wellenlängen oder hochfrequente
Signale nur kurze Entfernungen im Wasser oder durch Land zurücklegen können. Die Energie in Hochfrequenzsendungen wird
schnell absorbiert und kommt nicht sehr weit. Die meisten Fischfinder arbeiten im Bereich von 50.000 bis 200.000 Hertz, wohinge-
gen die neuen LFA-Systeme in den Bereichen 100 bis 1000 Hertz
operieren. Die älteren militärischen Sonare operieren im Bereich
von 5000 bis 8000 Hertz. Es ist die niedrigere Frequenz zusammen
mit der höheren Intensität der militärischen Sonare, die sie so
zerstörerisch macht und einen vernünftigen Vergleich mit Fischfindern und anderen zivilen Technologien nur eingeschränkt möglich macht.

4. Ein weiterer wichtiger Unterschied ist der, dass der Energiestrahl umso schmäler ist, je höher die Frequenz ist. Deshalb kann
der Strahl bei den Fischfindern nur eine kurze Distanz zurücklegen.
Das bedeutet, dass ein Fisch oder ein Meeressäugetier, das im Strahl
eines Fischfinders gefangen wird, binnen weniger Augenblicke dem
Signal aus dem Weg schwimmen kann, während bei militärischen
Systemen der Weg zur Sicherheit nicht nur ein paar Meter, sondern
bei voller Kraft mehrere hundert Meilen lang ist.

Das Ereignis auf den Bahamas

Vom 15. bis zum 17. März 2000 fand eine Massenstrandung von verschiedenen Spezies auf drei Inseln der Bahamas statt: auf Grand Bahama Island, Abaco und Nord-Eleuthera. Diese Strandung umfasste vier Waltypen und eine Delphinspezies. Über diese Strandungen berichteten die besten Wissenschaftler auf diesem Gebiet und veröffentlichten später ein Papier zu diesem Thema.[34] Die wichtigsten Fakten aus diesem Papier waren die folgenden:

Die Strandungen passierten in einer Zeitspanne von 36 Stunden entlang einer 150 Meilen langen Strandlinie. Die erste Strandung wurde um 7.30 Uhr am 15. März beobachtet, die verwesenden Körper weiterer Tiere wurden am 17. März entdeckt. Zehn der Tiere strandeten lebend, sieben wurden in den Ozean zurückgeschoben. Sechs Tiere wurden an der Harvard-Universität obduziert. Im Bericht der Wissenschaftler wurden mehrere Faktoren überprüft, damit Gründe für das Problem und andere Umweltfaktoren ausgeschlossen werden konnten. In der Analyse der Tiere, die zu Forschungszwecken konserviert wurden, stellte man fest, dass die Verletzungen die Lungen, Hörsysteme und andere verwandte Organe der Tiere betrafen.

Die Strandung von Schnabelwalen ist im Allgemeinen sehr ungewöhnlich. Zwischen 1838 und 1999 kamen nur 49 Massenstrandungen vor, von denen 19 zwischen 1963 und 1999 auftraten. Von diesen Strandungen standen acht in Zusammenhang mit Militärübungen.

Die Kombination aus Faktoren rund um das Bahama-Ereignis haben entscheidende Bedeutung. Die untersuchten Tiere waren frei von irgendwelchen chronischen Erkrankungen oder anderen externen Traumata. Die Tiere litten an Blutungen in ihrem Hörmechanismus, der mit der Art der Schädigung in Zusammenhang steht, die man bei intensiven Druckerlebnissen wie hochintensivem Schall erwartet. Es wurde darauf hingewiesen, dass es nicht das Trauma des Druckerlebnisses war, das die gestrandeten Tiere tötete, sondern der Tod war eher ein Ergebnis aus den Auswirkungen der Strandung selbst. Mit anderen Worten: Nicht das Zusammentreffen mit dem Sonar tötete die Tiere, sondern die Tatsache, dass sie gezwungen waren das Wasser zu verlassen, verursachte ihren Tod. Im Bericht heißt es: „Das Trauma, das bei einigen der toten Wale beobachtet werden konnte, wurde wahrscheinlich durch eine entfernte Explosion oder ein intensives akustisches Ereignis mit besonders intensivem Impulsivprofil verursacht."[35] Im Bericht heißt es weiter, dass „der wahrscheinlichste Grund für das beobachtete Trauma Impulsverletzungen sind, die pathologische Analyse kann jedoch bisher nicht unterscheiden zwischen den Auswirkungen von weit entfernten Explosionen und einer akustisch induzierten Verletzung." Obwohl der Bericht nicht der *Navy* die Schuld zugesprochen hat, wurde keine andere Verursacherquelle festgestellt, die eine Erklärung für diese Ereignisse bieten würde, die sich auf einen 150 Meilen langen Küstenstreifen erstreckten. Das Problem deutet auf die *Navy* hin.[36] Schließlich wurde als Grund eindeutig das Mittelstreckensonar der *Navy* ausgewiesen.

Die Opposition formiert sich

Als Ergebnis der verschiedenen Strandungen und aufgrund der zögerlichen Haltung der *Navy*, bei ihrer Forschungsarbeit entgegenkommender zu sein, begannen mehrere Gruppen sich in Opposition zur den Testreihen der *Navy* zu mobilisieren. Diese Initiative wurde eine der ersten hauptsächlich umweltpolitisch orientierten Bemühungen, die die neuen Technologien ins Visier nahmen, die für die militärische Revolution (RMA) in Stellung gebracht wurden. Die Vorstellung, dass anerkannte Umweltgruppen anfangen würden, sich mit den Auswirkungen von Energiesystemen wie SURTASS LFA auseinanderzusetzen, markiert einen entscheidenden Punkt in der Evolution dieser Gruppen, da sie jetzt die Auswirkung moderner, auf Energie gründender Technologien zu erkennen beginnen. Das Institut für Meeressäugetiere, das von Dr. Marsha Green geleitet wird, veranstaltete ein „Symposium: Das Hochintensitätssonar der *Navy*, 14.-15. August 2000". Das Symposium wurde am Atlantik-College in Bar Harbor, Maine, abgehalten und repräsentierte eine Zusammenkunft von Vertretern der Gesetzgebung, Wissenschaft, Aktivisten und Forschungsgemeinschaft.

Das Symposium war interessant und lieferte eine Menge Hintergrundinformation zum Thema. Ich wurde gemeinsam mit einigen anderen Referenten gebeten daran teilzunehmen und konnte einiges an Hintergrundwissen über den allgegenwärtigen Vormarsch der neuen Technologie in Bezug auf die Umweltauswirkungen beisteuern. Mein Vortrag trug den Titel „Die unsichtbare Bedrohung des Lebens – Auswirkungen der neuen Technologien auf Lebewesen". Der Vortrag umfasste einen Überblick über die Verwendung natürlicher Attribute der Umwelt in den neuen Technologien, die auf effektivere militärische Geräte übertragen werden. Die Idee natürliche Phänomene wie die, die bei SURTASS LFA eingesetzt werden, zu verwenden ist einer der Hauptbereiche der militärischen und anderer akademischer Forschung geworden. Es gehört jetzt zu vielen bedeutsamen militärischen Initiativen dazu, dass künstliche stimulierte kohärente Energiequellen (rhythmische Energieausstöße) dazu verwendet werden, Wirkungen in der natürlichen Umgebung, bei Personen oder Maschinen auszulösen. Diese neuen Technologien können Energieausstöße stimulieren, natürliche Energieflüsse lenken, normalen Energieaustausch in der Umwelt stören oder bedeutenden Energietransfer verursachen, was vernichtende Auswirkungen auf lebende Kreaturen, andere natürliche Systeme oder Objekte haben kann.

Die Kontroverse verstärkte sich weiter, als die *Navy* ihre Tests vor der Küste von New Jersey ankündigte, die für den 22. Mai 2000 geplant waren. Der *National Marine Fisheries Service* (Nationaler Meeresfischereidienst) ersuchte die *Navy* die Tests abzusagen. Als die Opposition die Fakten bekannt machte, begann die *Navy* sich zurückzuziehen und sagte alle Tests ab, die für das Finanzjahr 2000 in New Jersey geplant gewesen waren.[37], [38]
Ein weiterer wichtiger Themenkomplex wurde von Anwalt Lanny Sinkin angesprochen. Sinkin war Referent bei der zuvor erwähnten Konferenz und ist der Autor von „*The US Navy's $100 Million Mistake: Low Frequency Sonar and the Health of the Oceans*" („Der 100 Millionen Dollar teure Fehler der *US Navy*: Niedrigfrequenzsonar und die Gesundheit der Ozeane"). Er weist auf eine ganze Reihe wichtiger Fragen hin, die die Legalität des Testens des Sys-

tems SURTASS LFA außerhalb anerkannter Grenzen betreffen. Er betont die Tatsache, dass es aufgrund des nationalen Umweltschutzgesetzes (NEPA) verboten ist, irreversible oder unersetzliche Geldmengen in Projekte zu investieren, ohne dass zuvor ein Umweltverträglichkeitsstatement (EIS) abgegeben wurde. Per Gesetz wurde die *Navy* auch verpflichtet, ein überseeisches Umweltverträglichkeitsstatement (OEIS) abzugeben, falls das Projekt öffentliche Bereiche des Ozeans, eine andere Nation oder andere globale Ressourcen betreffen würde. Sinkin deutete darauf hin, dass das LFA-Projekt seit über zehn Jahren ohne EIS oder OEIS betrieben und vorangetrieben wird und dass das System so geplant war, dass es über 80 Prozent der Weltmeere betreffen würde. Im gesamten Bericht wurde deutlich gemacht, dass die *Navy* die Bedenken ihrer eigenen Wissenschaftler ignoriert oder beiseite geschoben hat. Sieht man die Schwierigkeit die Testergebnisse im Licht der viel höheren Energieintensitäten, die die *Navy* geplant hat, so bleibt die Tragweite der Tests ein Punkt, mit dem sich die *Navy* nie befasst hat.[39]

In einem Bericht an die Internationale Walkommission stimmte die Arbeitsgruppe für Umweltfragen (SWGEC) zu, einen Bericht vorzubereiten, der die Auswirkungen der Umweltfaktoren auf Wale zusammenfassen sollte. Ab der Seite 13 dieses Berichts wird das Thema Lärm, so weit es sich auf LFAS bezieht, als ein zunehmend bedenkliches Thema diskutiert, dem gesteigerte Aufmerksamkeit geschenkt werden sollte. Der Bericht wurde in den Jahren 1999 und 2000 zusammengestellt und betont noch einmal die steigende Besorgnis über die militärischen Sonarsysteme und die damit verbundene Lärmerzeugung in den Weltmeeren.[40]

Weitere Initiativen in den Ozeanen

Im Laufe der Untersuchungen zu diesen neuen Sonaren kamen noch weitere Problemzonen zu Tage. Es ist überraschend, dass man die Idee, die Ozeane zu Verteidigungszwecken mit hochintensivem Schall füllen sollte, für eine gute Idee halten kann. Die mangelnde Berücksichtigung der Risiken, die das Militär bereit ist einzugehen, ist das Ergebnis einer beschränkten Übersicht. Die Themen sind nicht neu. Das Testen von militärischer Hardware und Verteidigungstechnologien wurde schon seit Jahren ohne ausreichende Berücksichtigung der Umweltfaktoren durchgeführt. Es gab viele Enthüllungen über die Probleme, die durch Nukleartests, chemische und biologische Tests in der Vergangenheit ausgelöst wurden. Die neuen Technologien lassen andere Massenvernichtungswaffen im Vergleich zur Stärke dieser neuen Systeme blass aussehen. In Zukunft müssen sich politische Führer und Aktivisten intensiver darum bemühen, ein Gleichgewicht zwischen nationalen Verteidigungsbestrebungen und dem Überleben der Umwelt herzustellen.

Jetzt gibt es neue Energiewaffen, die die natürlichen Systeme in einem Umfang verändern können, wie es bisher nie möglich war, und dieses neue Sonarsystem ist nur ein kleiner Teil dieser größeren Initiative. Ein Großteil der Geschichte muss in Form einer neuen Technologie und in Form von neuen Risiken für die Umwelt und die Menschen verstanden werden. Die Menschheit bringt die Entwicklung einer der gefährlichsten Technologien auf der ganzen Welt voran. Diese Technologien haben sich bereits gezeigt und werden sich noch weiter entwickeln. Viele der Umweltbewegungen ziehen es vor bei den Themen zu bleiben, mit denen sie am vertrautesten sind, während bereits neue Bedrohungen auftreten. Bei einigen Gelegenheiten wurden Projekte bekannt gemacht, die die Aufmerksamkeit traditioneller Aktivisten erregt haben. Diese neuen Technologien werden zunehmend sichtbar, während Tests und Einsatzbemühungen fortschreiten. Seit den frühen 1990er Jahren drangen diese Themen aufgrund ihrer Tragweite in die Kreise der politischen Rechten vor. Die politische Linke begann sich aus anderen Gründen den neuen Technologien zu widersetzen und fängt jetzt gerade an, die weiteren Auswirkungen der militärischen Revolution zu erkennen. Unter der neuen Regierung Bush wurde das Verlangen deutlich, dass man mit einem „Riesensprung" in der neuen Revolution vorankommen will, und das wird auch durchgeführt, während unsere traditionellen nationalen Gegner es genau beobachten. Der Wettlauf ist wieder im Gange, und die Welt wird dem zum Opfer fallen.

Eines der anderen Systeme, die als unterstützende Technologien bei SURTASS LFA verwendet werden sollen, ist der luftgestützte aktive Empfänger (ADAR), der als Sono-Boje von der Luft in den Ozean geworfen werden soll. Dieses Gerät soll dann im Meer schwimmen und als passives Gerät benutzt werden, um Echos von aktiven Sonargeräten aufzufangen, die mit unterseeischen Objekten interagieren. Dieses Gerät wird zusammen mit dem R&D-Programm getestet, das unter Verwendung von aktiven Sonaren und passiven ADAR-Geräten U-Boot-Abwehr mit großer Reichweite in flachen und tiefen Gewässern untersucht. Das ADAR-System wurde etwa um 1998 in Produktion gestellt, am 9. Oktober 1998 wurde ein Antrag auf Verbesserungsvorschläge nötig.[41]

Kanada und Alaska

Eine weitere Technologie, die für Sono-Bojen verwendet werden könnte, ist ein neuer Fassdaubenprojektor für Breitband-Sonaranwendungen, die ein Signal von 1500 Hertz mit 192 dB aussenden können. Dieses neue kompakte Gerät wurde vom kanadischen Verteidigungsforschungsinstitut für den Atlantik (DREA)[42] angekündigt. Dieses Institut koordiniert seit den 1980er Jahren seine Forschung in diesem Bereich mit den USA und anderen Verbündeten. Tatsächlich ist in einem Bericht dieser kanadischen Behörde die Überwachung auf dem offenen Ozean ein Forschungsbereich, bei dem die Betonung sowohl auf passiven als auch aktiven Sonargeräten liegt.[43] Der Bericht beschreibt das kanadische Interesse an der Schaffung ähnlicher Sonarsysteme. Wenn wir alles zusammen betrachten, dann wundern wir uns immer wieder, was die vorliegenden Dokumente und ihre Querverbindungen aufzeigen würden, falls sich das Verhalten von Meeressäugetieren oder die Migrationsmuster der Meerestiere auf unerklärliche und von der Norm abweichende Weise verändern würden.

In der Gegend von Alaska, wo ich lebe, führte die *Navy* einige ihrer Experimente durch. Hier in Alaska, wo Bevölkerungsgruppen Hunderte von Meilen voneinander entfernt leben können, kann es passieren, dass Strandungen oder anderes seltsames Tierverhalten völlig unbemerkt vonstatten gehen. Die Migrationsmuster von Fischen erlebten bedeutende Veränderungen, die vielen anderen Ursachen zugeschrieben werden können, ehe man an Unterwassersonar denkt. Ab dem 12. August 1997 und dann zwanzig Tage lang führte die *US Navy* Tests mit niedrigfrequentem aktivem (LFA) Sonar im Golf von Alaska durch. Die Tests wurden etwa 300 Meilen südwestlich von Kodiak Island ausgeführt. Das getestete LFA-Sonarsystem war das SURTASS LFA-System, das mit 100 bis 500 Hz arbeitet. Taucher wurden darauf hingewiesen, dass das Sonar manchmal wie das Singen von Walen klingen kann.[44] Am 2. November 1999 gab das Büro von Gouverneur Tony Knowles in Alaska seinen Abschlussbericht *Final Consistency Finding for SURTASS LFA SONAR DEIS, State I.D. No. AK 9909-01JJ* heraus. Diese Entscheidung autorisierte die Verwendung von SURTASS LFA in alaskischen Gewässern, ohne dass die Öffentlichkeit die Gelegenheit bekommen hatte, sich gemeinsam mit der Umweltbewegung in Alaska auch nur dazu zu äußern. Dieses Papier deutete an, dass das Sonar mit 180 dB außerhalb der 12-Seemeilen-Zone jeder alaskischen Küstenlinie oder überall, wo Meeressäugetiere entdeckt wurden, unterhalb der 180 dB betrieben werden würde. Die Stärke wurde außerdem im Bereich von Tauchgebieten auf 145 dB limitiert. Ausgenommen von diesen Begrenzungen waren Operationen, die bei „erhöhter Bedrohung" und während bewaffneter Konflikte durchgeführt würden.[45]

In Alaska gab es in den vergangenen Jahren viele Gelegenheiten, bei denen Lachswanderungen, Walmigrationen oder andere vorhersagbare Geschehnisse oder Vorkommnisse des Meereslebens nicht so auftraten, wie man erwartet hatte. Es konnte mehrere Gründe für diese Abweichungen vom erwarteten Verhalten geben. Verhaltensänderungen wurden bei einigen Meeressäugetieren bereits bei einem Bruchteil der 180 dB der Experimente mit SURTASS LFA in Alaska beobachtet. In der Gegend um Cook Inlet in Alaska, wo ich lebe und als Stammesverwalter tätig war und jetzt als Stammesplaner arbeite, sind für den traditionellen Stammesrat von Chickaloon Village die Veränderungen beim Fischvorkommen und Vorkommen der Meeressäugetiere von großer Bedeutung. In dieser Gegend ist die Abhängigkeit der Leute von Meeressäugetieren in Bezug auf Gesundheit und Kultur weiterhin sehr wichtig. Außerdem brauchen sie dauerhafte Fischbestände für ihr Überleben. Die Küstengegend von Alaska bleibt eine der produktivsten Gegenden für den Fischfang auf der ganzen Welt. Die Verwendung der neuen Sonare und ihre mögliche Auswirkung auf die Ressourcen kann größere Risiken darstellen als die Ölindustrie oder andere menschliche Eingriffe, die von Dutzenden von Gruppen, die in Bezug auf Umweltthemen in Alaska tätig sind, genauestens überwacht werden. In der Vergangenheit wurden im Zusammenhang mit Energie ähnliche Umweltexperimente in Angriff genommen und werden ohne bedeutsame Aufsicht in Alaska auch weiter durchgeführt. Die Vorstellung, dass dieses System ohne Beachtung der Widerstände, die in anderen Gegenden vorgebracht wurden, die Erlaubnis zum Einsatz bekommen könnte, ist entmutigend, besonders wenn man bedenkt, dass der Staat viele seiner Meeresressourcen verliert, weil bereits jetzt Störungen der Migrationsmuster festzustellen sind. Könnten diese Sonare auch zu den Problemen beigetragen haben, die in den vergangenen Jahren überall im Staat festgestellt wurden?

Die Lachswanderungen im Nordpazifik wurden in den vergangenen Jahren gestört. Der Kreislauf der Lachse geht von den Süßwasserströmen, wo sie geboren werden, durch den Nordpazifik, bis es für sie an der Zeit ist zu ihrem Geburtsplatz zurückzukehren, um den Kreislauf des Lebens wieder beginnen zu lassen. Diese Routen sind in vielen Flüssen und Regionen von Alaska gut bekannt. Die Art und Weise, wie diese Meereslebewesen ihren Weg finden, wurde mit Sonnenlicht, natürlichen Magentfeldlinien und ihrem Geruchssinn in Verbindung gebracht.[46], [47], [48] Es ist auch bekannt, dass viele Meereslebewesen Gasbläschen bis zu mikroskopisch kleiner Größe besitzen, die mit verschiedenen Vibrationsenergiefrequenzen interagieren können, die von LFA-Sonaren erzeugt werden. Die größte Aufmerksamkeit im Zusammenhang mit diesen neuen Sonaren wurde ihrer Auswirkung auf die Meeressäugetiere gewidmet. Wenn man jedoch die Resonanzwirkungen im Zusammenhang mit aktiven Niedrigfrequenzsonaren beobachtet, dann können auch andere Arten davon betroffen sein. Ein umfassender Blick auf diese neuen Technologien ist dringend nötig.

Ein anderer Sonartyp ist der Air Deployable Low Frequency Projector (in Luft einsetzbarer niederfrequenter Projektor, ADLFP), bei dem es sich um aktives Sonar handelt, das mit Hilfe von Luft funktioniert, indem das Gerät zu Überwachungszwecken im Zielgebiet abgeworfen wird. Die Verwendung von Sonarbojen wurde von der *Navy* auf den Bahamas bestätigt, wo es zur Strandung von mehreren Walen kam. Die *Navy* behauptete, dass sie diese Geräte seit mehr als zwanzig Jahren benutzt, ohne dass je negative Auswirkungen berichtet wurden. Worauf man allerdings nicht hinwies, ist die Tatsache, dass sich in den letzten zwanzig Jahren die Wissenschaft weiterentwickelt hat und dass die Sonarbojen der Vergangenheit in der Tat völlig anders sind als die neuen Technologien, die jetzt getestet werden. Ein Blick auf das umfassendere Bild, das von den neuen Systemen geboten wird, sollte bereits klar machen, dass das von diesen Sonarbojen erzeugte Signal ganz anders ist als das von Fischfindern und anderen harmlosen Geräten der Vergangenheit. Das Militär gab zu, dass diese Sonarbojen außerhalb des Testgebiets und in Entfernungen ausgesetzt wurden, die einen Wirkungsgrad von mindestens 20 Meilen oder mehr für diese Geräte voraussetzten. Dieser Wirkungsbereich würde andeuten, dass das von diesen Sonarbojen erzeugte Signal eine niedrige Frequenz und ein ausreichendes Energieniveau besitzen müsste, um ein reflektiertes Signal zurückschicken zu können, das vom Hintergrundgeräusch des Ozeans unterschieden werden könnte. Mit anderen Worten: Es müsste sich um hohe Energieniveaus handeln. In Presseberichten zur Situation auf den Bahamas hieß es, dass Töne von rund 200 dB bei 6600 bis 9500 Hertz benutzt würden, was sich ganz deutlich von den Technologien unterscheidet, die die *Navy* angeblich „seit Jahrzehnten" benutzt. Die *Navy* ignorierte auch die Tatsache, dass andere *Navy*-Fahrzeuge in der Gegend Sonare benutzten, während die Flotte das Testgebiet durchquerte. In den Autopsien, die an den toten Walen durchgeführt wurden, die man auf den Bahamas gefunden hatte, wurden Blutgerinnsel festgestellt, wie sie bei Schocktraumata durch Beschallung mit hochintensivem aktivem Sonar vorkommen.[49]

Die Überwachung im flachen Wasser bringt der *Navy* weiterhin Probleme aufgrund der Art und Weise, wie akustische Energie sich im flachen Wasser verhält. Die Energie, die sich im flachen Wasser bewegt, erzeugt zu viele Interferenzen, als dass mit der heutigen Technologie eine gute Signalinterpretation möglich wäre. Das Programm für Angriff und Lokalisierung im flachen Wasser SWALAS (Shallow Water Attack and Localization System) ist ein Forschungs- und Entwicklungsprogramm für ein Anti-U-Boot-System des 21. Jahrhunderts, wie die *Navy* es ausdrückt. Seine Hauptkomponenten umfassen aktive Sonarbojen und magnetische Systeme (MAD), die in der Lage sind, leichte Veränderungen in Magnetfeldern festzustellen, wenn metallische Objekte über die Sensoren hinweggleiten, die an festen Orten tief unten im Ozean stationiert sind.[50]

Ein weiteres von der *Navy* genanntes Programm war das Projekt der akustischen Thermometrie des Ozeanklimas von Heard Island (ATOC), das nach Aussagen der *Navy* dazu gedacht war das Ozeanklima akustisch zu überwachen. Durchführen sollte das Projekt das *Scripps Research Institute* in Südkalifornien. Das wahre Interesse der *Navy* lag allerdings nicht auf dem Klima, sondern eher auf der Verwendung neuer Geräuschquellen, mit denen Tausende von Meilen durch den Ozean Signale versendet werden können.[51] Das ATOC-Projekt war einer der wissenschaftlichen Beiträge zur Verwendung dieser neuen Sonare in den Ozeanen der Welt. Der Bericht, den die *Navy* vorlegte, erklärte das ATOC-Projekt speziell als ein Projekt, das vorwiegend andere Ziele als die Erforschung der Klimaveränderung verfolgte. Während der Durchführung dieses

Projekts behauptete das Militär, dass es nur um die wissenschaftliche Erforschung der Klimaveränderungen ging[52], während es in
Wirklichkeit so war, dass das Militär diesen Vorwand benutzte, um
sein wahres Interesse für unterseeische Kommunikation und Sonare zu verschleiern. Dr. Peter Worcester von Scripps-Institut für
Ozeanographie, einer der wichtigsten ATOC-Wissenschaftler, behauptete, dass die Ausrüstung, die bei ATOC verwendet wurde,
keine Ähnlichkeit mit LFA hatte und dass alles nur für Grundlagen-
forschung verwendet wurde.[53] Während wir zustimmen, dass die
Ausrüstung anders ist, so ist der zugrundeliegende Wert der Testergebnisse dazu gedacht, militärische und eher nicht zivile Ziele zu
erreichen. Es ist nicht ungewöhnlich, dass Technologien mehrfache
Anwendung finden, und die öffentlich bekannte Geschichte von
Scripps und die verborgene Agenda des Militärs können beide zu
ihrem Ziel gelangen, indem sie die Informationen verwerten, die
von ATOC durch die Entwicklung von LFA-Sonarsystemen gewonnen wurden. Das Militär unterstützt die Wissenschaft finanziell nicht
um der Wissenschaft willen, ganz egal wie sehr die Forscher, die
für militärische Projekte rekrutiert wurden, das auch gerne glauben
mögen.

Ein weiteres Programm, das von der *Navy* betrieben wird, ist das
Ton-Überwachungssystem SOSUS, das ein fester Bestandteil des
integrierten Unterwasser-Überwachungssystems (IUSS) ist, wie es
bei der Überwachung im tiefen Wasser Verwendung findet. Dieses
System umfasst feste Positionssensoren, die am Meeresboden in-
stalliert sind. Die Installation dieses passiven Abhörsystems begann
in den 1950er Jahren und besteht aus Hydraphonen (Unterwasser-
Abhörgeräte). Das System befindet sich entlang der Küstenlinie
unter Wasser und wird hauptsächlich für die Lokalisierung von U-
Booten in bis zu mehreren hundert Meilen Entfernung verwendet.[54]
Eine Konferenz zum Thema der neuen aktiven Sonare wurde im
August 1998 abgehalten, um die Annäherung der Forschung an
Minen-Gegenmaßnahmen (MCM) einzuführen, wobei Sonare in
flachen Gewässern verwendet werden sollen. Diese Sonare sind
alle aktiv und derzeit so gebaut, dass sie auf kurzem Abstand arbei-
ten. Das Ziel des Programms ist es, größere Entfernungen zu errei-

chen, indem die Stromstärken der aktiven Sonare erhöht werden.Maßnahmen zur Minenabwehr werden von einer Technologie weiter entwickelt, die die natürlichen Fähigkeiten von Delphinen nachahmt, wenn es darum geht Objekte aufzuspüren und zu entscheiden, ob dieses Objekt ein Fisch oder etwas anderes ist. Wissenschaftler bei *Orioncon Corporation*, der verteidigungstechnischen Abteilung von *Orioncon Industries*, versuchen in Zusammenarbeit mit der in Hawaii ansässigen Firma *Sea Engineering* diese neue Technologie einzuführen. Dr. Richard Dikeman sagte, dass Meeresbiologen sich dessen bewusst sind, dass „Delphine eine großartige Fähigkeit haben so genannte Verarbeitung von akustischen Signalen durchzuführen, das heißt Daten zu sammeln und zu interpretieren, die sie aus Echosignalen empfangen haben."

Orioncon war in der Lage die gleiche Art von Sonarbildern mit hoher Auflösung nachzumachen, die die Delphine zu solch effektiven Jägern macht, und sie auf die Auffindung von Minen anzuwenden. Das Institut für Meeresbiologie in Hawaii liefert beiden Firmen Ratschläge, um die Wissenschaft damit voranzubringen. Bis jetzt hat das System eine Effizienz von 99 % bei der Unterscheidung von Objekten im Wasser bewiesen.[55] Das Projekt wurde von der *Navy* finanziert.

Die Verwendung des natürlichen Sonars durch die Delphine kann vielleicht sogar noch vielfältiger sein, als man gedacht hat. In einem kürzlich erschienenen Pressebericht wurde die Meinung geäußert, dass Delphine tatsächlich ihr Sonar dazu einsetzen könnten, auf der Jagd nach Futter ihre Beute zu betäuben. Über die Jahre wurde immer wieder berichtet, dass Delphine diese Fähigkeit haben, was auch von zwei Wissenschaftlern bestätigt wurde, die Videoaufnahmen von Delphinen machten, während sie ihre niedrigfrequenten Klickgeräusche aussandten, um Fische zu betäuben. Peter Tyack, einer der wichtigsten Naturwissenschaftler, die bei der *Navy* für die LFA-Forschung zuständig sind, stimmte dem nicht zu und sagte stattdessen, dass die Delphine ihr Sonar nur dazu verwenden ihre Beute aufzuspüren und nicht zur Betäubung, wie es auf den Videobändern angedeutet wurde.[56]

Das Interesse an Sonartechnologie, die sich an die Umwelt anpasst (EAST), wächst ständig, um die Entfernungen zum sichtbaren Kampffeld unter den Weltmeeren zu vergrößern. In der Luft bleiben die Geschosse und Flugzeuge, die mit hoher Geschwindigkeit fliegen, für immer größere Zeitspannen in den unmittelbaren Überwachungsräumen des Militärs. Die Überwachung im Luftraum verwendet viele verschiedene Technologien, während in den Ozeanen die Technologien vom Medium Wasser und den natürlichen Elementen, die im Meerwasser enthalten sind, eingeschränkt werden. Die konventionelle Sonartechnologie kann bis zu 256 wählbare Operatorarten und bis zu 400 verschiedene Wellenformen für die Übertragung haben. Die Komplexität der Kombinationsmöglichkeiten ist eingeschränkt, will man das System auf die verschiedenen Konditionen anwenden. Das neue EAST-System würde spezielle Computer verwenden, um Anpassungen vorzunehmen, mit denen man die Sonarsignale besser interpretieren und erzeugen könnte. Von Gough und Dial wurde in ihrer Abhandlung zu diesem Thema[57] darauf hingewiesen, dass es aufgrund der eingeschränkten Überwachungsmöglichkeiten in den Meeren bedeutende Schwächen bei der nationalen Verteidigung gibt. Diese Einschränkungen sollen von jeder der neuen Technologien beseitigt werden. Der Text beschreibt weiterhin ein *Cooperative Engagement Concept* (CEC), bei dem mehrere verschiedene Technologieplattformen zu einem Einsatzfeld-Überwachungssystem mit der Bezeichnung „Distributives Sonar" zusammengefügt werden sollen, das den *Navy*-Kommandierenden eine maximale Übersicht verschafft. Der Text konzentrierte sich auf die Tatsache, dass mit fortschreitender Technologieentwicklung die Entscheidungen des verantwortlichen Technikers abnehmen können, während die Bildauflösung im Ozean zunimmt.[58]

Auch SURTASS-Systeme werden abgewandelt, um damit die Entscheidungen der Techniker zu erleichtern und die Interpretation von passiven Sonarbeobachtungen zu verbessern. Eingesetzt wird dazu zunehmend computergesteuerte Ausrüstung.[59] Die Einfachheit des Geräts wird wie bei SURTASS und der dazugehörigen Technologie betont.[60] Die Vertragspartner entwickeln dabei auch neue TwinLine-

Strahlen, die als Teil des neuen SURTASS-Projekts verwendet werden sollen, das 1996 getestet wurde. Die Produktion soll 1999 für den Einsatz in küstennahen Gebieten beginnen. Die nächste Generation soll im Haushaltsjahr 2003 auf den Weg gebracht werden.[61]

Mobile integrierte Systeme werden für den Einsatz im Kriegsfall entwickelt, damit man in der Umgebung des Kampffeldes eine bessere Übersicht erhält. Diese Systeme integrieren Luft- und Meeresaktivität durch zentrale Verarbeitungssysteme, die unter Wasser, unter und über dem Boden und in der Luft eine bessere Bildauflösung ermöglichen. Diese Systeme werden im Rahmen des *Mobile Inshore Undersea Warfare System Upgrade Program*[62] verbessert, wobei die aktiven und passiven Sonarsignale aus der überwachten Umgebung unter Anwendung aller verfügbaren Technologien verarbeitet werden. Dieses System wurde im ersten Golfkrieg bereits eingesetzt.

Regierungen beginnen die Bedrohung zu erkennen

„Anti-U-Boot-Fregatten der *Royal Navy* sind angehalten ‚Warnschüsse' abzugeben, um Wale und Delphine dazu zu bringen das Gebiet zu verlassen, ehe weitreichende Sonarsysteme eingesetzt werden. Das Verteidigungsministerium sagte gestern, dass es Wege untersucht den Schaden, den neue Sonarsysteme der Fregatten vom Typ 23 bei Meeressäugetieren anrichten können, zu minimieren. ‚Wir wissen, dass Geräusche unter Wasser bei Säugetieren Schäden anrichten können', sagte ein Sprecher."[63] Die Briten geben schließlich ihre Beeinträchtigung der Lebewesen zu, und später im März 2002 schlossen auch die USA jede andere Ursache aus und gaben zögernd zu, dass Schaden entstehen könnte, wie es auf den Bahamas passiert ist. Trotzdem ist nach den Ereignissen vom 11. September 2001 keine Verlangsamung der Technologieentwicklung in Sicht, und die Bemühungen der *Navy* gehen weiter.

Mögliche Lösungen

Lösungen zum Problem des Unterwasserlärms und neue technologische Entwicklungen, die bedeutsame Auswirkungen auf die Weltmeere haben können, dürfen nicht ignoriert werden. Im Kontext größerer Initiativen, die entwickelt werden sollten, um neue Technologien in Bezug auf ihre Risiken für Gesundheit und Umwelt zu überwachen, muss man sich dem Problem auf lokaler, regionaler, nationaler und internationaler Ebene stellen. Der Rat zur Verteidigung der natürlichen Ressourcen gab folgende Empfehlungen, mit denen man zum Schutz der Unterwasserwelt gegen die neuen Bedrohungen beginnen sollte:

„Das Problem formal anerkennen. Bis das Ausmaß des Problems und die Maßnahmen erkannt sind, die für Lösung so ernst und umfassend angegangen werden müssen wie für andere Formen der Umweltverschmutzung, kann das Problem nicht gelöst werden. Es ist unwahrscheinlich, dass der Kongress irgendwelche Schritte unternehmen wird, ehe die Behörden sich nicht mit den Schwächen befassen, die das gegenwärtige System beinhaltet, die Tatsachenbeweise über den Umgang des Problems auf den Tisch legen und sich selbst mit den entsprechenden Gesetzen ausstatten, die einen breiteren Zugang möglich machen.

Aktualisierung des Gesetzes zum Schutz der Meeressäugetiere. Der Kongress sollte Gesetze verabschieden, die den Naturschutzbehörden die Macht geben, die ‚Schwellenwerte' zu bestimmen, also den Lärm, den die Umweltverschmutzer tatsächlich erzeugen. Sie sollen die Ausnahmeregelungen für Fischer mit akustischen Gerätschaften zurücknehmen dürfen. Sie sollen die ‚allgemeine Autorisation', die für bestimmte wissenschaftliche Aktivitäten gilt und die zu weit gefasst ist, überprüfen dürfen; Sie sollen die Lärmkontrollstandards ausweiten dürfen, die unter das Gesetz zum Schutz der Meeresschildkröten fallen, und sie sollen die Küstenwache oder eine andere kompetente Behörde mit der Durchsetzung der Bestimmungen beauftragen dürfen.

Festlegung von Sicherheitsstandards. Die Naturschutzbehörden können das Genehmigungssystem verbessern, indem klare und sichere Standards festgelegt werden, besonders im Anfangsstadium, wenn Genehmigungen nötig sind. Sie können sich mit wissenschaftlichen Unsicherheiten befassen, indem sie die zurückhaltendsten Daten verwenden, die verfügbar sind. Und sie können eine Matrix von Verhaltensreaktionen entwickeln, die zwischen bedeutenden und nebensächlichen Wirkungen unterscheidet.

Regulieren im Blick auf Lebensraum. Es gibt viel, was die Naturschutzbehörden bei der derzeitigen Gesetzeslage tun können, um den Lebensraum im Meer zu schützen. Sie könnten akustische ‚Brennpunkte' identifizieren – Lebensräume mit großer Artenvielfalt, großer Bevölkerungsdichte oder im kritischen Zustand, wo jedes Jahr oder zu bestimmten Zeiten besonders hohe Lärmpegel gemessen werden. Sie können Lebensräume für gefährdete oder bedrohte Arten ausweisen, wie es im Gesetz für bedrohte Tierarten gefordert ist. Sie könnten durch ein Erlaubnissystem (oder andere Methoden) Maßnahmen vorschreiben, um die Störungen in diesen Bereichen zu reduzieren.

Schaffung von Meeresreservaten. So wie auf dem Land in einem System von Nationalparks, Monumenten und Reservaten der Lebensraum von Tieren geschützt wird, so sollte es auch mit dem Lebensraum Meer geschehen. Die nationale Umweltbehörde sollte die Bestimmungen auf Aktivitäten in den nationalen Heiligtümern des Meeres verschärfen. Der Kongress sollte die Liste der geschützten Gebiete ausweiten und ein neues System mit engeren Standards der Erhaltung schaffen.

Bedarf für Überwachung. Die Lärmpegel unter Wasser sollten überwacht werden, um das Leben im Meer und die Menschen zu schützen, die die Weltmeere benutzen. Eine derartige Überwachung sollte unabhängig und frei von militärischem Einfluss sein. Taucher und Vertreter der Öffentlichkeit müssen außerdem auch die schützen, die von Übungen oder Experimenten des Militärs ‚über den Horizont hinaus' betroffen sind.

Bedarf für angemessene Linderung. Die Naturschutzbehörden sollten ihre Verpflichtungen aus dem Gesetz zum Schutz der Meereslebewesen erfüllen und ,Methoden' und ,Mittel' vorschreiben, die
,die geringst mögliche Auswirkung' auf geschützte Arten und ihren
Lebensraum haben.

Die Sicherheit von Tauchern gewährleisten. Die Behörden müssen
Standards anwenden, um die Sicherheit von Tauchern zu gewährleisten, besonders bei Aktivitäten in Küstennähe, und sie müssen
die Einsatzkräfte anweisen, die Öffentlichkeit durch Meldungen in
Zeitungen, Tauchzeitschriften und anderen Medien vor ihren Ein-
sätzen von ihrer Tätigkeit in Kenntnis zu setzen.

Einsetzen eines Beratungsteams für die Forschungsarbeit. Damit
weiterhin Gelder für die Forschung im Allgemeinen fließen und damit Interessenskonflikte vermieden werden können, sollten die Mitglieder der überbehördlichen Koordinationsgruppe für Akustik einen Finanzierungsfonds und ein neutrales Beratungsteam von Experten einrichten, um die Gelder zu verwalten. Die vorrangigen
Forschungsziele sollten sein: Feststellen der akustischen Empfindlichkeit von Bartenwalen und anderer Arten; Studie über die kumu-
lative, chronische und bevölkerungsmäßige Auswirkung von Lärm
auf das Leben im Meer; Untersuchung der Wirkung auf Fische,
Wirbellose und Meerespflanzen, die bisher relativ vernachlässigt
wurden. Die *National Science Foundation* sollte Gelder für diese
Forschungsunternehmungen zur Verfügung stellen, die in ihren Bereich fallen.

Suchen nach internationaler Lösung. Die Zusammenarbeit der in-
ternationalen Gemeinschaft bei der Bewältigung der Unterwasser-
Lärmverschmutzung sollte zunächst dadurch erreicht werden, dass
das Thema vor die entsprechenden Gremien gebracht wird: *World
Conservation Union* und Artenschutzkonferenz (die eine globale
Studie in Auftrag geben könnte) und die *International Maritime
Organization* (deren Zustimmung in Fragen der Schifffahrt von
Bedeutung ist). Schließlich sollten Lärmschutzstandards in interna-
tionale Vereinbarungen aufgenommen werden. Eine regionale Ver-

einbarung zwischen den nordamerikanischen Staaten sollte ebenfalls angestrebt werden."[64]

Das Meer gehört uns allen, und die Notwendigkeit, dass wir alle als Beschützer auftreten, kann nicht genug betont werden. Es wird diese unsere Generation sein, die das Schicksal der Meere und die Richtung der Menschheit entscheiden wird. Wir wollen mit Sorgfalt und mit bedachter Überlegung an die Aufgabe herangehen.

Kapitel 3

Mobiltelefone

In den vergangenen zehn Jahren konzentrierten sich unsere Forschungsbemühungen und Publikationen auf die Auswirkungen der neuen Technologie auf Lebewesen, Leute und die Umwelt. Die Tatsache, dass sie alle durch die Einführung von verschiedenen Energieformen beeinträchtigt werden können, kann sehr wohl zur umweltpolitischen Schlagzeile des 21. Jahrhunderts werden. Einer der wichtigsten neuen Faktoren, die am Ende des letzten Jahrhunderts eingeführt wurden, war die Mobiltelefontechnologie, für die bis zum Jahr 2005 vorausgesagt wird, dass es weltweit über 1,3 Milliarden Benutzer geben wird.

Mobiltelefone gehören zu den am schnellsten wachsenden Industriezweigen in der modernen Geschichte. Die Verwendung von elektronischer Kommunikation für Durchschnittsbürger begann mit der Einführung der personenbezogenen Funkempfänger in den 1970er Jahren – das entwickelte sich dann weiter bis zum Ende des Jahrhunderts zu schnurlosen Telefonen und Mobiltelefonen. Die meisten Leute haben heute entweder schnurlose Telefone zu Hause, Mobiltelefone für die Verwendung außer Hauses oder beides. Junge Leute entscheiden sich lieber nur für Mobiltelefone anstatt für traditionelle Festanschlüsse für ihre persönlichen oder geschäftlichen Gespräche. Diese Geräte verbinden die Leute auf bequeme Weise, wobei die Preise ständig niedriger werden und immer mehr Leute auf der Welt diese Systeme benützen. Mit der steigenden Verbreitung kann die Auswirkung dieser neuen Technik allmählich in verschiedenen Bereichen festgestellt werden. Durch gesteigerte Nutzung werden nicht nur große Erleichterungen gewonnen, sondern es lassen sich Gesundheitsrisiken beobachten. Probleme des Datenschutzes kommen zur Sprache, bedeutende gesellschaftliche Veränderungen werden als Ergebnis der Einführung und Verbreitung dieser neuen Technologie beschleunigt. Die Kosten der Mobiltelefone werden weiter fallen, da sich die Größe des Marktes steigert und die Technologien zunehmend effizienter und billiger im Betrieb werden. Internet und andere Verbindungen erweitern noch die schnurlose Welt der nicht mehr begrenzten Büroräume und machen uns als Individuen produktiver, besser verbunden, transparenter, aber vielleicht auch viel ungesünder.

Die Forscher von *Earthpulse Press* und viele unserer Leser tragen weiter zu unserer Forschungsdatenbasis bei. In den vergangenen fünfzig Jahren hat die Menschheit unglaubliche Technologien eingeführt, die unser Leben in den Bereichen Information, Kommunikation und Transport ganz erheblich verändert haben. Die letzten Neuerungen in der Biotechnologie (lebende Technologien), Nanotechnologie (Verkleinerung im Bereich von 1 Milliardstel) und fortschrittliche Computertechnologien vermischen sich schnell in eine neue Super-Technologie, die Materialien mit biologischer Grundlage mit Maschinen und Informationen verbinden. Dieses Verschmelzen der Technologien bietet sowohl große Versprechen als auch Riesenmöglichkeiten für Missbrauch.

Auf den folgenden Seiten versuchen wir viel von der Forschung und Berichterstattung der letzten zehn Jahren auf dem Gebiet der Mobiltelefone und der schnurlosen Heimtelefone zusammenzustellen. Oft wird in der Debatte das schnurlose Heimtelefon nicht erwähnt. Es sollte jedoch nicht übersehen werden, dass viele dieser Telefone sich mit ihren möglichen Auswirkungen auf Gesundheit und Datenschutz nicht von den Mobiltelefonen unterscheiden.

Auswirkungen auf die Gesundheit

Die Frage nach den gesundheitlichen Auswirkungen von Mobiltelefonen oder anderen Geräten steht im Zentrum vieler Forschungsanstrengungen. Die Ergebnisse bestätigen viele Forscher, die über die Jahre Beobachtungen bei den Auswirkungen von sehr kleinen Energiequellen auf Lebewesen gemacht haben. Es wurde entdeckt, dass kleine Energiemengen, wenn sie auf die richtige Art und Weise abgegeben werden, die gleichen Wirkungen auf den menschlichen Körper haben können wie eine massive Dosis Chemikalien. Man hat entdeckt, dass die Komplexität von lebenden Wesen von den kompliziertesten Feldern elektromagnetischer Energie beeinflusst werden.

Es ist schon lange bekannt, dass die feinen Wirkungen von Licht und Farbe, die vom menschlichen Auge erfasst werden, das Sehvermögen bilden oder dass eine Schallwelle, die nur eine andere Energieform ist, von Ohr und Gehirn in Schall umgeformt wird, den wir verstehen können. Andere Formen der elektromagnetischen Energie sind nicht so leicht verständlich, weil ihre Verwendung eine Erweiterung unserer Umwelt durch menschliches Zutun darstellt. Über die bekannten Effekte der elektromagnetischen Felder (EMFs) wird weiterhin weltweit berichtet. „In China wurden im Mikrowelleninstitut der *Zhejiang Medical University* Tests durchgeführt, die bei 1170 Personen Auswirkungen zeigten, wenn sie gleichzeitig in der Umwelt elektromagnetischen Feldern ausgesetzt waren. Die visuelle Reaktionszeit wurde verlängert und die Ergebnisse der Kurzzeitgedächtnistests waren bei einigen Gruppen mit hoher Bestrahlungsintensität schlechter. Man fand auch heraus, dass diese Energiefelder das zentrale Nervensystem und das Immunsystem beim Menschen beeinträchtigen können. Die Daten deuteten an, dass eine dauerhafte Beeinflussung durch EMFs mit bedeutenden Veränderungen bei einigen physiologischen Parametern in Verbindung steht."[65] Aus einem amerikanischen Labor wurden ähnliche Ergebnisse berichtet. In Experimenten wurde die Auswirkung auf Kalzium-Ionen, die wichtig sind für die Aufrechterhaltung der normalen gesunden Funktion im Gehirngewebe, festgestellt. Das könnte die Funktion des Nervensystems beeinflussen. „Testergebnisse bestätigen, dass eine Radiofrequenzbestrahlung mit modulierter Amplitude Reaktionen in den Zellen des Nervengewebes bei vielen verschiedenen Tierarten und auch beim Menschen hervorrufen kann."[66] Dieser kleine Effekt hat bei Personen umfangreiche Beeinträchtigungen der Gesundheit zur Folge. Man ist zunehmend zu der Überzeugung gekommen, dass eine kleine Menge Energie in gerade der richtigen Form dramatische und scheinbar in keinem Verhältnis stehende Auswirkungen auf den menschlichen Körper haben kann. Im Fall von Mobiltelefonen ist es nun zum ersten Mal, dass eine Technologie im großen Umfang direkt bei der Bevölkerung eingesetzt wird. Und das geschieht auf eine Weise, die die Energiemenge in nächste Nähe zum menschlichen Gehirn bringt.

Ein weiterer Bereich der Besorgnis ist die vorgeburtliche Entwicklung bei Säugetieren. „Schwangere Frauen wurden davor gewarnt, bei der Verwendung von Mobiltelefonen vorsichtig zu sein, nachdem man festgestellt hatte, dass die Strahlung, die von den Geräten erzeugt wird, bei Hühnerembryos zu Fehlbildungen geführt hat ... US-Wissenschaftler testeten die Strahlung von Mobiltelefonen bei mehr als 10.000 Hühnerembryos. Das Ergebnis war, dass einige Forscher schwangere Frauen dazu drängten, keine Mobiltelefone zu verwenden, bis die Risiken umfassend eingeordnet werden könnten. Der britische Mobiltelefonspezialist Roger Coghill sagte, dass die Ergebnisse ‚enorm beunruhigend' seien."[67] „Die möglichen Wirkungen von Radiofrequenzstrahlung (RF) auf die vorgeburtliche Entwicklung wurde bei Mäusen untersucht. Diese Studie bestand aus Messungen des RF-Niveaus und Lebendexperimenten an verschiedenen Stellen eines ‚Antennenparks'. An diesen Orten wurden RF-Energiedichten von 168 nW/cm^2 und 1053 nW/cm^2 gemessen. Zunehmend wurde eine Verringerung der Neugeborenen pro Geburt beobachtet, was schließlich mit irreversibler Unfruchtbarkeit endete."[68] Immer wieder wird die Frage gestellt: „Menschen sind doch keine Mäuse?" Während das natürlich stimmt, sind die Auswirkungen auf Zellen, DNA und andere Faktoren sehr ähnlich und bei wissenschaftlichen Forschungen in diesem Bereich sehr hilfreich. Andere Forschungsarbeiten haben gezeigt, dass es bereits auf sehr niedrige Energiekonzentrationen Reaktionen im Immunsystem geben kann.[69] Dadurch wird gezeigt, dass auch sehr kleine Energiemengen chemische Reaktionen im Körper auslösen können, die bedeutende Auswirkungen auf die Gesundheit haben.

„Australische Forscher haben eine der stärksten Verbindungen zwischen Mobiltelefonen und Krebs herausgefunden. In den Zeiträumen von 9 bis 18 Monaten hatten der Strahlung ausgesetzte Mäuse die doppelte Tumorrate als unbelastete Mäuse. Die Mäuse wurden der Mobiltelefonbestrahlung ausgesetzt. Als Berichte veröffentlicht wurden, die Mobiltelefone mit schlechten Gesundheitsbedingungen in Zusammenhang brachten, versuchte die Industrie diese Ergebnisse herunterzuspielen mit der sogenannten ‚Hockett-Verteidigung' (benannt nach dem leitenden Wissenschaftler des

Tabakinstituts, der seinen Angestellten sagte, sie sollten ohne Ende die Aussage wiederholen, dass ‚Menschen keine Nagetiere' sind). Aber einer der Wissenschaftler sagte zu mir: ‚DNA ist DNA.' Auf der Ebene der normalen Zellwachstumsprozesse reagieren menschliche und tierische Zellen sehr ähnlich."[70]

Der Körper muss in dem Kontext gesehen werden, in dem er fungiert. Der Körper ist kein geschlossenes System, sondern eher ein offenes, das Energie mit allen Kräften in seiner Umwelt austauscht. Der menschliche Körper sucht ein Gleichgewicht nach außen oder sein eigenes inneres Gleichgewicht. Energie – energetische Interaktion – erfordert eine entsprechende Aktion vom Körper. Auf energetischer Ebene resultiert das in chemischen Veränderungen, Systembelastung und anderen Interaktionen, die entweder gesund oder eben nicht so gesund sein können. Die „neuen Techniken, die niederfrequente gepulste elektromagnetische Felder (d.h. digitale Telekommunikation) verwenden, haben die Frage der Interferenz mit dem biologischen System des Menschen aufgeworfen. Die EEG-Daten, die unter dem Einfluss dieser elektromagnetischen Felder von Leuten gesammelt wurden, sind im Bereich der Alpha-Aktivität stark verändert und zwar auch noch einige Stunden nach der Strahlungseinwirkung. Dieser biologische Effekt wird von Feldintensitäten hervorgerufen, die niedriger sind als die vorgegebenen internationalen Grenzwerte. Aufgrund dieser Ergebnisse stellt sich die sehr wichtige Frage nach der möglichen Beeinflussung, die sich negativ auf die Gesundheit von den Leuten auswirkt, die pulsierenden elektromagnetischen Feldern ausgesetzt sind, besonders wenn es um den Einsatz der neuen Art digitaler Telekommunikation (GSM-Standard) geht."[71] Bei jeder dieser Beobachtungen wird nur ein sehr begrenzter Bereich betrachtet, bei dem nur einige Wellenformen, Frequenzen und Trägerwellenmodulationen in einem Meer von Möglichkeiten herausgegriffen werden. Jeder dieser Tests stellt einen Blick auf einen Strand dar – immer nur ein Sandkorn im Blick. Einige Energiefelder sind gesund und werden dazu verwendet, Lösungen für viele Gesundheitsfragen zu bieten, während andere lebensbedrohlich sind. Leider wird die gute Wissenschaft verraten, wenn Forschungsbereiche unabhängig voneinander betrachtet werden. Diese Abtrennung von technologischen Bereichen beginnt sich noch zu verschlimmern, wenn sich die Kommunikation zwischen den Disziplinen zwar steigert, aber ihre daraus resultierenden Schlussfolgerungen unbeachtet bleiben.

Es gab in den vergangenen Jahren eine große Menge Laborforschung auf dem Gebiet der biologischen Effekte von EMFs. Es zeigte sich, dass sogar relativ niedrige Mengen elektromagnetischer Strahlung den Schlafrhythmus des menschlichen Körpers verändern, die Fähigkeit des Körpers gegen Krebs zu kämpfen durch die Schädigung des Immunsystems beeinträchtigen und die Natur der elektrischen und chemischen Signalkommunikation zwischen den Zellen verändern können.[72] Diese Forschungarbeit hat gezeigt, dass diese Energie auch zur Alzheimer-Krankheit beitragen kann. „Die Ergebnisse stimmen mit früheren Ergebnissen bezüglich der Hypothese überein, dass eine Bestrahlung in einem elektromagnetischen Feld ursächlich mit dem Auftreten der Alzheimer-Krankheit in Verbindung gebracht werden kann."[73]

Weitere Berichte bestätigen diese Resultate, die jetzt auf der ganzen Welt verbreitet werden. Gleichzeitig verändert die Industrie die Standards, indem sie die Mobiltelefone verändert und andere Faktoren abwandelt, die eine Bewertung der Auswirkungen noch schwieriger machen. „Existierende Daten deuten an, dass RF-Strahlung von relativ niedriger Frequenz (SAR < 2 W/kg) das Nervensystem beeinflussen kann. Veränderungen in der Blut-Gehirn-Barriere, Morphologie, Elektrophysiologie, bei Neuro-Übertragungsfunktionen, im Zellmetabolismus, im Kalziumfluss und auch genetische Auswirkungen wurden im Gehirn von Tieren nach einer Bestrahlung mit RF berichtet. Diese Veränderungen können zu funktionalen Veränderungen im Nervensystem führen. Auch Verhaltensveränderungen wurden nach einer RF-Bestrahlung bei Tieren festgestellt."[74], [75] Neue Forschungsergebnisse zeigen, dass eine Bestrahlung durch Mobiltelefone die roten Blutkörperchen dazu bringt, Hämoglobin abzugeben, was nach einer gewissen Zeit zu Herzkrankheiten und Nierensteinen führen kann. Wissenschaftler bestrahlten Blutproben mit Mikrowellenstrahlung und fanden heraus, dass sogar bei niedrigeren Werten als denen, die von Mobiltelefonen abgegeben werden, die Blutzellen Hämoglobin abgaben. „Letzten Monat fanden Wissenschaftler von der Universität Lund in Schweden heraus, dass eine Bestrahlung mit Mobiltelefonstrahlen für zwei Minuten eine Sicherheitsbarriere im Blut außer Kraft setzen kann, was dazu führt, dass Proteine und Toxine ins Gehirn eindringen können. Das kann die Wahrscheinlichkeit erhöhen, dass Krankheiten wie Alzheimer, Multiple Sklerose und Parkinson in zunehmendem Maß auftreten. Die von Mobiltelefonbenutzern berichteten Symptome umfassen Erschöpfung, Schwindelanfälle und Gedächtnisverlust."[76] Diese Störungen treten bei Personen immer häufiger auf und verlangen in allen Gesellschaftsschichten ihren Tribut mit Auswirkungen auf Einzelne und Familien.

Britische Wissenschaftler fordern, dass Mobiltelefone eine Gesundheitswarnung tragen. „Inmitten einer explosiven Verbreitung von Mobilkommunikation steigen die Bedenken über die möglichen Verbindungen zwischen Mobiltelefonen und Gesundheitsstörungen von Kopfschmerzen bis zu Gehirntumoren ... Mobiltelefone sind wohl die strahlenintensivsten Geräte, die wir je erfunden haben, abgesehen von den Mikrowellenherden, und die Leute halten sie auch noch an ihren Kopf – den wohl empfindlichsten Körperteil", sagte der Bio-Elektromagnetik-Wissenschaftler Roger Coghill. Mobiltelefone geben Mikrowellenstrahlung ab, und menschliche Gehirne können bis zu 60 Prozent dieser Energie absorbieren. Ein Wissenschaftler sagte, dass er einen ernstzunehmenden Verlust in seinem Kurzzeitgedächtnis erlitten hat. Er verspürte Augenjucken und Benommenheit im Kopf, nur wenige Monate nachdem er 1995 damit begonnen hatte, sein digitales Mobiltelefon täglich bis zu sechs Stunden zu benutzen. Diese Erfahrungen lassen auch die Frage der Gefährdung von Dritten auftauchen in Bezug auf Gefährdungen am Arbeitsplatz, die in langwierigen Krankheiten resultieren können. Die Notwendigkeit ein gewisses Maß an Vorsicht walten zu lassen, zumindest in welchem Umfang wir Mobiltelefone nutzen, sollte berücksichtigt werden. Die Reduzierung der Rundumnutzung der Geräte ist eine vernünftige Vorsichtsmaßnahme, die jeder von uns anwenden kann.

Die für die Richtlinien zuständigen Organisationen haben ihre eigenen Probleme, wenn es darum geht Standards zu schaffen und Übereinstimmung in Bezug auf das Risiko zu finden. Eines der Probleme, auf das vom Obersten Rechnungshof der USA hingewiesen wurde, ist die Tatsache, dass die Tests nicht standardisiert sind und die Ergebnisse variieren können. Es heißt, dass die identifizierten Strahlungsniveaus um bis zu 60 Prozent variieren könnten und dass das Bundesaufsichtsamt für Kommunikation (FCC) Schwierigkeiten hätte, die nötige Expertise aufzubringen, um die Regulierungen durchzuführen und wirklich anwendbare Standards zu entwickeln.[77] Das schafft ein Problem, da Ansprüche der Industrie akzeptiert werden, ohne dass die Testvariablen berücksichtigt werden, die von der Testmethode abhängig sind. Die Nationale Strahlenschutzbehörde (NRPB), die in Großbritannien die Standards für die Bestrahlung festlegt, hat ähnliche Probleme bei der Formulierung von Standards. „Empfohlene Bestrahlungsgrenzen werden in ‚spezifischen Absorptionsraten' gemessen – die Strahlenmenge, die bei einem Gramm Gewebe durchschnittlich berechnet wird. Die NRPB empfiehlt ein Limit von 10 Milliwatt pro Gramm, obwohl die vorgeschlagenen europäischen Richtlinien fünfmal restriktiver sind."[78] Der Bedarf, dass die Entscheidung den Niveaus entsprechend mit den Standards in Verbindung gebracht wird, ist universell, weil die Kommunikation nicht einheitlich reguliert und in Bezug auf Sicherheit und Datenschutz überwacht wird. Das Gleiche gilt für Gesundheit und Strahlungszeiten in Bezug auf Strahlungsniveaus, die durch die Benutzung der Technologie zustande kommen. Wenn diese Technologien als drahtlose Möglichkeit der Verbindung angesehen werden, die zunehmend in allen Bereichen eingesetzt wird, dann werden sogar noch stärkere Auswirkungen zu fühlen sein. Diese neuen unsichtbaren Energiefelder werden unsere Lebensumwelt immer mehr durchdringen, ohne dass eine gut definierte Sicherheitsschwelle angewandt wird, die auf die neueste Forschung in den entsprechenden Gesundheitsbereichen abgestimmt ist.

Wie viele Beweise für die Risiken durch Mobiltelefone müssen vorgelegt werden, ehe die Industrie zugibt, dass es Risiken gibt? „Der Wissenschaftler Clas Tegenfeld, der ein Buch über die biologischen

Auswirkungen von elektromagnetischen Feldern schreibt, ist pessimistisch: ‚Schon jetzt gibt es mindestens 15.000 wissenschaftliche Berichte zu dem Thema. Ich fürchte, dass wir die Wahrheit einfach nicht wissen wollen.'"[79] Das „Kopf-in-den-Sand-Syndrom" wird das Problem nicht beseitigen, und damit müssen sich die wissenschaftliche Gemeinschaft, die Regulierungsbehörden und andere nicht regierungsamtliche Organisationen beschäftigen. Andere Berichte deuten auch an, dass es Risiken für die Gehirnfunktion geben könnte. In einer Studie „zeigen die Ergebnisse, dass sogar eine kurze Bestrahlung durch ein elektromagnetisches Feld, das von Mobiltelefonen ausgesandt wird, die Physiologie des Gehirns beeinflussen kann."[80]

Kinder sind Mikrowellen gegenüber vielleicht empfindlicher als Erwachsene. In einem australischen Bericht heißt es, dass sie Mikrowellen 3,3 mal so schnell aufnehmen als Erwachsene, wobei digitale Telefone gefährlicher sind als analoge, weil digitale Telefone ein gepulstes Signal abgeben. „Für RF-Felder mit modulierter Amplitude und moduliertem Puls bedeutet das, dass eine gewisse Art von Demodulation in der Gewebeerkennung von ELF-Modulationskomponenten vorkommt, aber das Gewebe bleibt für das gleiche Signal so transparent wie ein unmodulierter Träger."[81] Extrem niederfrequente Signale (ELF) sollen angeblich physiologische Reaktionen bei vielen Experimenten ausgelöst haben, wobei bei bestimmten Strahlungsmengen eine Wirkung zu sehen war, aber bei anderen gab es überhaupt keine Wirkung. Das könnte mit dem Wählen eines Radiosignals verglichen werden – wenn man nur knapp daneben liegt, ist das Signal nicht klar. Wenn jedoch zwischen dem Sender und dem Empfänger eine klare Resonanz besteht, ist das Signal auch klar. Das Gleiche trifft auf den menschlichen Körper zu. Eines Tages wird man ihn genau so gut verstehen wie die Radiowissenschaft. Es wird dann allgemein bekannt und verständlich sein, dass wir die Gesundheit einer Person anwählen können und den Körper entweder richtig einstellen oder schädigen können, je nachdem wie die Kenntnis und die Absicht dessen gelagert sind, der die Geräte bedient. Die Forschung zeigt, dass der Körper durch Mess-Signale vom Körper selbst und von Steuerungssignalen, die in den

Körper eindringen, überwacht und beeinflusst werden kann. Dieser Bereich der Wissenschaft bringt das Verständnis für die Zusammenhänge der menschlichen Gesundheit voran.

Es gab Berichte über Kopfschmerzen.[82] Belege aus den 1960er und 1970er Jahren unterstützen die Schlussfolgerung, dass Mobiltelefone bei einigen Benutzern Kopfschmerzen verursachen. Mobiltelefone, „die Frequenzen übertragen, fallen bezüglich des Höreffekts in das empfindlichste Mikrowellenband. Die Sendefrequenzen sind ebenfalls in dem Band, das die maximale Eindringung in den Kopf besitzt. Wenn der Kopf gegen Mikrowellenenergie abgeschirmt ist, dann ist der Bereich des Kopfes, der für die Strahlen entblößt werden muss, damit die Leute die Wirkung wahrnehmen können, in der Nähe der Antennen heutiger Mobiltelefone", schrieb der Forschungswissenschaftler Dr. Allan H. Frey. Die wichtigste Erkenntnis, die bei den Mikrowellenforschungen der 1960er Jahre herauskam, war die, dass die menschlichen Versuchsobjekte über Kopfschmerzen klagten. Vor 30 Jahren traf Frey auf Kopfschmerzen und berichtete, dass sie durch die Bestrahlung mit Mikrowellenenergie mit ungefähr den gleichen Frequenzen, Modulationen und Energieströmen hervorgerufen wurden, wie sie heutige Mobiltelefone abgeben.[83] Dr. Frey war in mehreren Forschungsbereichen aktiv, die sich mit dem Konzept des Mikrowellenhörens oder dem Vorgang der Erzeugung hörbarer Signale im Kopf ohne körperliche Verbindung zu einem Gerät oder ohne Verwendung normaler Hörkanäle über das Ohr befassten. Das mag eines Tages zur Entwicklung neuer Konzepte der drahtlosen Kommunikation führen. Diese Kommunikationsformen werden erforscht und werden wahrscheinlich im kommenden Jahrzehnt in einer Mischung neuer Technologien auftreten.

Auf diesem Gebiet wurde auch bereits in den 1950er und 1960er Jahren bedeutende Forschung auf den Weg gebracht. Das Werk des deutschen Forschers Robert Thiedemann aus München hat die ersten Arbeiten deutlich vorangebracht, indem er ein Schallübertragungsgerät erfunden hat, das allen früheren Schallübertragungsgeräten wie denen von Flanagan in Technologie und anderem weit überlegen war. Während ich das hier schreibe, wird gerade die neueste Generation der elektronischen Schallübertragung entwickelt und vor der Veröffentlichung, die für 2003 geplant ist, getestet: die *Earthpulse Soundwave™*. Das neue Gerät wird Schall direkt durch den Körper und hin zu den Hörteilen im Gehirn transportieren. Verwendet werden Technik, Technologie und Signalgeneratoren des 21. Jahrhunderts, die das neue Gerät vielleicht über alles bisher Dagewesene hinausheben werden. Dieses Schallübertragungsgerät wird im Weiteren grundlegende Auswirkungen auf die Situation von Gehörlosen haben und eine Alternative zu umständlicheren Hilfsmitteln darstellen.

Verrat an den kreativen Gaben

Eines der Themen, die diesem Buch zugrunde liegen, ist Verrat – Verrat an Wissenschaft, Gesellschaft und Seele. Manchmal geschieht Verrat absichtlich, manchmal unterschwellig und kaum fassbar, und manchmal ist Verrat das Ergebnis von Vernachlässigung und Falschanweisung. Die Gabe der Kreativität in ihren unglaublichen menschlichen Formen ist vom Schöpfer nicht dazu gedacht, zurückgehalten zu werden, sondern sie soll für das Wohl der Gesellschaft und der Seele verbreitet und entwickelt werden. Das ist unsere Sicht der Beziehung des Menschen zur Kreativität. Das bedeutet eine große Verantwortung: wir müssen unsere Fähigkeiten, Talente und kreativen Gaben einsetzen um unser eigenes Leben und das Leben anderer zu verbessern.
Für einige Leute ist die Wissenschaft zum Ausdruck ihrer kreativen Kraft geworden, wobei in jedem Jahrzehnt einige wenige als Führer in vielen Bereichen der menschlichen Ausdruckskraft hervortreten. Diese Personen haben auch eine große Verantwortung, ihre Gaben für das Wohl der Menschheit in einem ausgeglichenen Maß einzusetzen. Die Leute werden von unzählig vielen Dingen, Ereignissen und Erfahrungen motiviert, die die Art und Weise verändern, wie wir unsere Talente nutzen. In der Wissenschaft kommen die schlimmsten Verrate aufgrund der Vernachlässigung der Talente zugunsten von Eigennutz vor, wo Wissen verloren geht oder verschwendet wird.

Ein Wissenschaftler, den ich einst zu meinen engsten Freunden zählte, behauptete, er hätte in seinem Leben über 300 Erfindungen gemacht, die jetzt in seinem Regal liegen würden. Von diesen vielen Ideen waren nur vier oder fünf für die Öffentlichkeit als angewandte fortschrittliche Technologien zur Verfügung gestellt worden. Er sprach über all diese wunderbaren Ideen und Kreationen, die für die Menschheit so hilfreich wären, aber er entschloss sich diese Ideen „im Regal" zu lassen. Und sogar die, die er verwertet hat, wurden von ihm nicht vorangebracht und gut weiterentwickelt. Das war Vernachlässigung um seiner selbst willen. Es war für mich erstaunlich, dass so viel zurückgehalten werden konnte, ohne dass bei ihm ein Gefühl für Verlust oder Verantwortungsgefühl auftauchte. Dieser Wissenschaftler war einst einer meiner besten Freunde. Ich musste zusehen, wie er sich von einem ernsthaften Wissenschaftler zu einem introvertierten Eigenbrötler verwandelte, dessen Herz und Worte nicht länger mit seiner Arbeit in Verbindung zu stehen schienen. Ich sah, wie mein Freund sich von der Person, die ich als ernsthaften Wissenschaftler kannte, zu einer Person verwandelte, die mehr an Unterhaltung und übertriebenem Wohlleben interessiert war. Dieser Freund war Dr. Patrick Flanagan. Seine Möglichkeit an der Kommunikationsrevolution teilzunehmen ging verloren oder wurde aufgrund der Veränderungen seiner Persönlichkeit auf ein Minimum reduziert. Es waren Veränderungen, die so grundlegend waren, dass er für mich ein Fremder wurde. Kreativität findet immer ein Ventil durch andere, die mehr in die richtige Richtung orientiert sind, wie es in diesem Fall war.

Fortschritt der drahtlosen Technik

Robert Thiedemann traf ich 1996 in München, nachdem ich mit ihm und seiner Partnerin Sabine Fechner korrespondiert hatte, die unser erstes Buch *Angels Don't Play This HAARP* (unter dem Titel „Löcher im Himmel" im Michaels Verlag erschienen) gelesen hatte. In diesem Buch erwähnten wir das Neurophon^R, ein Schallübertragungsgerät, das in den 1950er Jahren von Patrick Flanagan erfunden worden war. Das Gerät war in der Lage, Schall durch den

Körper zum Gehirn zu senden, wo er so klar verstanden wurde wie
Laute, die über die Ohren einer Person gehört worden waren. Das
Gerät wurde 1996 nochmals vorgestellt und ab da auf der ganzen
Welt auf den Markt gebracht. Das Neurophon[R] entwickelte sich
weiter entlang der alten Linien, die jedoch die Tonqualität oder die
Schaltungen nicht ausreichend verbesserten. Der Erfinder war mit
den Fortschritten in der Elektronik nicht auf dem Laufenden geblieben.
Theorie und Wissenschaft waren in diesen Bereichen derart
fortgeschritten, dass die Technologie in großem Umfang verbessert
werden und vielleicht sogar zu neuen Stimmerkennungssystemen
und Kommunikationssystemen führen könnte, die weit über der
derzeitigen Kapazität der Kommunikationstechnologie der Mobiltelefone
liegen könnte. Es gibt eine lange Geschichte rund um dieses
Gerät, seine Wiedereinführung und seine Verwendungen, aber
es reicht zu sagen, dass das Gerät seine Grenzen hat, auch wenn es
außergewöhnlich ist.
Die früheren Flanagan-Technologien hatten Robert Thiedemanns
Denken stimuliert. Für ihn begann jetzt eine Suche nach Verbesserung
und Fortschritt für diese Technologie. Er hatte mit meiner Organisation
als führender Vertrieb von Büchern und Produkten in
Deutschland, der Schweiz und Österreich bis 1999 zusammengearbeitet,
als aus vielerlei Gründen die Forschungsbemühungen mit
Flanagan und meiner Organisation gestoppt wurden. Damals war
Thiedemann in der Lage, seiner eigenen erfinderischen und höchst
disziplinierten Intuition zu folgen und eine revolutionäre neue Technologie
zu entdecken. So wie Forscher Anregungen aus den früheren
Werken von Erfindern erhalten haben, so war es auch bei
Thiedemann der Fall. Seine neue Richtung brachte einen Durchbruch,
der einst von Forschern gesucht und nie in einem Bereich
erreicht wurde, den die Regulierungsbehörden akzeptierten. Der
Sprung vorwärts in Thiedemanns Forschung zu einer Technologie
kann mit dem Unterschied zwischen dem ersten Flugzeug und einem
modernen Kampfflugzeug verglichen werden. Thiedemann hat
vielleicht den ersten Schritt in eine Richtung gemacht, der denen
Hoffnung geben kann, die den Durchbruch in diesen Technologien
brauchen. Die drahtlose Welt kann im weiteren durch direkte biologische
Systemverbindungen definiert werden, die dieser Forscher

entwickelt. Was in der Tat eines Tages möglich sein könnte, sollten diese Forschungsbemühungen weiter vorangebracht werden, ist eine Kommunikationstechnologie, die es den Gehörlosen erlauben würde zu hören. Es ist eine Herausforderung sicher zu stellen, dass diese Technologien für die geeigneten Anwendungen zur Verfügung stehen, die von vernünftiger Entwicklung der Technologie zusammen mit den erforderlichen Sicherheiten geprägt sind. Wir sind glücklich, dass wir auf bescheidene Weise die Bemühungen dieser Erfinder unterstützen konnten, so dass sie eine alternative Technologie schaffen konnten, die eines Tages dazu führen könnte, dass bedeutende Kommunikationsprobleme gelöst werden. Es ist auch möglich, dass das bessere Verständnis von Schallübertragung sich auf andere Bereiche der Wissenschaft übertragen lässt.

Die Kontroverse um EMF geht weiter

Forscher haben gezeigt, dass die Bestrahlung mit niedrig-intensiven Mikrowellen die Barriere zwischen Blut und Gehirn öffnet. Das ist ein biologischer Effekt, der dazu führt, dass gefährliche Chemikalien in das Gehirn fließen können. Das US-Verteidigungsministerium stoppte die Finanzierung von Experimenten zur Blut-Gehirn-Barriere unter Verwendung von niedrig-intensiver Mikrowellenenergie, was Anlass zur Sorge gibt. Die Anerkennung der Wirkungen von niedriger Intensität würde die Bestrahlung von militärischen und zivilen Personengruppen im großen Umfang einschränken. Würde man die Bestrahlung von Militärpersonal einschränken, hätte das eine Auswirkung auf viele der nationalen Verteidigungssysteme.
Das Problem ist wieder die „Kopf-in-den-Sand-Mentalität". Die Haltung „Was ich nicht weiß, macht mich nicht heiß" hat sich in der Vergangenheit bei Dutzenden von Missbrauchsfällen als gefährlich erwiesen.

„Neuere schwedische Forschungsarbeiten zeigen, dass die Strahlung von Mobiltelefonen es für Giftstoffe leichter macht ins Gehirn einzudringen. Die Ergebnisse könnten die Krankheiten erklären, an denen amerikanische Soldaten leiden, die an High-Tech-Kriegsführung teilgenommen haben. Die unerklärlichen Symptome von amerikanischen Soldaten aus dem Kuwait-Krieg (erster Golfkrieg) hängen vermutlich mit den Medikamenten zusammen, die sie gegen Nervengas bekommen haben. Die Mikrowellen, von denen die Soldaten im High-Tech-Krieg umgeben sind, könnten die Blut-Gehirn-Barriere geöffnet haben, so dass die Medikamente ins Gehirn eingedrungen sind. Diese Möglichkeit wird jetzt von der *US Air Force* in Zusammenarbeit mit den Wissenschaftler aus Lund untersucht."[84] Dieses Thema ist von großer Bedeutung, da viele verschiedene Gifte aus vielen verschiedenen Quellen auf dem Schlachtfeld verwendet wurden, noch dazu in Mengen, die man für Körper und Gesundheit einer Person für ungefährlich gehalten hatte. Das Gleiche gilt für den zivilen Sektor, wenn es weiter Fortschritte in der drahtlosen Kommunikation gibt, wo letztendlich alles elektronisch verbunden wird. So wie sich die Möglichkeit zu Verbindungen steigert, so steigert sich auch unsere Bestrahlung durch verschiedene Formen der drahtlosen Energieübertragung auf vielerlei Arten.

„Daten in der Fachliteratur deuten jetzt an, dass das Dopamin/Opiat-System an Kopfschmerzen beteiligt sein könnte. Es heißt, dass Kopfschmerzen aufgrund zellularer Emissionen auftreten könnten ... Die verwendete Energie hatte annähernd die gleichen Frequenzen, Modulationen und Energiemengen wie die, die von heutigen Mobiltelefonen abgegeben werden. Diese neueren Berichte über Kopfschmerzen können der Kanarienvogel in der Kohlengrube sein und vor wichtigen biologischen Wirkungen warnen."[85]

Die frühen Forschungsarbeiten von Dr. Frey waren deshalb höchst aufschlussreich, weil sie vor der Einführung der Mobiltelefone durchgeführt wurden. Daher wurde die Forschung mit eingeschränkten, wenn nicht sogar völlig ohne wirtschaftliche Folgen auf die Industrie durchgeführt, und die Ergebnisse wurden nicht in Frage gestellt. Wenn jetzt solche Themen wieder auf die Tagesordnung gebracht werden, gibt es mächtige Gegner, deren wirtschaftliche Interessen von der Wahrheit über die Risiken tangiert werden. Die Industrie macht erhebliche Anstrengungen, um das allgemeine Wissen und die Wahrnehmung des Problems zu formen und zu kontrollieren. Für einige Beobachter ist es das gleiche Szenario wie in der Tabakindustrie.

„Deutsche Forscher berichten, dass eine Bestrahlung im elektromagnetischen Feld bei der Verwendung von Mobiltelefonen den Blutdruck im Ruhezustand erhöhen kann. Setzt man die rechte Gehirnhälfte für 35 Minuten einem elektromagnetischen RF-Feld aus, so erhöht sich die Efferenzaktivität, was wiederum zu einer Erhöhung des Blutdrucks um 5 bis 10 mm Hg führt. Höchstwahrscheinlich liegt das an einer verstärkten Gefäßverengung."[86]

„Mobiltelefone können eine plötzliche Verwirrung auslösen und einen Verlust des Kurzzeitgedächtnisses, wie britische Militärwissenschaftler herausgefunden haben. Signale aus den Telefonen zerstören Teile des Gehirns, die das Gedächtnis und das Lernen kontrollieren, haben Wissenschaftler der *Defense Establishment Research Agency* entdeckt." Der Projektleiter Dr. Rick Hold sagte: „Das ist der erste richtige Beweis, dass diese Art Radiowellen eine Auswirkung auf das Gehirn haben." Die Forscher stellten fest, dass die „Signale für kurze Zeit keine unterschiedlichen Messungen erzeugten, aber dann fielen die Ergebnisse in der Grafik deutlich ab. Bei einer lebenden Ratte verursachten diese Wirkungen plötzlichen Gedächtnisverlust und Verwirrung."[87] In der Fachliteratur befasst man sich intensiv mit diesen Problemen, aber in den Werbebemühungen der Industrie wird die Idee einer unvollständigen Forschung vermittelt.

„Wissenschaftler der *Colorado University* zeigen, dass Leute, die häufig Mobiltelefone nutzen, einen deutlich gesenkten Melatoninspiegel haben – das ist ein Hormon, das Krebs verhindern kann. Eine australische Studie hat die Telefone mit einer höheren Rate an Hirntumoren in Verbindung gebracht, während ein schwedischer Bericht zeigt, dass die Verwendung von Mobiltelefonen für mehr als 15 Minuten zu Kopfschmerzen und Erschöpfungszuständen führen kann."[88]

Der schwierigste Forschungsbereich ist die Komplexität der möglichen Interaktionen. Trotzdem kann eine Menge gewonnen werden, wenn man auf die sehr spezifischen Quellen von EMFs schaut und wenn man sowohl ihre Wirkung als auch ihre Möglichkeit betrachtet, wie man Menschen dagegen abschirmen kann. „Es ist schwer zu verneinen, dass RF-Strahlung mit niedriger Intensität das Nervensystem beeinflussen kann. Die vorhandenen Daten legen jedoch eine komplexe Reaktion des Nervensystems auf RF-Strahlung nahe. Die Bestrahlung mit RF verursacht verschiedene Effekte im zentralen Nervensystem. Die Reaktion ist wahrscheinlich nicht linear zur Intensität der Strahlung. Andere Parameter der Bestrahlung mit RF wie Frequenz, Dauer, Wellenform, Frequenz- und Amplituden-Modulation etc. sind wichtige Determinanten der biologischen Reaktionen und beeinflussen die Form des Verhältnisses zwischen Dosis (Intensität) und Reaktion. Um die möglichen Gesundheitsschädigungen durch RF-Bestrahlung durch Mobiltelefone zu verstehen, muss man zunächst die Wirkungen der verschiedenen Parameter verstehen und wie sie miteinander interagieren."[89]

Da wir in den letzten drei Jahrzehnten sowohl unseren Kontakt zu Chemikalien als auch zu EMFs verstärkt haben, war zu erkennen, dass es in allen Altersgruppen eine Steigerung von Hirntumoren um 1 % pro Jahr gibt. Seit 1980 steigerte sich die Zahl bei den über 65-Jährigen um 2,5 % pro Jahr, und bei den über 80-Jährigen wurde seit 1973 eine Steigerung um 500 % festgestellt.[90] Welche zusätzlichen Faktoren haben zu dieser Statistik geführt? Viele individuellen Faktoren wurden analysiert, während andere von der Wissenschaft vernachlässigt bleiben. Es bleibt die Tatsache, dass von allen vom Menschen erzeugten Faktoren nur einige wenige betrachtet wurden. Im Augenblick ist es unmöglich, sich mit allen Faktorenkombinationen zu befassen. Möglich ist, dass die Technologie und ihre Auswirkungen weiter zunehmen, und das wird ziemlich sicher auch passieren. Im Falle dieser Geräte und den entsprechenden Technologien wird sich unsere Weltsicht ändern.

Schnurlose Festanschlüsse

Mobiltelefone sind nicht die einzigen Telefone, bei denen eine Besorgnis bezüglich der Gesundheit auftauchen kann. „Die hochfrequenten schnurlosen Telefone von heute können eine Menge elektromagnetischer Strahlung abgeben, wie es sonst nur bei Mobiltelefonen der Fall ist. Und aus Gründen der Gesundheit und des Datenschutzes lehnen sich immer mehr Wissenschaftler und andere Experten gegen schnurlose Telefone auf. Es heißt, dass mit Signalen, die eine starke Leistung (Watt) und eine hohe Frequenz (kurze Wellenlänge) haben, ein Krebsrisiko in Zusammenhang zu bringen ist. Die erste Generation der schnurlosen Telefone arbeitete mit etwa 60 Megahertz, und die nächste Generation arbeitet bereits mit 900 Megahertz – das ist mehr als die 835 MHz der Mobiltelefone. Die neueste Serie mit 2,4 GHz liegt noch höher und hat eine Reichweite von mehreren Kilometern ohne Verschlechterung der Übertragung."[91]

So wie die Standards sich entwickeln, so werden sich auch diese Telefone weiterentwickeln. Bei all der Forschung, die wir unternommen haben, ist es klar, dass die Kommunikationsrevolution das Risiko großer Verluste beinhaltet, wenn sie vielleicht auch ganz vielversprechend ist. Schnurlose Telefone und Handys werden schließlich viele, wenn nicht gar alle Schnurtelefonsysteme ersetzen. Bei sinkenden Kosten werden die schnurlosen Telefone zwar immer besser werden, aber höchstwahrscheinlich in Bezug auf RF-Strahlenschutz weiterhin schlecht ausgerüstet bleiben.

Hirntumore?

„Zwei neue Studien zeigen Verbindungen zwischen der Benutzung von Mobiltelefonen und Hirntumoren. Die Studien sind nicht absolut aufschlussreich, aber die amerikanischen und schwedischen Autoren drängen die Handy-Nutzer dazu die Nutzungszeit zu reduzieren, bis noch mehr bekannt ist. Die Studie von Dr. Lennart Hardell, die noch nicht veröffentlicht ist, betrachtete Hirntumorpatienten. Es wurde dabei eine Beziehung zwischen Handynutzung und Krebs festgestellt. Die Studie zeigte, dass die Verwendung von Mobil-telefonen, egal auf welcher Seite des Kopfes sie gehalten wurden, das Risiko von Hirntumoren um fast das Zweieinhalbfache steiger-te."[92] In weiteren Studien wurde ebenfalls eine Verbindung von Hirntumoren zu analogen Mobiltelefonen hergestellt. Die neueste Studie wurde bei einer Konferenz zur Sicherheit von Mobiltelefonen am 6.-7. Juni 2001 vorgestellt.[93]

Dr. Peter French, leitender wissenschaftlicher Angestellter am Zen-trum für Immunforschung am *St. Vincent's Hospital* in Sydney, hat die Ansicht geäußert, dass die Strahlung von Mobiltelefonen, die weit unter den derzeitigen Sicherheitswerten liegt, die Zellen im menschlichen Körper auf eine Weise belasten kann, dass ihre Emp-fänglichkeit für Krebs steigt. Die Wissenschaftler fanden heraus, dass wiederholte Bestrahlung durch Mobiltelefone zur Herstellung von Hitzeschockproteinen in den menschlichen Zellen führt. Die Herstellung dieser Proteine ist eine normale Zellfunktion als Reak-tion auf Stress. Es ist bekannt, dass dies Krebs auslösen oder die Wirksamkeit von Anti-Krebs-Medikamenten verringern kann, wenn diese Proteine zu oft oder über einen zu langen Zeitraum produziert werden. Obwohl keine absolut gültige Verbindung hergestellt wur-de, konnte durch die Anerkennung der Situation ein theoretisches Rahmenwerk für das Verständnis der Faktoren geschaffen wer-den, die zur Ausbildung von Krebs aufgrund von Mobiltelefonen führen kann.[94]

Einige der führenden Wissenschaftler wurden von Motorola zur Durchführung einiger Experimente verpflichtet. Zwei der führen-den Strahlungsexperten der Welt berichteten an *The Express*, dass multinationale Gesellschaften versuchten die Ergebnisse ihrer For-schung zu beeinflussen. „Professor Ross Adey, ein Biologe, wurde von Motorola die Finanzierung aberkannt, ehe die Forschung beendet war, die zeigte, dass die Mobiltelefone das Auftreten von Hirntumoren bei Tieren beeinflusste. Dr. Henry Lai, der zwanzig Jahre lang die biologischen Wirkungen von elektromagnetischen Feldern studier-te, wurde dreimal aufgefordert seine Erkenntnisse über die Unter-brechungen der DNA bei Ratten zu revidieren."[95] Beide Wissenschaftler waren ihr ganzes Leben lang an akademischen, militärischen und anderen Forschungsprojekten beteiligt. In der Tat wurden viele ihrer Beobachtungen über die gesundheitlichen Auswirkungen von EMFs für ein wachsendes Verständnis des Militärs im Hinblick auf mögliche Waffeneinsätze verwendet, wie wir früher bereits ausführlich dargelegt haben.[96]

„Jerry Phillips, der einen Doktortitel in Biochemie hat, arbeitete 1991 mit Ross Adey zusammen an einer von Motorola finanzierten Forschung." Er beschreibt, dass es eine angenehme Beziehung war, bis die Studien die Bestrahlung mit dem Auftreten von Hirntumor bei Ratten in Verbindung brachten. „Motorola bestand darauf, dass Adey niemals DNA-Schädigung und RF-Strahlung in einem Atemzug erwähnen sollte", sagte Phillips. „Motorola hat die Forschungsergebnisse manipuliert, die wir und andere ihnen geliefert haben", sagte Adey. „Letztendlich haben sie uns abserviert, weil wir zu neugierig waren." Adey fand heraus, dass einige Frequenzen der RF-Strahlung das Auftreten von Tumoren bei Ratten reduzierte. Motorola war nicht bereit diesen Test anzuerkennen, weil man nicht zugeben wollte, dass RF-Strahlung irgendwelche biologischen Wirkungen hatte. „Phillips, Adey und andere bestätigten, dass sie eine deutliche Parallele sehen zwischen dem, was jetzt passiert, und den Jahrzehnte der Verweigerung durch die Tabakindustrie ..."

„Obwohl 40% der Energie, die von Mobiltelefonen abgestrahlt wird, vom Kopf absorbiert werden, ist diese Menge noch nicht bedeutend genug um eine Aufheizung zu bewirken. Die Beweislage deutete auf DNA-Schäden als Quelle der Gesundheitsprobleme, die mit der Verwendung von Mobiltelefonen in Verbindung stehen. Es wird vermutet, dass RF-Strahlung verhindert, dass die DNA sich selbst reparieren kann."[97] „'Zum ersten Mal in der Geschichte halten wir einen hochenergetischen Sender gegen unseren Kopf', sagte Ross Adey, ein Professor der Biochemie an der *University of California*, Riverside. Wenn man in sein Mobiltelefon spricht, dann wird die Stimme von der Antenne als Radiofrequenzstrahlung (RF) zwischen 800 MHz und 1990 MHz gesendet, das ist ein Bereich, der in der Mitte des Mikrowellenbereichs liegt. Es ist nicht überra-

schend, wenn sich zeigt, dass diese Bestrahlung mit Mikrowellen-RF ernsthafte gesundheitliche Schäden bewirken kann."[98]
Die Forschungsarbeit geht weiter. Auch in Europa wird eine größere Studie durchgeführt. „Die bisher umfangreichste Studie zu unvermuteten Verbindungen zwischen Mobiltelefonen und Krebs wird in diesem Jahr begonnen. Fast 9000 Krebspatienten in 14 Ländern werden von Wissenschaftlern im Rahmen einer von der Europäischen Kommission finanzierten Studie befragt. Die Forscher wollen ein für alle Mal feststellen, ob es eine Verbindung zwischen Mobiltelefonen und Hirntumor und anderen Krebsarten gibt." Die Ergebnisse der Studie sollten bis 2004 vorliegen.[99]

Mikrowellen, die denen ähneln, die von Mobiltelefonen abgegeben werden, können das Langzeitgedächtnis beeinflussen, wie es in einer neuen Studie der *University of Washington* heißt. Henry Lai, ein Forschungsprofessor an der dortigen Abteilung für Biotechnik, hat „bei Ratten ein verringertes Langzeitgedächtnis und verringerten Orientierungssinn nach einer Bestrahlung mit Mikrowellen wie denen aus Mobiltelefonen in Zusammenhang gebracht.[100] Seine Forschung begann bereits lange vor der Einführung der Mobiltelefone, und seine Schlussfolgerungen wurden völlig ignoriert. Dieses Muster wiederholte sich immer wieder, wenn aus neuen oder alten Forschungsarbeiten Risiken bekannt wurden. Die Rechtfertigungen der Industrie lösen sich weiterhin auf und die Industrie beginnt zu reagieren. Sie haben die Risiken nicht anerkannt, haben aber begonnen die Emissionsniveaus ihrer Telefone zu reduzieren. Sie haben auch damit begonnen schützende und abschirmende Technologien patentieren zu lassen. „Die größten Mobiltelefonhersteller der Welt ließen Geräte patentieren, die das Risiko von Hirntumoren bei Nutzern reduzieren, während sie gleichzeitig jegliches Gesundheitsrisiko ablehnen."[101] Die führenden Hersteller Nokia, Ericsson und Motorola reichten Patente für Komponenten ein, die dazu gedacht sind, die Emissionen zu reduzieren. Einige der Patente legen nahe, dass die Firmen bereits seit mindestens acht Jahren an diesem Problem arbeiten. Rund 25 Patente wurden von Carl Hilliard, einem Forscher der *Wireless Consumer Alliance* in Großbritannien, entdeckt. Der Wortlaut der Patente spricht von „Andeutungen" von Gesundheitsrisiken und dass kein Widerspruch besteht zur öffentlichen Bekanntgabe über Sicherheit, während sie sich ihr intellektuelles Eigentum auf die Lösung eines Problems zusprechen lassen, dessen Existenz sie verneinen.

„Die öffentliche Bestrahlung durch elektromagnetische Strahlung (Radiofrequenz und Mikrowelle) wächst weltweit exponentiell durch die Einführung und die Verwendung von schnurlosen Telefonen, Mobiltelefonen, Pagern und Antennen in Gemeinden, die dazu gedacht sind, ihre RF-Signale zu senden. Die virtuelle Revolution in der Wissenschaft, die jetzt stattfindet, basiert auf einer wachsenden Erkenntnis, dass nicht-thermische oder niedrigintensive RF-Bestrahlung an lebendem Gewebe festgestellt werden kann und in genau definierten biologischen Wirkungen resultiert. Bioeffekte, die angeblich von RF-Bestrahlung kommen, sind Veränderungen der Zellmembranfunktion, des Metabolismus, der zellularen Signalkommunikation, der Aktivierung von Proto-Onkogenen und Zelltod. Resultierende Effekte, die in der Fachliteratur berichtet werden, umfassen auch DNA-Brüche und Chromosomen-Anomalien, gesteigerte Produktion freier Radikale, Zellstress und frühzeitiges Zellaltern, Veränderungen der Zellmembranfunktion einschließlich Gedächtnisverlust, Lernstörungen, Kopfschmerzen und Erschöpfung, Schlafstörungen, neurodegenerative Zustände, Reduktion des Melatonin-Ausstoßes und Krebs. Die Vereinigten Staaten haben praktisch eine Politik der ‚Überwachung nach dem Verkauf' im Hinblick auf Mobiltelefone. Das bedeutet, dass Handys öffentlich verkauft werden können, und erst nach Jahren der Nutzung wird es Studien geben, die sich mit den gesundheitlichen Konsequenzen befassen, die sich daraus vielleicht ergeben haben."[102]

Einige Wissenschaftler warnen sogar davor, dass die dauernde Verwendung von Mobiltelefonen ein vorzeitiges Altern verursachen kann. „Niedrige Strahlungsniveaus aus dem Telefon ‚heizen' die Körperzellen auf, schädigen die Haut und lassen den Benutzer faltig und hager aussehen. Die Studie der Schule der biologischen Wissenschaften an der *Nottingham University* ist die neueste Forschungsarbeit, die Besorgnis über die Effekte von Mobiltelefonen auf die Gesundheit ausdrückt. Dr. David De Pomerai, der für das Forschungsteam verantwortlich ist, sagte: ‚Allmählich arbeiten die Zellen nicht mehr richtig, so dass der Vorgang des Lebens weniger effizient wird.' Dr. De Pomerai sagte, dass Leute, die ihr Mobiltelefon intensiv nutzen, mit starken Rauchern verglichen werden können, die ständig zellschädigende Giftstoffe einatmen, ohne dem Körper Zeit zu geben die Schäden zu reparieren."[103]

Die Wirkung auf Kinder

Während einige Hersteller bei ihrer Verkaufsstrategie auf Kinder abzielen, weisen Experten darauf hin, dass „Mobiltelefonstrahlung die Schädel und Gehirne von Kindern tiefer als bei Erwachsenen durchdringt und dass diese Strahlung Tumore verursachen oder auf andere Weise ein sich entwickelndes Gehirn beeinflussen kann. Verschiedene Arten von Mobiltelefonen überschreiten die Strahlungsgrenzen, die von FCC-Richtlinien vorgegeben sind, berichtete die ABC-Nachrichtenshow 20/20. Dr. Ross Adey, ein bekannter RF-Forscher, sagte aus, dass ‚Kinder ganz grundsätzlich nicht ermutigt werden oder die Erlaubnis erhalten sollten' Mobiltelefone zu benutzen."[104]

„Im Ganzen gesehen sind die vorhandenen Daten zu EMF und Krebs (vor allem Leukämie, Hirntumor und Brustkrebs) zu unvollständig, um eine Ursache-Wirkung-Beziehung herzustellen, aber es gibt genug Hinweise auf einen Zusammenhang, der Besorgnis erregt. Tatsächlich kennt die Epidemiologie eine große Zahl von Beispielen, bei denen Gesundheitsschäden zunächst mit Hilfe von nicht überzeugenden und manchmal nicht geeigneten Experimenten beschrieben wurden, die aber immerhin einen schwachen Zusammenhang mit in der Umwelt vorhandenen Einflüssen zeigten. Solche Zusammenhänge wurden zwischen Cholera und Trinkwasser mit Fäkalbestandteilen festgestellt, auch zwischen Rauchen und Lungenkrebs oder zwischen einem Kontakt mit Vinylchlorid und bestimmten Formen von Leberkrebs. Alle diese Zusammmnenhänge wurden in der Vergangenheit zunächst ausdrücklich in Frage gestellt und sind jetzt voll anerkannt."[105]

Die Gefahrensituation entwickelt sich immer da, wo die existierenden Sicherheitsstandards nicht greifen und die Industrie, für die
Milliarden von Dollars auf dem Spiel stehen, sich weiterhin weigert
die Probleme anzuerkennen oder weiterhin das Risiko zu begrenz-
en, indem die Debatte mit Rhetorik durchsetzt wird. Gleichzeitig
sind sie eifrig damit beschäftigt Patente registrieren zu lassen,
um „auf der sicheren Seite zu sein", wenn die „Wahrheit" aus
der Asche der Verneinungen auftaucht – wieder ist es ein Verrat
an der Wissenschaft, diesmal um des Geldes willen auf Kosten
der Öffentlichkeit.

Das Wissen um EMF-Risiken und die Forschung rund um diese
Risiken kann dadurch verstärkt werden, dass „die Gesetze der Physik
auf lebende Systeme als offene Systeme angewendet" werden. Diese
Systeme interagieren mit allem in der Umgebung und mit allem,
was durch sie hindurchgeht. Diese Worte sind immer noch als Echo
in meinem Kopf, nachdem ich sie 1978 hörte, als Dr. Reijo Mäkala
sie zu mir sagte. Dr. Mäkala ist bereits gestorben, aber seine Ideen
sind immer noch um Jahrzehnte dem augenblicklichen Niveau der
wissenschaftlichen Kenntnisse voraus, die in der wissenschaftlichen
Hauptrichtung verfolgt werden. Jetzt, einige Jahrzehnte später,
scheint der Tag nahe zu sein, dass diese Ideen allgemeine Zustimmung finden. Heute ist die Beweislage überwältigend und geht noch
weiter.

Aktuelle Mobiltelefonforschung bestätigt
frühere Risikostudien

Es war vorausgesagt worden, dass bis 2001 110 Millionen Amerikaner Mobiltelefone nutzen werden.[106] Die Europäer begannen die
weit verbreitete Nutzung noch viel früher, wobei jetzt bereits viele
von Nebenwirkungen aufgrund der Nutzung sprechen. „Monica
Sandström, vom schwedischen Nationalen Institut für das Arbeits-
leben, enthüllte Daten aus der Beobachtung von Mobiltelefonnutz-
ern durch ihre Behörde – 5000 Personen in Norwegen und 12000
Personen in Schweden. ‚Ein Viertel der norwegischen Nutzer, er-
läuterte sie, empfinden Wärme auf und hinter dem Ohr, wenn sie

ihr Mobiltelefon benutzen ... Zwanzig Prozent verbanden häufige Kopfschmerzen und wiederkehrende Erschöpfung ebenfalls mit der Benutzung der Mobiltelefone. Mindestens eines der erfassten Symptome, die Benommenheit, Konzentrationsschwierigkeiten, Gedächtnisverlust und ein brennendes Gefühl umfassen, zeigte sich bei bis zu 47 Prozent der Leute, die erklärten, diese drahtlosen Geräte täglich eine Stunde oder mehr zu benutzen.' W. Ross Adey von der *University of California* vermutet, dass eine gesteigerte Enzymaktivität, die gewisse Krebserkrankungen begünstigen kann, ,eine Erklärung bieten kann' für Tumore, die er und seine Kollegen bei Ratten beobachtet haben, die für lange Zeit einer Bestrahlung mit RF-Energie ausgesetzt waren."[107] Der wichtigste Faktor, der immer wieder auf der ganzen Welt auftaucht, sei es in China, in Russland, den Vereinigten Staaten oder in zahlreichen europäischen Forschungszentren, ist der, dass die Ergebnisse immer wieder die gleichen waren und dass man Besorgnis darüber ausdrückte.

„Am 9. März gab die chinesische Verbraucherschutzorganisation (CCA) eine ,beunruhigende' Warnung über die elektromagnetische Strahlung chinesischer Mobiltelefone heraus und wie diese sich auf die Telefonbenutzer auswirken könnte, hieß es im Yangcheng Wanbao vom 10. März. Nach Aussagen des CCA wurde bei Tests festgestellt, dass bei einigen Mobiltelefonen die Strahlung bis zu 10.000 Mikrowatt pro Quadratzentimeter betrug." Die Zeitung erwähnte eine Studie an *Chinas Northern Communications University*, in der es hieß, dass die Hälfte der Strahlung von Mobiltelefonen vom menschlichen Körper und ein weiteres Viertel vom Gehirn absorbiert wird.[108]

„Experten, die sich mit dem Studium von Mobiltelefonen befassen, warten darauf neue Forschungsarbeiten aus Polen untersuchen zu können, bei denen angeblich eine Verbindung zwischen den Geräten und Krebs festgestellt werden konnte. Die Zeitung *The Sunday Mirror* sagte, dass die 20 Jahre andauernde Studie mit Militärangehörigen ,den bisher stärksten Zusammenhang' festgestellt hätte. Sie zeigte eine höhere Sterblichkeit an Krebs bei Soldaten, die der Mikrowellenstrahlung ausgesetzt waren, ,der gleichen Strahlung, wie sie von den Telefonen ausgeht'."[109]

„Die Verwendung eines Mobiltelefons könnte den Sexualtrieb drastisch reduzieren, wie eine neue Studie zeigt ... Forscher testeten Ratten und Mäuse unter Verwendung von Mikrowellenstrahlung auf niedrigerem Niveau als dem, das von Mobiltelefonen abgegeben wird. Die Wissenschaftler entdeckten dabei, dass die bestrahlten Ratten viel weniger Testosteron in ihrem Blutkreislauf hatten als die, die nicht bestrahlt wurden. Je höher die Strahlendosis, desto weniger Testosteron wurde von den Drüsen des Körpers freigesetzt, wodurch sich eine verringerte sexuelle Aktivität ergab." Die Testergebnisse werden in Großbritannien überprüft, wo Wissenschaftler eine ähnliche Forschungsarbeit durchführen.[110]

Der andere wichtige Faktor, der nicht vergessen werden darf, ist die Art und Weise, wie lebende Materien mit verschiedenen Arten von Energiequellen interagieren. Es gibt Auswirkungen sowohl von feinen als auch von hochdosierten Energiequellen. Die Wirkungen von Ton und Licht in sehr niedrigen Konzentrationen erlauben uns, mit den Augen und den Ohren die Strahlung zu erkennen, die von vielen Quellen ausgeht. Farbdifferenzen zwischen Objekten können wir deshalb sehen, weil wir leichte Variationen der Energieabsorption von Objekten, die ans Auge reflektiert wird, erkennen können. Das Auge „sieht" als elektromagnetischer Empfänger das Signal, das vom Gehirn dann entschlüsselt wird. Diese natürlichen Energieinteraktionen sind das, was in Zukunft in bio-elektrischen Kreisläufen erzeugt werden wird, und das verbindet die Menschheit untrennbar mit ihren Maschinen.

„Derzeitige Sicherheitsrichtlinien für Mobiltelefone nehmen keine schädigenden Wirkungen an, so lange die Mikrowellenstrahlung, die sie aussenden, keine Aufheizung des Körpergewebes verursacht. Strahlungsgrenzen sollen uns nur gegen extreme Temperaturen schützen, die durch die Energieabsorption verursacht werden, denn das ist eine bekannte Gefahr, die mit der Intensität von Radiofrequenz-Mikrowellen in Zusammenhang steht." Aber lebende Zellen reagieren auf nicht-thermische Art und Weise auf die Felder, die von Mobiltelefonen erzeugt werden, und zwar auch bei Intensitäten unter der anerkannten Sicherheitsschwelle.[111] Diese Energiemengen liegen unter dem Ionisierungsniveau. „Ionisierende Strahlung ist ein wohlbekannter Risikofaktor für Hirntumore. In den vergangenen Jahren wurde die Mikrowellen-Bestrahlung durch die Benutzung von Mobiltelefonen als einer der Risikofaktoren diskutiert." Eine Fall-Kontroll-Studie wurde durchgeführt, wobei die Bestrahlung mit Hilfe von Fragebögen festgestellt wurde. Es wurde festgelegt, dass die „Bestrahlung mit ionisierenden Strahlen, die Arbeit in Laboratorien und die Arbeit in der chemischen Industrie das Risiko von Hirntumoren erhöhte. Die Verwendung eines Mobiltelefons wurde als gesteigertes Risiko im anatomischen Bereich mit der höchsten Bestrahlung eingestuft."[112] Diese und andere Energiebestrahlungen haben bedeutende Auswirkungen auf die Gesundheit.

„Zusätzlich zu den extrem niedrigfrequenten elektrischen Energiefeldern (ELF) sind viele Millionen Handynutzer auf der ganzen Welt jetzt auch noch täglich den Radiofrequenzfeldern aus der Umgebung ausgesetzt. Wir können erwarten, dass diese neu entstandenen Verhaltensmuster lebenslang sein werden, wobei der Kopf der Handynutzer mit Unterbrechungen einer Bestrahlung ausgesetzt ist, und das ist nur noch ein weiterer Beitrag zu einer bereits komplexen täglichen EMF-Bestrahlung, die aus einer Vielzahl verschiedener und getrennter Quellen stammt."[113]

Die Hersteller von Mobiltelefonen spielen das Risiko weiter herunter und fordern mehr Forschung. In der Zwischenzeit verstehen wir die Verzögerungen, während wir auf die zwingenden Beweise warten, die nötig sind, um die Begründungen der Biowissenschaften zu verändern. Die werden einsetzen, sobald die Auswirkungen der niedrigintensiven Energie bekannt sind. Das Warten auf die Beweise aus der Tatsachenstudie machte die Öffentlichkeit nicht gerade zuversichtlich. Das Prinzip der Vorsicht ist ein gutes Prinzip in einem Zeitalter, in dem sich die Technologie alle paar Monate verdoppelt und die Auswirkungen dieser Technologie vielleicht erst Jahre später bekannt werden. Wir müssen in diesem Bereich die Türen öffnen und Wege finden, um Risiko und Bestrahlung mit EMFs zu reduzieren, besonders die, die von schnurlosen Telefonen und Handys erzeugt werden.

Unabhängige Forschung durch die Industrie finanziert – Dr. Carlo

„Dr. George Carlo ist Vorsitzender des Carlo-Instituts. Er ist Mitglied des American College of Epidemiology und ist ein Spezialist für die Bewertung und Bewältigung von Risiken für die öffentliche Gesundheit. Seine Arbeit umfasst Studien, die sich mit den Risiken aus der Umwelt und durch Verbraucherprodukte befassen und auch mit der Sicherheit und Wirksamkeit von pharmazeutischen Produkten und medizinischen Geräten. Dr. Carlo arbeitet an der Fakultät der *George Washington University School of Medicine*. Er war tätig in verschiedenen wissenschaftlichen Beratungsgremien, zum Beispiel im *US Congress Office of Technology Assessment Agent Orange Advisory Panel*, war Vorsitzender bei *Wireless Technology Research*, LLC, und Direktor des *Breast Implant Public Health Project*, LLC."[114] Er ist die Person hinter einer der wichtigsten Studien zu Mobiltelefonen des vergangenen Jahrhunderts und der Vorläufer des Sturms.

Die Industrie versuchte die Forschung zu beeinflussen und wurde aufgefordert für unabhängige Forschungsarbeiten zu zahlen. Die beteiligten Firmen versuchten den Datenfluss an die Öffentlichkeit zu beeinflussen, sobald Informationen verfügbar waren. Bereits 1996 gelangte die folgende Notiz an die Öffentlichkeit. „Motorola Inc. plante vor zwei Jahren eine Zusammenarbeit mit der *Cellular Telecommunications Industry Association* und der *Wireless Technology Research* LLC, um möglicherweise schädigende wissenschaftliche Ergebnisse über mögliche Gesundheitsrisiken durch tragbare Telefone herunterspielen zu können, wie es in einer internen Notiz von Motorola im Dezember 1994 hieß."[115] Das Unternehmen, mit dem die Industrie zusammenzuarbeiten versuchte, war die Firma, die schließlich mehr als 27 Millionen Dollar aus der Industrie benutzte, um die Risiken von Mobiltelefonen zu untersuchen. Im Laufe dieser Forschungsarbeiten tauchten mehrere Einzelheiten auf, die zusätzliche Studien erforderlich machten.
Die Industrie legt weiterhin großen Wert auf Information und überwacht weiterhin, wie sich die öffentliche Debatte entwickelt, wobei

sie ein Auge darauf hat, dass die Debatte sich zu ihrem Vorteil entwickelt. „Die Industrie der drahtlosen Kommunikation in den USA reagiert auf die globale Förderung von Medienberichten über Belange von Gesundheit und Mobiltelefon und auch auf schlaue Internetaktivisten. Sie stellt Bemühungen an ein weltweites Netzwerk zur Informationsweitergabe zu schaffen, um negativer Publicity entgegenzuwirken. Das *Wireless Industry Global Information Network* oder WIN hielt sein erstes Treffen am 10. Dez. 1998 in London ab."[116] Diese Organisation wurde interessanterweise vor dem ersten Bericht über die Ergebnisse gegründet, für deren Erforschung sie gezahlt hatte und die sie jetzt fürchteten. Die Pläne für die Öffentlichkeitsarbeit begannen sich durch koordinierte Bemühungen der Industrie zu entfalten, um damit den Schaden für die Industrie zu begrenzen, der mit großer Wahrscheinlichkeit aufgrund des Berichtes zu erwarten war.

Die Geschichte funktionierte nicht so ganz. Der Leiter der von der Industrie gesponserten Forschungsgruppe gab seinen Ergebnisbericht heraus. Dr. Carlo ging konservativ an seine Ergebnisbekanntgabe heran, aber seine Ziele waren klar – es war Vorsicht geboten. „Es mag eine Korrelation zwischen der Verwendung von Mobiltelefonen und Krebs geben, wie es der Leiter des Programms ausdrückte. ,Die Daten, die ‚bedeutsam' sind, legen nur nahe, dass noch mehr Forschung nötig ist', sagte George Carlo, der Vorsitzende der von der Industrie gesponserten *Wireless Technology Research.* ‚Wir befinden uns jetzt damit in einer Grauzone, in der wir vorher noch nie tätig waren. Wenn wir in einer Grauzone sind, dann ist es das Beste, wir lassen die Öffentlichkeit die Ergebnisse wissen, so dass sie ihre eigene Entscheidung fällen können', sagte er.' WTR wurde 1993 von der Industrie gegründet und mit 25 Millionen Dollar ausgestattet, um unabhängige Studien durchführen zu können. Die Studien verwendeten tierische Zellen für 46 Tests auf krebserregende genetische Schäden. Die Forschung wurde an der *Stanford University* und bei *Integrated Laboratory Systems* in *Research Triangle Park* durchgeführt."[117] „Die Beendigung des sechs Jahre dauernden und 27 Millionen Dollar teuren Forschungsprogramms von *Wireless Technology Research* LLC hat die öffentliche Debatte wieder angeheizt, ob jetzt Mobiltelefone Krebs erregen oder andere Gesundheitsprobleme für die 70 Millionen Nutzer von Mobiltelefonen verursachen. In der Tat behauptet WTR-Leiter George Carlo, dass neue Studien eine mögliche Verbindung zwischen Handy und Krebs nahe legen. Während behauptet wird, dass die Ergebnisse das Thema nicht zu einem Problem für die öffentliche Gesundheit machen, besteht Carlo darauf, dass die Ergebnisse eine ernsthafte Beobachtung durch die Bundesregierung und die Handy-Industrie nötig machen."[118] Die Probleme wurden stattdessen auf eine Weise gehandhabt, die die Risiken eher verschleierten als die Öffentlichkeit vor den Gefahren zu warnen. Jetzt, einige Jahre später, bereitet die Industrie neue Patente vor, um die Probleme zu lösen, die durch die Strahlungsemission entstehen, während gleichzeitig die Risiken vehement verleugnet werden.

Die Industrie war nicht glücklich über die Ergebnisse ihrer Studie. „Die Mobiltelefonindustrie zahlte den Forschern wahrscheinlich nicht 27 Millionen US-Dollar in der Hoffnung, dass sie schlechte Nachrichten über die gesundheitlichen Auswirkungen von Mobiltelefonen hervorbringen. Trotzdem hat eine von der Industrie finanzierte Studie genau das getan. Obwohl die Ergebnisse alles andere als abschließend sind, handelt es sich hier um die ersten Ergebnisse einer Organisation wie der von der Industrie unterstützten *Wireless Technology Research*. ‚Man könnte zu der möglichen Schlussfolgerung kommen, dass RF genetischen Schaden anrichtet', sagte der Leiter George Carlo, ‚und das ist eine große Überraschung.'
Die Ergebnisse erfordern eine koordinierte Aktion für die öffentliche Gesundheit, während noch weitere Forschung auf die Risiken verwendet wird, fügte er hinzu. ‚Wenn man 200 Millionen Leute hat, die Mobiltelefonen ausgesetzt sind, dann kann man nicht warten, dass der langsame wissenschaftliche Prozess in Gang kommt.'"[119]
Die ursprünglichen Berichte von Dr. Carlo waren in der konservativen Annäherung gehalten, als Fakten festgestellt wurden, die die Wissenschaft präsentieren kann. Seine Forschung deutete aufgrund von Beweisen eine ernsthafte Besorgnis an, aber sie war nicht abschließend. Er hatte den Eindruck, dass die Industrie aufmerksam

sein und die Forschung verfolgen sollte. „Bei einem erstaunlichen Angriff auf die Industrie, für die er einst als Sprecher fungierte, klagte er Firmen an, dass sie die Sicherheit nicht ernst nähmen. ‚Die Firmen geben jetzt Millionen aus und versuchen damit mich zu diskreditieren, hauptsächlich deshalb, weil ihnen nicht gefällt, was ich ihnen sagte', äußerte er gestern Abend gegenüber *The Express*. ‚Ich bin verärgert und fühle mich im Stich gelassen.' Nachdem er im Februar seine Ergebnisse den Telefongesellschaften vorgestellt hat, behauptet er jetzt, dass sie es versäumen ‚die entsprechenden Schritte zu unternehmen, um die Verbraucher zu schützen'. Dr. Carlo, ein führender Wissenschaftler für die öffentliche Gesundheit aus Washington, sagte: ‚Sie haben völliges Desinteresse an den Nutzern von Mobiltelefonen gezeigt.'"[120] Dr. Carlo hat an dieser Stelle nicht aufgehört. Er machte weiter, indem er ein Buch für Laien zu diesem Thema veröffentlicht hat, das im Januar 2001 veröffentlicht wurde.

Der Projektleiter lieferte die Informationen an die richtigen Leute in der Hoffnung, dass dadurch die Öffentlichkeit durch die Anwendung von Vorsichtsmaßnahmen für die Verbraucher geschützt werden könnte. „Dr. George Carlo schrieb in seiner Eigenschaft als Leiter von *Wireless Technology Research* einen Brief an CEO und AT&T, der ernsthafte rechtliche Bedeutung für die Hersteller von Mobiltelefonen hat, die behauptet haben, dass es keinen Hinweis auf negative gesundheitliche Einflüsse aus der Nutzung von Mobiltelefonen gibt. Dieser Brief hat in der Industrie weite Kreise gezogen. Das könnte die Hersteller jetzt möglicherweise einer gerichtlichen Verfolgung aussetzen, wie es in der Tabakindustrie passiert ist, wo es sich gezeigt hat, dass die Beteuerungen der Industrie, dass es keine Hinweise auf Risiken durch Rauchen gäbe, eine freie Erfindung waren."[121] Der Unterschied zwischen der gerichtlichen Verfolgung der Tabakindustrie und der Situation bei Mobiltelefonen ist, dass die Industrie von Sicherheitsstandards geregelt ist, die von der Bundesregierung erstellt wurden. In der Tat ließ der Oberste Gerichtshof der USA ein Urteil eines niedrigeren Gerichts gelten, das Motorola und andere Firmen gegen Angriffe staatlicher Gesetze im Hinblick auf die Sicherheit von Mobiltelefonen schützte. Ein von Frank Schiffner geführtes Verfahren hatte bestätigt, dass Motorola keine Informationen über die gesundheitlichen Risiken oder über integrierte Modellabwandlungen lieferte, um das Risiko für die Benutzer zu minimieren.[122]

In einem Zitat aus „Dr. George Carlos Brief an Herrn C. Michael Armstrong, Vorsitzenden der AT&T Corporation", werden die möglichen Risiken vorgestellt:

- Die Zahl der Todesfälle aufgrund von Hirnkrebs bei Nutzern von Mobiltelefonen war höher als die Zahl der Todesfälle durch Hirnkrebs bei denen, die nicht tragbare Telefone, die von ihrem Kopf entfernt gehalten wurden, benutzt haben.

- Das Risiko von akustischen Neuromata, einem gutartigen Tumor des Hörnervs, der mitten im Bereich der Strahlung der Telefonantennen liegt, war um fünfzig Prozent höher bei Leuten, die sechs oder mehr Jahre Mobiltelefone benutzt hatten. Außerdem schien die Beziehung zwischen der Menge der Handy-Nutzung und diesem Tumor einer Dosis-abhängigen Kurve zu folgen.

- Das Risiko für eine Erkrankung am seltenen Neuro-Epithelial-Tumor an der Außenseite des Gehirns war bei Handynutzern mehr als doppelt so hoch - eine statistisch bedeutsame Risikosteigerung - im Vergleich zu Leuten, die keine Mobiltelefone benutzten.

- Es schien eine gewisse Korrelation zwischen Hirntumoren an der rechten Kopfseite und der Verwendung von Telefonen auf der rechten Kopfseite zu geben.

- Laborstudien, die die Möglichkeiten untersuchten, dass die Strahlung von Telefonantennen funktionellen genetischen Schaden anrichten könnten, waren eindeutig positiv und folgten einem Dosis-abhängigen Verhältnis.

Ich deutete auch an, dass die umfassenden Studien über das Auftreten von Hirnkrebs zwar keine Beziehung zur Nutzung von Mobiltelefonen zeigten, dass aber die Mehrheit der Tumore, die studiert wurden, weit außerhalb der Strahlungsreichweite lagen, die man von der Antenne eines Mobiltelefons erwarten könnte. Aufgrund dieser Entfernung ist das Feststellen keiner Wirkung sehr fragwürdig.

Heute sitze ich hier sehr frustriert und besorgt darüber, dass die nötigen Schritte von der Handy-Industrie noch nicht getätigt wurden, um die Verbraucher während der Zeit der Unwissenheit zum Thema Sicherheit zu schützen.

Ich bin besorgt, dass die Handy-Industrie eine wertvolle Gelegenheit verpasst, indem sie mit den Belangen der öffentlichen Gesundheit so umgeht, dass Illusionen geschaffen werden, dass noch mehr Forschung in den nächsten Jahren den Verbrauchern von heute helfen wird. Es werden falsche Behauptungen aufgestellt, dass eine Anpassung an die Regelungen bereits Sicherheit bedeuten. Die bessere Wahl der Handy-Industrie wäre es, maßvolle Schritte zu unternehmen um einen echten Verbraucherschutz zu erreichen.

Die wichtigsten Maßnahmen des Verbraucherschutzes fehlen: vollständige und ehrliche Sachinformation, damit die Verbraucher sich über die möglichen Risiken ein informiertes Urteil bilden können. Direkte Verfolgung und Überwachung dessen, was mit Verbrauchern passiert, die drahtlose Telefone benutzen. Und die Überwachung von Veränderungen in der Technologie, die die Gesundheit in Mitleidenschaft ziehen könnte."[123]

Im Programm ABC 20/20™ drückte Dr. Carlo weiterhin seine Besorgnis und seinen Ärger darüber aus, wie er von der Industrie behandelt wurde. „Man kann nicht garantieren, dass Mobiltelefone sicher sind. Das ist absolut wahr, aber das war auch schon immer wahr. Brian Ross: ... Das Mobiltelefon sendet ein Mikrowellensignal von einer Antenne zu einer Basisstation oder einem Mast, der oft viele Kilometer weit entfernt ist. Je weiter man vom Sendemast entfernt ist oder wenn das Telefon in einem Gebäude oder einem Auto ist, umso mehr Energie muss das Gerät auf Anweisung des Sendemasten aussenden, um eine Verbindung herzustellen oder zu halten. Je nachdem wie nahe die Mobilfunkantenne ist, wird bis zu 60 Prozent der Mikrowellenstrahlung absorbiert und dringt tatsächlich in den Bereich rund um den Kopf ein, wobei sie zwischen 2 und 4 Zentimetern in das Gehirn eindringen kann."[124]

Am gleichen Tag wurde Dr. Carlo von *ABC News* folgendermaßen zitiert: „'Die Industrie ist vorgetreten und hat gesagt, dass es Tausende von Studien gibt, die beweisen, dass Mobiltelefone sicher sind,

Tatsache ist aber, dass es gar keine Studien gibt, die direkt zu diesem Thema gearbeitet haben', sagt Dr. George Carlo. ,Wir sind in einen Bereich vorgedrungen, wo wir jetzt gewisse direkte Beweise haben, dass möglicherweise von Mobiltelefonen Schaden ausgehen kann.' Die Handy-Industrie, die jährlich einen Umsatz von 200 Milliarden Dollar macht, behauptet weiterhin, dass die Geräte sicher sind."[125]

Das US-Gesundheitsministerium gab aufgrund dieser Forschung und anderer Ergebnisse schließlich bekannt, dass es selbst eine Studie in Auftrag gibt. „Sicherheitsbeauftragte der Bundesbehörde untersuchen, ob Mikrowellenstrahlung von Mobiltelefonen Krebs oder andere Krankheiten hervorruft. Die Untersuchung wurde von zwei Industrie-Studien in Gang gesetzt, von denen die Gesundheitsbehörde FDA behauptete, dass sie noch zusätzlicher Forschung bedürften. Die Frage nach der Handy-Sicherheit führte kürzlich dazu, dass *Metrocall* aus Alexandria, Va., der drittgrößte Pager-Hersteller und größter Vertreiber von AT&T-Mobiltelefonen in den USA, seine Verkäufer anwies, dass Eltern, die für ihre Kinder oder Jugendlichen einkaufen, ,aufgrund möglicher Gesundheitsrisiken' einen Pager statt eines Mobiltelefons kaufen sollten.[126] Diese Risiken für Kinder werden weiterhin von anderen bestätigt, die unabhängig voneinander zu den gleichen Ergebnissen gekommen waren.[127]

Verantwortung und mögliche Ansprüche

In den ersten Anfängen der Kontroverse um die Mobiltelefone entwickelte die Industrie eine riesige Werbekampagne angesichts von Gerichtsurteilen und negativen Presseberichten, mit denen die Industrie konfrontiert war. Paul Stainano, der Präsident von *Motorola General Systems*, sagte: „40 Jahre Forschung und mehr als zehntausend Studien haben bewiesen, dass Mobiltelefone sicher sind."[128] Diese Aussage der Industrie war eine unglaubliche Übertreibung der Forschung zum Thema Mobilfunkrisiken. „Seit damals hat die Industrie jedoch im großen Umfang Studien in Auftrag gegeben, die sich mit den Auswirkungen von Funkwellen außerhalb der Mobilfunkfrequenz befassten oder mit den Strahlungsniveaus, die sich von denen unterscheiden, denen Mobiltelefonnutzer ausgesetzt sind." „'Die Industrie hat der Öffentlichkeit nicht die volle Wahrheit darüber gesagt, dass es zum Thema der biologischen Auswirkungen bei niedrigen Strahlungsniveaus, wie bei den schnurlosen Telefonen, nur wenig Forschung gegeben hat', sagt Louis Slesin, der Herausgeber von *Microwave News*, einem New Yorker Nachrichtenblatt und ein häufiger Kritiker des Umgangs der Industrie mit dem Thema Sicherheit."[129] Für die Öffentlichkeit gab es nur sehr begrenzte Informationen über die Risiken von Mobiltelefonen oder verschiedenen elektromagnetischen Feldern mit Ausnahme von einigen obskuren Forschungen in akademischen Kreisen. Tatsache ist, dass zunehmend Beweise aufgetaucht sind und dass die wahren Risiken dieser Energiefelder allmählich allgemein bekannt werden.

Die Möglichkeit eines weiteren Gesundheitsskandals, wie er bei Tabak auftrat, bahnte sich vielleicht an, als eine nicht-öffentliche Anhörung im Kongress abgehalten wurde, bei der Regelungen entwickelt und weitere Studien über die gesundheitlichen Auswirkungen von elektromagnetischen Feldern (EMF) empfohlen wurden. Man schlug eine Mäßigung im Telefongebrauch vor, bis mehr bekannt wäre, während eine Verlautbarung der FDA vom 4. Februar 1992 lautete: ‚...diejenigen, die viel Zeit an ihren schnurlosen Telefonen verbringen, sollten in Betracht ziehen längere Gespräche an konventionellen Apparaten vorzunehmen und die schnurlosen Geräte für kürzere Gespräche vorzubehalten ...'"[130] Viele Studien wurden von der Industrie, von akademischen Institutionen, Regierungslabors und von militärischen Forschungsorganisationen zu den Auswirkungen niedriger Mengen elektromagnetischer Strahlung gesponsert. Das dauerhafte Problem in der Debatte um die Risiken ist die begrenzte Kenntnis über die Tatsache, dass sehr spezielle Felder, die mit unserem Körper interagieren, in der Tat eine bedeutsame Wirkung auf unsere Gesundheit haben können. Diese Wirkungen variieren überall in der Bevölkerung, wobei einige in größerem Maß betroffen sind als andere. Das liegt an unseren physikalischen und biochemischen Unterschieden. Die Forschung, die von der Industrie vorgenommen wird, missachtet viel von dem, was bezüglich der Risikofaktoren in der Fachliteratur bereits festgestellt wurde. Außerdem ignoriert die Forschung die zugrunde liegende Diskrepanz zwischen biologischer Wissenschaft und Physik in Bezug auf lebende Systeme. Die alte Schule legt die Betonung auf die chemischen Modelle, wenn es um die Erklärung und Erzeugung von Reaktionen im menschlichen Körper geht, während die neue Gedankenrichtung sich bis zum zugrunde liegenden elektromagnetischen Austausch hinab begibt, der noch vor den chemischen Reaktionen stattfindet. Die Interaktionen brauchen nicht die Intensität von Energieinteraktionen, wie man einmal glaubte, um das, was „sicher" ist, zu regulieren zu und definieren.

Die FDA kam in einem Bericht vom 8. Februar 2000 zu dem Schluss, dass „es derzeit eine unzureichende wissenschaftliche Basis für die Schlussfolgerung gibt, dass die schnurlosen Kommunikationstechnologien sicher sind oder dass sie für Millionen von Benutzern ein Risiko darstellen. Eine bedeutende Forschungsbemühung einschließlich gut geplanter Tierversuche ist nötig, um die Basis zu schaffen, auf der das Risiko für die menschliche Gesundheit durch schnurlose Kommunikationsmittel festgestellt werden kann."[131]
Die FDA unternahm eine drei bis fünf Jahre dauernde Studie, um einige dieser Wirkungen zu untersuchen. Diese kam zu dem Schluss der von der Industrie gesponserten Carlo-Studie, die zusammen mit anderen neueren Studien ein steigendes Risiko für die menschliche Gesundheit in Verbindung mit Handy-Strahlung zeigt.

Der Kongress verabschiedete 1996 das Gesetz zur Telekommunikation, P.L. 101-104, 110 Stat. 56 (1996). „Abschnitt 704 des Gesetzes ergänzt das Kommunikationsgesetz, indem es eine Befreiung von staatlichen und lokalen Regelungen für persönliche schnurlose Serviceeinrichtungen auf der Basis von Umweltauswirkungen durch RF bietet."[132] Mit anderen Worten: Staatliche und lokale Gemeinde dürfen keine strengeren Schutzverordnungen anwenden, wenn die Bundesbehörden keinen Schutz der Öffentlichkeit zur Verfügung stellen. Das begrenzt die Rechte von Staaten oder Lokalverwaltungen und überlässt schließlich jegliche Risikoeinschätzung und Risikobeseitigung den Regulierungsbehörden auf US-Bundesebene. Diese Sicht wurde vom Obersten Gerichtshof bestätigt, indem die Verantwortlichkeit der Firmen begrenzt wurde.[133] Dadurch fügte man sich den Regelungen als Leitlinie für die Industrie, während nur die Bundesbehörden die Autorität erhielten, die allerdings bereits einen Kapazitätsmangel hatten und in den nötigen Bereichen nicht genug Personal aufbieten konnten.[134]

Dieser Ansatz der FDA und das Zögern der US-Regierung, mit diesem Thema voranzukommen, steht in direktem Zusammenhang mit Lobby-Arbeit, Werbegags und der Manipulation der Tatsachen, die dem zugrunde liegen, was bei vielen große Besorgnis erregt. Im Augenblick bringt die Beweislage einige dazu, dem „Prinzip der Vorsicht" zu folgen, wenn es um die möglicherweise negativen Gesundheitskonsequenzen durch Handys und andere Quellen der Radiofrequenzstrahlung geht.
Andere Regierungen versuchen einen anderen Ansatz. „Der australische Senat stimmte gestern am späten Abend einer Senatsanfrage zu elektromagnetischen Emissionen (EME) zu, in besonderer Weise solchen von Mobiltelefonen. Senator Allison sagte, die Untersuchung sei notwendig, weil die Bundesregierung es bisher versäumt habe sicher zu stellen, dass die Themen der öffentlichen Gesundheit ordentlich betrachtet werden und zu einer Regelung für Emissionen des Mobilfunks führen. Der Kommunikationsminister und die Industrie lehnen ab anzuerkennen, was die meisten Australier intuitiv wissen: dass es nicht nur die Hitze von Mobiltelefonen ist, die ein mögliches Gesundheitsrisiko darstellt."[135]

Studien, die entscheiden sollen, ob es einen Zusammenhang zwischen Krebs und elektromagnetischer RF-Strahlung von Handys gibt, sind in Arbeit, weitere zu diesem Thema sind geplant. „Eine von McCaw Cellular Communications finanzierte Studie soll die Menge der RF-EMF-Strahlung, die von Mobiltelefonen abgegeben wird, und das Absorptionsmuster im menschlichen Kopf und Gehirn feststellen."[136] Diese Studie wurde beendet und führte zu der früher erwähnten 27 Millionen Dollar teuren Studie. Die Carlo-Studie, ein von der Industrie finanziertes Forschungsunternehmen, deutete ernsthafte Schwierigkeiten für die Industrie an.

Die Risiken, die mit Mobiltelefonen in Verbindung stehen, werden sogar von den Risikofreudigsten in der Versicherungsbranche als zu riskant eingestuft. „Besorgnis über die Sicherheit von Mobiltelefonen führte dazu, dass einer der führenden Partner von Lloyd's sich weigerte einen Telefonhersteller gegen die Risiken der Gesundheitsschädigung bei Nutzern zu versichern ... Ängste, dass Mobiltelefone mit Krankheiten wie Krebs und Alzheimer in Verbindung gebracht werden, haben John Fenn von der Versicherungsgruppe Sterling dazu gebracht sich zu weigern, die Hersteller gegen das Risiko einer Anklage zu versichern, falls es sich herausstellen sollte, dass Handys Langzeitschäden verursachen."[137] Risikomanagement und die rechtlichen Probleme, die sich aus den Tabakfällen ergeben, hat die Versicherer von Produkthaftung wach gemacht. Die Versicherer untersuchen Risiken mit Hilfe der Informationen, die ihnen zur Verfügung stehen. Die Beweismenge, die sie brauchen, um in Richtung Sicherheit zu gehen, ist weniger als die absolute Beweisführung der Wissenschaft. Risikomanagement basiert darauf, wie sich Information darzustellen beginnt, und wenn die Risiken jenseits der Vernunft derer liegen, die das Versicherungsrisiko tragen, dann werden diese Risiken vermieden. Wer hat recht? Wann wird das Risiko für die Öffentlichkeit über das Versicherungsrisiko gestellt? Versicherer betrachten das Risiko so: „Sollte es klar werden, dass das digitale gepulste Modulationssignal negative Auswirkungen hat – es kann dabei als Auslöser für negative Gesundheitszustände wirken – dann könnten die Hersteller massiven rechtlichen Ansprüchen gegenüberstehen, weil sie es versäumt haben irgendeine oder eine angemessene Gesundheitswarnung an die Handy-Nutzer herauszugeben. Lloyd's in London hat sich meines Wissens geweigert, eine Deckung für die Produkthaftung für die Hersteller und Vertreiber von Mobiltelefonen zu stellen ..."[138]

Auch Arbeitgeber können nach rechtlichen oder anderen Grundlagen haftbar gemacht werden.[139] „Arbeitgeber sind gewöhnlich gehalten, ein sicheres System für die Arbeit zur Verfügung zu stellen. Eine Reihe von Arbeitgebern erwarten, dass ihre Angestellten ihre Pflichten und Verantwortlichkeiten für mehrere Stunden unter Verwendung von Mobiltelefonen ausüben. Es könnte sich sehr wohl als ein nicht sicheres Arbeitssystem herausstellen, auf das fundamentale Schäden als Ergebnis schlechter gesundheitlicher Bedingungen zurückgeführt werden. Eine Reihe von Fällen wurde bereits außergerichtlich beigelegt, sind aber wiederum Thema für vertrauliche Absprachen."[140]

Auch Firmen, die mögliche gerichtliche Anklagen durch Dritte anerkennen, haben versucht ihr Risiko zu reduzieren. Vernünftige technologische Fortschritte, die das Risiko beschränken könnten, werden von Arbeitgebern vorgestellt, die für die Arbeit ihrer Angestellten die Nutzung von Mobiltelefonen brauchen. Das Risiko einer zukünftigen Anklage, wenn keine Vorsichtsmaßnahme getroffen wird, steigt. „Europas drittgrößter Hersteller von elektrischen Geräten, *Merloni Elettrodomestici SpA*, hat sich entschlossen seine Angestellten mit Dualband-Handys auszustatten, die aus Sicherheitsgründen mit Mikrofon und Kopfhörern betrieben werden können. Die Entscheidung folgt einer größeren Pressekampagne in Italien zum Thema Gefahren durch elektromagnetische Wellen. Francesco Caio ist Gesundheits- und Umweltproblemen gegenüber sehr aufgeschlossen, und einige unserer Angestellten haben begonnen, Zweifel und Besorgnisse zu äußern."[141]

Eine weitere Sorge ist, dass durch die Lösungen vielleicht weitere Risiken geschaffen werden. Wie es in den Forschungsberichten beschrieben ist, kann der Körper immer noch den Wirkungen der Strahlung ausgesetzt sein, auch wenn das Mobiltelefon vom Kopf entfernt wird. Sicherheitsfragen werden immer wichtiger, aber die Information wird nur teilweise weitergegeben. Die Sicherheitsfragen, die an anderer Stelle in diesem Text erörtert werden, lassen uns das Thema von verschiedenen Gesichtspunkten betrachten.

Basisstationen oder Mobilfunktürme können ebenfalls ein Risiko darstellen. „Die Installation von Basisstationen für mobile Telefonsysteme wurde verzögert oder ist auf Widerstand von Seiten der Öffentlichkeit gestoßen aufgrund von Bedenken, dass die RF-Emissionen von diesen Basisstationen bei Kindern Krebs erzeugen könnten. In den Vereinigten Staaten müssen zum Beispiel 85 Prozent der Gesamtzahl der Basisstationen, die gebraucht werden, erst noch gebaut werden.[142] Eine Steigerung dieser Systeme und ihre Interaktion mit anderen Energiefeldern in unseren Häusern, Autos und an unseren Arbeitsplätzen kann in der Tat unser Gesundheitsrisiko entscheidend erhöhen. Die Probleme, die es rund um die Errichtung von Funkmasten gibt, sind in Europa aktuell, wo einige Studien durchgeführt wurden. In den Vereinigten Staaten ist es zur Norm geworden, dass Funkmasten auf Privatgrund errichtet werden, nachdem mit den Landeigentümern individuelle Verhandlungen getätigt wurden. Sogar Kirchen wurden als mögliche Standorte ins Auge gefasst, wo die Sendeantenne in der Kirchturmspitze untergebracht wird, im Gegenzug werden eine Startgebühr und jährliche Zahlungen entrichtet.[143] Funkmasten werden auch in unseren Gemeinden verdeckt aufgestellt, indem man Tarnstrukturen verwendet, die wie Bäume aussehen, damit ihr Aussehen im ganzen Land sich besser in das Erscheinungsbild einfügen kann.[144]

Internationale Organisationen befassen sich ebenfalls mit den Risiken aufgrund der steigenden Besorgnis in der Öffentlichkeit, der wissenschaftlichen Beweise und der Bedenken der Industrie. „Im Mai 1996 initiierte die Weltgesundheitsorganisation (WHO) ein internationales Projekt, um die gesundheitlichen und umweltpolitischen Auswirkungen einer Bestrahlung mit elektrischen und magnetischen Feldern zu untersuchen, das als Internationales EMF-Projekt bekannt wurde. Grund war die wachsende Besorgnis in der Öffentlichkeit vieler Mitgliedsstaaten über mögliche Gesundheitsstörungen durch eine immer weiter steigende Zahl und die Unterschiedlichkeit von EMF-Quellen."[145] Andere Studien liefern bereits den Nachweis über biologische Auswirkungen. „Schließlich wurde kürzlich eine Studie von der Bayerischen Staatsregierung in Deutschland durchgeführt, weil es Berichte über negative gesundheitliche Auswirkungen beim Milchvieh gegeben hatte, nachdem ein Telekom-Mast errichtet worden war. Nach einer gewissen Zeit wurde festgestellt, dass der Grund für den bedeutenden Leistungsabfall dieser Herde Milchkühe und für außergewöhnliche Verhaltensstörungen bei einigen Kühen in Zusammenhang mit den Mikrowellenstrahlungen dieses Mastes standen. Als das Vieh aus der Nähe des Mastes entfernt wurde, normalisierte sich nach einiger Zeit wieder der Milchertrag und das Verhalten der Herde."[146]

Die Forschungsarbeit geht weiter, und die gesundheitlichen Auswirkungen steigen weiter an. Vermutlich werden im Jahr 2005 mehr als 1,3 Milliarden Leute diese Geräte benutzen, daher müssen die Risiken erfasst und bearbeitet werden. Vielleicht erleben wir, dass im 21. Jahrhundert die unglublichen Tabak-Schadensersatzzahlungen, die bisher die Rekordhalter waren für „Schaden durch die Industrie, die den Kopf in den Sand steckt", noch übertroffen werden.

Die sichere Seite wählen

„Am 31. Oktober 1996 gab die Nationale Akademie der Wissenschaften (Nationaler Forschungsrat der USA, NAS/NRC) einen Bericht in der EMF-Fachliteratur heraus: *Mögliche gesundheitliche Auswirkungen durch eine Bestrahlung mit ortsgebundenen elektrischen und magnetischen Feldern.* Die Schlussfolgerungen dieses Berichts lauten, dass ‚es keine abschließenden und stichhaltigen Beweise gibt, die zeigen würden, dass eine Bestrahlung mit ortsgebundenen elektrischen und magnetischen Feldern Krebs, negative Nerven- oder Verhaltensauswirkungen oder reproduktive und entwicklungsmäßige Schädigungen verursacht.' Von besonderer Bedeutung sind die Worte ‚abschließend und stichhaltig'. Wie die üblicheren Ausdrücke in der Rechtssprache ‚jenseits vernünftigen Zweifels' bedeutet ‚abschließend und stichhaltig' einen gewissen Standard von Beweisen, der ein ernsthaftes Handeln gewährleistet. Indem es diese Art der Argumentation verwendet, signalisiert das NRC-Komitee, dass die Forschungsergebnisse nicht zeigen, dass eine EMF-Bestrahlung im Umfeld von Wohnung und Umwelt negative gesundheitliche Auswirkungen hat."[147]

„Das US-Gesundheitsministerium rät Leuten mit Bedenken wegen der Strahlung durch Mobiltelefone, einige einfache Schritte zu tun, um eine Bestrahlung zu vermeiden. Jene Personen, die lange Zeitspannen an ihren Handys verbringen, könnten in Betracht ziehen, längere Gespräche an konventionellen Telefonen durchzuführen und die in der Hand zu haltenden Modelle für kürzere Gespräche zu verwenden. Leute, die ausführliche Gespräche jeden Tag vom Auto aus führen müssen, könnten sich auf einen Handy-Typ umstellen, der größeren Abstand zwischen dem Körper und der RF-Quelle bietet, da die Strahlungsmenge durch die Entfernung dramatisch abnimmt."[148] Die Art und Weise, wie die Mobiltelefone unsere Gesundheit belasten können, bringt Leute dazu die Warnungen ernst zu nehmen und Wege zu finden, die Bestrahlung zu reduzieren, ohne auf das Gerät verzichten zu müssen. Einige haben sich auf die Verwendung von Kopfhörern und Handys am Gürtel verlegt. Das kann in der Tat noch schlimmer sein als die Bestrahlung am Kopf, weil das Telefon dann mit viel höherer Energie arbeiten muss. Dadurch und durch die Bestrahlung an weicherem Gewebe kann mehr Energie in den Körper eindringen.

Ein europäischer Bericht lautet folgendermaßen: „Das ‚Prinzip der Vorsicht' wird von den europäischen Regierungen im Maastrichter Vertrag anerkannt und bildet die Basis sowohl für die Regelungen der EU als auch Großbritanniens in diesem Bereich. Bei einer strikten Anwendung wäre es nicht möglich die Risiken einer Schädigung gegen die Vorzüge der technologischen Fortschritte abzuwägen, da sogar ein kleiner Grad an Unsicherheit oder ein Verdacht auf möglichen Schaden, wie schlecht eingeschätzt das auch sein mag, ausreichen würde, um die Einführung einer neuen Technologie zu verhindern. Diese Interpretation ist jedoch nicht aufrecht zu erhalten. Es würde die Anwendung von fast jeder wichtigen Entwicklung ausschließen, da fast alle Neuerungen verborgene oder unbekannte Risiken haben können. In der Praxis bedeutet die Anwendung des Vorsichtsprinzips daher, dass Maßnahmen getroffen werden müssen, um die bekannten Risiken zu minimieren, und dass Wachsamkeit im Hinblick auf das Auftauchen unbekannter Risiken gegeben sein muss."[149]

Im Bericht wird weiter die Verwendung von Mobiltelefonen im Auto diskutiert. „Autos und andere Fahrzeuge schirmen die Mikrowellenstrahlung von Mobiltelefonen ab, wenn sie in Benutzung sind, und wirken so wie ein Faraday'scher Käfig. GSM-Telefone gleichen das aus, indem sie die Energieströme steigern, so dass beim Benutzer eine höhere Mikrowellenabsorption stattfindet."[150] Mit anderen Worten: Weil das Signal im Rahmen des Autos gefangen ist, braucht es mehr Energie, um das Signal an den nächstgelegenen Mobilfunkmasten zu senden.

Freisprechanlagen

Mit dem Thema der Sicherheit befassen sich „Freisprechanlagen" in mehrfacher Hinsicht. Viele Benutzer dieser Geräte glauben, dass sie dadurch weniger von der Strahlung beeinflusst werden, die vom Telefon ausgeht. Das Problem ist, dass die Geräte den Nutzer nicht in der Weise schützen, wie man es erwartet. In einigen noch schwebenden Gerichtsverfahren in vier US-Staaten versuchen die Anwälte eine Lösung zu finden, die eine Kostenerstattung vorsieht oder die freie Herausgabe von Freisprechanlagen, um dadurch die Strahlung zu reduzieren. Die Auffassung von Öffentlichkeit, Rechtsexperten[151] und anderen, dass diese Geräte mehr Sicherheit gegen Strahlung bieten, ist falsch und zeigt wieder einmal die Notwendigkeit für eine verbesserte Verbraucherinformation.

Ein weiterer Bereich, wo Freisprechanlagen ein gewisses Niveau an gesteigerter Sicherheit bieten, hat damit zu tun, dass wir unsere Hände am Steuer des Autos lassen können anstatt ein Telefon zu halten. In einem höchst kontrovers diskutierten Versuch befasste sich die Gesetzgebung in New York mit dem Thema, indem in Autos die Benutzung des Telefons nur mit Freisprechanlagen erlaubt wurde.[152] Dieser Vorstoß wurde von Felix Ortiz, einem Abgeordneten von New York, betrieben, der sich fünf Jahre lang mit dem Thema befasste und im Interesse der öffentlichen Sicherheit auf eine Gesetzesänderung drängte. Er traf auf heftigen Widerstand von Seiten der Industrie, der noch überschattet war von den Bittgesuchen von Eltern, die ihre Kinder bei Unfällen verloren hatten, die im Zusammenhang mit Handy-Nutzung beim Autofahren standen.
Freisprechanlagen enthüllen angeblich auch verborgene Risiken. „Derzeit ermutigt die Mobilfunkindustrie die Verwendung von Freisprechanlagen, aber sie zitiert nur den Vorteil, dass dem Benutzer größerer Freiraum zugestanden wird, sonst nichts. Tatsache ist, dass sie den wahren Grund kennen, warum der Verbraucher die Anlagen kauft, denn sie denken, dass diese Geräte sie gegen die Strahlung schützen. Kürzlich durchgeführte Tests haben gezeigt, dass zwar die Bestrahlung des Kopfes um bis zu 70 Prozent verringert wird, die Bestrahlung dafür aber auf andere Körperteile übertragen

wird, die möglicherweise noch verletzlicher sind, weil sie nicht die Dicke des Schädels haben, um sich zu schützen – zum Beispiel an der Taille oder im Brustkorb."[153] In einem Kommentar zu den Nachrichten im britischen Verbrauchermagazin *Which?* heißt es: „Der Theoretiker Dr. Zvi Weinberg sagte, dass es wahrscheinlich ist, dass Kopfhörer als Antennen dienen, die mehr elektromagnetische Strahlung in die Ohren lenken. Er sagte jedoch auch, dass Telefonmodelle sich in dem Grad unterscheiden können, wie ihre internen Drähte die Elektrizität leiten. Er plante in den nächsten zwei Wochen die verschiedenen vorhandenen Mechanismen zu berechnen."[154] „Es stellt sich heraus, dass ‚Freisprechanlagen' einen nicht gegen die grausame Wahrheit schützen können. Letzte Woche tauchten in einer Forschungspublikation in Großbritannien alarmierende Behauptungen auf, dass nicht nur viele der Freisprechanlagen nutzlos sind, wenn es um den Schutz der Benutzer gegen Strahlung geht, sondern dass sie sogar Tumore hervorrufen können. Diese Produkte können tatsächlich die Strahlenmenge, die in den Kopf geleitet wird, um das Dreifache erhöhen." Der Bericht von Antonia Chitty erschien im Magazin *Which?*, einem Verbraucherschutzmagazin mit 700.000 Abonnenten, in das keine Werbung aufgenommen wird. Die Testergebnisse der Studie zeigten nach Aussagen von *Which?*, dass die Kopfhörer in Freisprechanlagen wie Antennen wirkten und mehr Strahlung in das Ohrteil lenkten, als es normale Handys tun. Die Kopfhörer lenken dreimal so viel Strahlung in das Ohr wie ein reguläres Mobiltelefon.[155], [156]

Die Verwendung eines Mobiltelefons am Gürtel hat zum Ergebnis, dass eine Menge Strahlung in die Leber und die Nieren gepumpt wird. „Es gibt Bedenken, dass sie die Strahlungsbelastung zum Ohrkanal verstärken könnten. Benutzt man eine Freisprechanlage und tätigt ein Telefongespräch mit einem Handy, das am Gürtel festgemacht ist, bedeutet das, dass das Telefon im Allgemeinen auf höherem Energieniveau arbeitet. Das liegt daran, dass es in der Regel schwieriger ist, aus Gürtelhöhe als aus Kopfhöhe zu senden. Aber da gibt es eine Menge Körpergewebe in diesem Bereich, das eine gute Leitfähigkeit besitzt und die Strahlung schneller absorbiert als der Kopf. Die Leute denken, dass Freisprechanlagen sicherer sind und tendieren dann dazu, mehr Zeit am Telefon zu verbringen. Das Telefon arbeitet stärker, um ein Signal aufzufangen, wenn es unten am Gürtel sitzt, wo mehr Strahlung absorbiert wird als durch den Kopf."[157]

Im Verlauf der Bemühungen um Lösungen, mit denen man die Freisprechanlagen verbessern kann, wurde in Großbritannien durch die Unabhängige Expertengruppe der Regierung zum Thema Mobiltelefone eine einfache Idee auf den Weg gebracht. Die Energie, die vom Telefon ins Ohr übertragen wird, könnte reduziert werden, indem man einen kleinen Ring aus einer eisenhaltigen Legierung (Ferrit) am Kopfhörerset anbringt. „Das Ferrit fungiert als starker Widerstand gegen die Funkwelle und reflektiert sie zurück ins Kabel."[158]

Nicht-thermische im Vergleich zu thermischen Effekten

Nicht-thermische im Gegensatz zu thermischen Wirkungen werden von den Europäern bei ihrem Versuch bessere Sicherheitsgrenzlinien zu finden ebenfalls in Betracht gezogen. „Die Position von NRPD und der Industrie, dass Handys sicher sind, basiert auf den Fakten, dass alle Geräte mit den derzeitig empfohlenen Richtlinien übereinstimmen, die sich nur auf thermische Wirkungen beschränken. Wie man wahrscheinlich bereits festgestellt hat, ist die Fachliteratur voll mit veröffentlichten Berichten, die Schäden und biologische Wirkungen bei Energiemengen zeigen, die absichtlich weit unter der thermischen Schwelle angesetzt wurden, so dass sie eindeutig nicht durch thermische Wirkungen hervorgerufen werden konnten. Selbst wenn wir nur das thermische Argument einzig und allein als korrekt anerkennen, gibt es Umstände, derer sich die Gruppe bewusst sein sollte, wo die Bestrahlung sogar die thermischen Grenzwerte überschreitet. In einer anderen Studie wurde festgestellt, dass Leute von sehr schwachen Feldern innerhalb derzeit als „sicher" geltender Grenzen beeinflusst wurden, wobei eine Studie erklärte, dass sogar ein Mobiltelefon auf Standby genug Energie abstrahlen könnte, um Veränderungen innerhalb der Zellen zu verursachen.[159] Handy-Nutzer, die Brillen mit Metallgestell tragen, intensivieren die Strahlung auf ihre Augen um 20 Prozent und in ihren Kopf um 6,3 Prozent.

Die Verwendung eines Mobiltelefons in einem Fahrzeug kann die Strahlungsmengen aufgrund des Resonanzeffekts bis auf das Zehnfache verstärken."[160] Diese Risiken in Zusammenhang mit dem Einsatz von schnurlosen Telefonen kann nicht ignoriert werden. Die Einhaltung einer offiziellen Position, dass wir „auf den wissenschaftlichen Beweis" warten, kann nicht ohne entsprechende Steigerung der Sicherheitsvorkehrungen weitergehen. Die derzeitige Richtung ist eher eine Steigerung der Bestrahlung und mangelnder Schutz.

„Geheimdienstdokumente zeigen, dass westliche Regierungen von sowjetischen Experimenten wissen, bei denen mehr als 20 Jahre lang Strahlung wie bei Mobiltelefonen verwendet wurde, um Gehirnschäden zu verursachen. ‚Die nicht zensierten Dokumente zeigen, dass sowjetische Militärwissenschaftler erfolgreich Mikrowellen vom Typ wie bei Handys verwendet haben, um die Barriere zwischen Blut und Gehirn zu schwächen. Nach Aussagen von Dr. Louis Slesin ... waren Wissenschaftler der *US Army* bereits 1977 erfolgreich bei der Nachahmung der sowjetischen Experimente – acht Jahre ehe Mobiltelefone in Großbritannien allgemein verfügbar wurden.'"[161] Diese Arbeit wurde ausgeführt, nachdem die US-Botschaft in Moskau mit Mikrowellen bombardiert worden war, und auch als Reaktion auf Forschungsberichte in der Sowjetunion. Es war damals der Fall, dass in dieser speziellen Zeit die Sicherheitsstandards für die Bestrahlung mit Radiofrequenzstrahlung in der Sowjetunion um fast das Tausendfache schärfer waren als die US-Standards. „Die Strahlungsstandards für Radiofrequenz und Mikrowellen in Russland und anderen osteuropäischen Ländern sind viel strenger als in den USA oder in Westeuropa. ‚Es wurde ein Versuch gemacht, diese Unterschiede bei der 2. Internationalen Konferenz zu Problemen der Elektromagnetischen Sicherheit für den Menschen, die 1999 in Moskau abgehalten wurde, abzubauen. Trotz ausführlicher Diskussionen während dieser Konferenz war der Versuch RF/MW-Standards zu ‚harmonisieren' nicht erfolgreich, und es besteht auch wenig Hoffnung auf einen Kompromiss in nächster Zukunft. Westliche Organisationen betonen bei RF/MW den Schutz gegen thermische Wirkungen, ... während Russland mit strikteren Standards auch die Bedenken über nicht-thermische Wirkungen und subjektive Symptome einschließt.'"[162]

„Biologische Studien an Enzymen und menschlichen Zellen, die im Labor Radiofrequenz- und Mikrowellenfeldern ausgesetzt wurden, zeigten eine Reihe von Reaktionen, die nicht einfach mit den aufheizenden Wirkungen von Strahlung erklärt werden können, auf denen unsere derzeitigen Standards basieren. Die Auswirkungen umfassen auch Veränderungen in der Durchlässigkeit der Zellmembran für Kadmium, Natrium und Kalzium, Veränderungen in Zusammensetzung oder Verhalten von blutbildenden und immunologischen Zellen, Veränderung des Kalzium-Ionen-Austauschs im Nervengewebe, Veränderungen in den Bewegungsmustern von Neuronen und Veränderungen beim Niveau von Enzymen, die mit Krebs in Verbindung stehen. Ein Studie in Belgien stellte fest, dass ‚eine Bestrahlung aus nächster Nähe mit Mikrowellen von einer Mobiltelefon-Basisstation die Wirkung eines chemischen Mutagens auf menschliche Blutzellen verstärkte, was zu gesteigerten Chromosomenveränderungen führte.'"[163] „Hochfrequenzstrahlung wie die, die von ultravioletten oder Röntgenstrahlen ausgeht, kann molekulare Verbindungen brechen und die DNA schädigen. Das wird ionisierende Strahlung genannt. Mikrowellenstrahlung, wie sie von Handys abgegeben wird, ionisiert nicht, kann aber die Objekte auf ihrem Strahlungsweg aufheizen."[164] Die dabei erzeugte Hitze lässt den Körper Energie aufbringen, um den Bereich zu kühlen oder auf andere Weise den Gleichgewichtszustand wieder herzustellen, wie er vor der Bestrahlung mit diesem Gerät vorhanden war.

Die Europäer sind auf diesem Gebiet wieder den Vereinigten Staaten voraus, wo die größte Steigerung der Handynutzung jetzt gerade stattfindet. „Es gibt jetzt einige vorläufige wissenschaftliche Erkenntnisse, dass Bestrahlung mit RF-Strahlung feinste Auswirkungen auf biologische Funktionen haben kann, einschließlich der Auswirkungen auf das Gehirn. Das bedeutet nicht automatisch, dass die Gesundheit davon betroffen ist, aber es ist nicht möglich zu sagen, dass eine Bestrahlung mit RF, auch bei Mengen unter den nationalen Richtlinien, völlig ohne negative Auswirkungen auf die Gesundheit ist. Die Expertengruppe hat empfohlen, dass eine vorsichtige Annäherung an die Verwendung der Mobiltelefontechnologien versucht werden soll, bis detailliertere und wissenschaftlich fundierte Informationen verfügbar sind."[165]

Die Standards für die Bestrahlung werden entlang der Richtlinien für die vorsichtige Annäherung entwickelt, die folgende Abschnitte umfassen:

„Standards.
1.27 Wir empfehlen, dass als vorsichtige Annäherung die ICNIRP-Richtlinien für die allgemeine Bestrahlung für die Verwendung in Großbritannien verwendet werden, und nicht die NRPB-Richtlinien.
1.29 Es wäre vernünftig, im Zusammenhang mit der vorsichtigen Annäherung eine langfristige Überwachung von Arbeitern festzusetzen, die aus beruflichen Gründen mit RF-Strahlung auf relativ hohem Niveau in Verbindung kommen. Wir empfehlen, dass ein Register von beruflich betroffenen Arbeitern erstellt wird und dass Krebsrisiken und Todeszahlen untersucht werden, um festzustellen, ob es schädigende Wirkungen gibt."

„Rat an die Industrie.
1.53 Falls es derzeit nicht bekannte negative Auswirkungen auf die Gesundheit durch die Verwendung von Mobiltelefonen gibt, könnten Kinder empfindlicher sein aufgrund ihres in der Entwicklung befindlichen Nervensystems, der größeren Energieabsorption im Gewebe des Kopfes und einer längeren Dauer der Bestrahlung. Im Rahmen unserer vorsichtigen Annäherung glauben wir zum jetzigen Zeitpunkt, dass die weit verbreitete Nutzung von Mobiltelefonen durch Kinder für nicht absolut notwendige Anrufe unterbunden werden sollte. Wir empfehlen auch, dass die Mobiltelefonindustrie sich bei der Werbung für Handynutzung durch Kinder zurückhalten sollte."[166]

Die FDA untersucht, ob Mobiltelefone Krebs verursachen können, und stützt sich dabei auf zwei unveröffentlichte Studien, die eine Verbindung zwischen Nutzung von Handys und Krebs zeigen. „Eine Studie von der amerikanischen Gesundheitsbehörde in New York fand heraus, dass die Nutzer von Mobiltelefonen ein doppeltes Risiko hatten einen bestimmten Typ von Hirntumor zu entwickeln als Leute, die keine Handys verwenden. Die zweite Studie ... fand heraus, dass die DNA in menschlichen Blutzellen zusammenbrach, wenn sie großen Mengen an Mobiltelefonstrahlung ausgesetzt war, wodurch möglicherweise der genetische Grundstein für Krebs gelegt wurde. ‚Wir sind nicht sicher, was das bedeutet', sagte Dr. George Carlo, ein Epidemiologe, der von 1993 bis zum vergangenen Jahr das Forschungsprojekt leitete. ‚Das könnte ein kolossaler Zufall oder die Spitze eines Eisbergs sein.'"[167]

Die Weltgesundheitsorganisation WHO hat den Bedarf an Forschung zur RF-Strahlung anerkannt und macht einige interessante Beobachtungen, wieder mit großer Vorsicht bezüglich der Andeutung von Risiken jenseits derer, die bereits von der Industrie anerkannt wurden: „Die meisten Studien untersuchten die Ergebnisse von kurzzeitigen Bestrahlungen des ganzen Körpers mit RF-Feldern bei Energiemengen, die viel höher liegen als die, die im Zusammenhang mir schnurloser Kommunikation verwendet werden. Mit der Ankunft solcher Geräte als Walkie-Talkies und Mobiltelefonen ist es offensichtlich geworden, dass sich nur wenige Studien mit den Konsequenzen einer lokalen Bestrahlung des Kopfes mit RF-Feldern befassen.

Krebs: Derzeitige wissenschaftliche Berichte deuten an, dass es unwahrscheinlich ist, dass ein Kontakt mit RF-Feldern, wie sie von Mobiltelefonen und ihren Basisstationen ausgehen, Krebs auslösen oder verstärken kann.

Andere Gesundheitsrisiken: Wissenschaftler haben andere Wirkungen aus der Verwendung von Mobiltelefonen berichtet, einschließlich Veränderungen der Gehirnaktivität, Reaktionszeit und Schlafmuster.

Elektromagnetische Interferenz: Wenn Mobiltelefone in der Nähe von medizinischen Geräten (einschließlich Schrittmachern, implantierbaren Defibrillatoren und gewissen Hörhilfen) benutzt werden, gibt es die Möglichkeit, dass Interferenzen entstehen. Es gibt auch die Möglichkeit der Interferenz zwischen Mobiltelefonen und Flugzeugelektronik."[168]

Es ist interessant festzustellen, dass die Interferenz mit elektronischen Stromkreisen anerkannt ist, aber die Diskussion um die Wirkungen auf das noch empfindlichere Instrument – den menschlichen Körper – von vielen heftig bestritten wird.

Das Risiko reduzieren

„'Indem die Gesundheitsauswirkungen durch EMF/EMR immer bekannter werden, besonders im Hinblick auf die Handy-Nutzung, gibt es eine entsprechende Steigerung der Zahl so genannter EMF-Schutzgeräte, die in Gesundheits- und alternativen Magazinen als ‚Allheilmittel' angepriesen werden. Von ihnen wird behauptet, dass sie einen kompletten Schutz gegen alle Formen der vom Menschen erzeugten elektromagnetischen Felder (EMF) bieten.' Es gibt eine große Bandbreite an Geräten, die angeboten werden und die alle möglichen nicht bestätigten Behauptungen aufstellen."[169]

Earthpulse Press hat die angebotenen Geräte und andere Lösungen, die sich mit dem Problem der Benutzung von Handy und schnurlosen Telefonen befassen, überprüft. Wir suchten im Internet und in anderen Quellen nach Lösungen, hatten aber nur begrenzten Erfolg, was das Auffinden von wissenschaftlicher Bestätigung der Schutzerfordernissen betrifft. Es ist nicht realistisch anzunehmen, dass die Nutzung abgeschafft werden sollte oder könnte, da diese Geräte die Kommunikation revolutioniert haben und weiterhin zu Veränderungen beitragen werden. Es kann allerdings eine Reduktion von Energie- und Radiofrequenzstrahlung erreicht werden. Bedeutsame Arbeitsanstrengung sollte in den Versuch gesteckt werden festzustellen, welche Emissionen schädlich sind und welche vielleicht dazu benutzt werden können die Gesundheit zu steigern. Es mag bessere Übertragungsmöglichkeiten geben, um die Berge der Kommunikation und Information zu bewegen, die jetzt in unserem Handels- und Wirtschaftsleben vorhanden sind. Hier kommen einige Vorschläge:

1. Eine reduzierte Verwendung wird auf der ganzen Welt als der beste Schritt angesehen. Die Verwendung durch Kinder sollte ganz eliminiert werden. Die Verwendung in Innenräumen wie in Gebäuden und Automobilen steigert die Bestrahlung bedeutend, weil die Signalstärke, die man braucht, um eine Verbindung aus einem Auto oder Gebäude heraus herzustellen, viel größer ist. Schnurlose Festnetzanschlüsse sollten durch Telefone im alten Stil ersetzt und die Verwendung von schnurlosen Geräten entscheidend reduziert werden.

2. Wenn man immer noch ein Mobiltelefon oder ein schnurloses Telefon benutzt, dann sollte man das Telefon vom Körper entfernt halten, wenn es im Standby-Modus ist. Wenn es benutzt wird, dann soll man das Telefon so weit vom Kopf entfernt halten wie nur möglich. Sogar wenige Zentimeter können die Bestrahlung entscheidend reduzieren, weil die Energiedichte mit der Distanz zum Körper rapide absinkt. Die Antenne soll man vom Kopf entfernt und vom Körper abgewandt halten.[170] „Strahlung aus allen Quellen folgt dem umgekehrten Quadratgesetz. Das heißt: Je weiter man von der Quelle entfernt ist, desto weniger intensiv ist der Grad der Bestrahlung. In der Tat fällt die Menge im Quadrat der Distanz zur Quelle. Wenn man zweimal so weit von einem Feuer entfernt ist, dann fühlt man nur noch ein Viertel der abstrahlenden Hitze, aber wenn man viermal so weit weg geht, dann fühlt man nur noch ein Sechzehntel der Hitze."[171]

3. Die meisten Geräte, die verkauft werden, um die Mobiltelefonstrahlung zu reduzieren, verfügen über keinerlei wissenschaftliche Grundlage. Keines der Geräte, von denen behauptet wird, dass sie jegliche Emissionen eliminieren, hatte irgendeinen wissenschaftlichen Hintergrund, und wenn sie wirklich alle elektromagnetische Strahlung, die vom Telefon ausgehen, eliminierten, dann konnte das Telefon keine Gespräche mehr senden und empfangen. Wir konnten zwei Systeme finden, die von Wissenschaft und US-Patenten gestützt sind. Eines dieser Geräte wird unter dem Namen Cell/Wave Guard™ vermarktet. Wir fanden heraus, dass bis zu 61 % der Energieemission daran gehindert werden konnten, in den Körper einzudringen. Während das eine bedeutsame Reduktion darstellt, ist nicht bekannt, ob es genug ist, um gegen alle möglichen Wirkungen zu schützen.

4. Wählen Sie das richtige Telefon. Wenn man ein neues Telefon kaufen will, dann ist es wichtig das Gerät mit der geringsten Emission zu wählen. Der Unterschied bei Telefonmodellen, auch wenn sie vom gleichen Hersteller sind, kann bis zu 600 % betragen. Die beste Erstauswahl sollte getroffen werden, um die Bestrahlung zu minimieren. Die Industrie beginnt inzwischen, diesem Thema Aufmerksamkeit zu widmen, und viele neue Telefone werden so gebaut, dass sie die Strahlung reduzieren. Außerdem beginnt die Industrie die Verpackungen der Telefone im Hinblick auf Energieemissionen zu kennzeichnen.[172], [173]

Lösungen bezüglich der Nebeneffekte von Mobiltelefonen und schnurlosen Geräten müssen darauf hinauslaufen, dass Maßnahmen gegen die Strahlungsbelastung gefunden werden. In diesem Gebiet müssen umfangreiche Bemühungen gestartet werden, um sichere Strahlungsniveaus festzulegen. Überall in der Industrie werden bedeutsame Fortschritte im Hinblick auf „Verbindungsfreundlichkeit" gemacht, während Risiken auftauchen und im Großen und Ganzen ignoriert werden. Sie werden als „Werbeanstrengungen" behandelt und weniger als Bedenken über die öffentliche Gesundheit. Es ist Zeit für einen Wandel.
Schafft die schnurlose Welt ein öffentliches Gesundheitsdesaster? Wir glauben, dass Vorsichtsmaßnahmen das Gebot der Stunde sind.

Kapitel 4

Der Aufstieg der Technologie und die Instrumente der Kontrolle

„Im Inneren kann der Gegner der Verräter, der Schwache oder der Mitläufer sein – jeder, der sich dem Führer widersetzt oder ihm gegenüber ungenügend kooperativ ist, denn der Führer kontrolliert die Mittel für den Informationskrieg."[174]

Informationskrieg wird einer der intensivsten Bereiche der militärischen Forschung werden – es ist die „Technologie der politischen Kontrolle", auf die von europäischen Forschern, Politikern und anderen häufig Bezug genommen wird. In diesem Krieg greifen die Vereinigten Staaten das Herz des Kommando- und Kontrollsystems eines Gegners an, indem sie den Informationsfluss manipulieren. Diese Systeme sind gegen Angriffe höchst empfindlich. Der Informationskrieg kann gegen Bedrohungen aus dem Inland oder auf internationaler Ebene geführt werden und kann in den meisten Fällen nicht nachgewiesen werden. „Die Technologie der politischen Kontrolle ist eine neue Waffengattung. Sie ist ein Produkt der Anwendung von Wissenschaft und Technologie auf das Problem der Neutralisierung der inneren Feinde eines Staates. Sie richtet sich in der Hauptsache gegen die Zivilbevölkerung, und sie hat nicht das Töten zum Ziel (und das passiert auch nur sehr selten). Sie zielt sowohl auf Herz und Verstand als auch auf den Körper."[175] Dieser Themenbereich überschneidet sich mit anderen Bereichen und sollte in Zusammenhang mit anderen Technologien betrachtet werden, wenn man sich die Wirkungen dieser neuen Waffen vor Augen führt. Vom zivilen Protest bis zum Surfen im Internet ist die Kontrolle der Information durch die Regierung das Ziel.

Die Position der Europäer

In der europäischen Gemeinschaft ist das Thema ein wichtiger Tagesordnungspunkt für Debatten geworden und hat die Aufmerksamkeit und Besorgnis von gewählten Volksvertretern auf der ganzen Welt geweckt. Die Themen rund um diese Technologie umfassen auch Fragen des Datenschutzes, der wirtschaftlichen Macht und der Ethik. Die europäischen Bedenken sind im folgenden zusammengefasst:

„Neuerungen bei den Massenkontrollwaffen:

Dieser Abschnitt analysiert die letzten Neuerungen bei Massenkontrollwaffen (einschließlich die Entwicklung einer zweiten Generation von sogenannten ‚weniger letalen Waffen' aus den Atomlaboratorien der USA) und kommt zu dem Schluss, dass sie zweifelhafte Waffen sind, die auf zweifelhafter und geheimer Forschung basieren. Die Kommission sollte ersucht werden, das Parlament über die Existenz von offiziellen Absprachen zwischen der EU und den USA zu informieren, mit denen solche Waffen für den Einsatz auf Straßen und in Gefängnissen eingeführt werden sollen. Die EU hat auch folgendes empfohlen: 1. Die Schaffung objektiver gemeinsamer Kriterien für die Einschätzung der biomedizinischen Wirkungen der so genannten weniger letalen Waffen und die Sicherstellung, dass jede zukünftige Autorisation auf unabhängiger Forschung basiert. 2. Es soll auch sicher gestellt werden, dass jegliche Forschung, die dazu verwendet wird, den Einsatz neuer Massenkontrollwaffen in der EU zu rechtfertigen, in der wissenschaftlichen Presse öffentlich gemacht wird, so dass sie Gegenstand einer unabhängigen wissenschaftlichen Untersuchung sein kann, ehe eine Autorisation für den Einsatz gegeben wird. In der Zwischenzeit wird das Parlament ersucht seinen derzeitigen Bann gegen Plastikgeschosse zu bestätigen. Außerdem soll der Einsatz aller Geräte, die Pfeffergas (OC) verwenden, gestoppt werden, bis eine unabhängige europäische Forschung über dessen Risiken vorgenommen und veröffentlicht wurde.

131

Die Rolle und Funktion der politischen Kontrolltechnologien:
Neue Polizeitechnologien werden zu den wichtigsten Faktoren, wenn
es darum geht Kontrolle über grundlegende Konflikte zu erlangen.
Solche ‚Kontrolle' wird mehr als offensichtlich denn als real angesehen, aber sie dient dem Zweck, dass damit das Niveau der aus-
geübten Repression verschleiert wird. Diese Gedankenschule argumentiert, dass diese Technologien, wenn sie einmal tatsächlich in
die Tat umgesetzt werden, einen grundlegenden Effekt auf den
Charakter der Polizeiarbeit ausüben. Ob diese Veränderungen ein
Symptom oder ein Grund für die nachfolgende Veränderung der
Polizeiorganisationen sind, in jedem Fall ist es ein wichtiger Grund-
gedanke dieser Schulen, dass eine Bandbreite von unvorhergese-
henen Auswirkungen mit dem Prozess der Integration dieser
Technologien in die sozialen, politischen und kulturellen Kontrollsysteme einer Gesellschaft in Verbindung stehen.
Die vollen Auswirkungen solcher Entwicklungen können Zeit bean-
spruchen, bis man sie richtig einschätzen kann, aber sie sind oft
wichtiger und weitreichender als die in erster Linie beabsichtigten
Wirkungen. Es wird behauptet, dass eine Auswirkung dieses Pro-
zesses die Militarisierung der Polizei und die Para-Militarisierung
des Militärs ist, wenn ihre Rolle, Ausrüstung und Vorgehensweise
anfangen sich zu überschneiden. Dieses Phänomen hat voraussicht-
lich weit reichende Konsequenzen in der Weise, wie zukünftige
gewalttätige Auseinandersetzungen gehandhabt werden. Es hat eine
Einfluss darauf, ob die Beteiligten versöhnt, geregelt, unterdrückt,
‚verloren' oder effizient zerstört werden. Die Technik der Polizei
und ihre Verwendung von Datenbanken (das Thema eines früheren
STOA-Berichts in diesem Bereich) erleichtert zum Beispiel die pro-
phylaktischen oder vorausschauenden Verfahren, wenn die ‚Daten-
überwachung' dazu eingesetzt wird gewisse Strömungen oder
Personengruppen ins Visier zu nehmen und nicht bestimmte einzelne Verbrechen aufzuklären. (Als Beispiel sei hier die vorgeschlage-
ne Einführung des Eurodac-Systems genannt, das die biometrische
Identifikation dazu verwenden wird um das Einreisen von Asylsu-
chenden nach Europa zu kontrollieren und einzudämmen, wobei
dadurch eine neue Technopolitik des Ausschlusses aufgebaut wird.)
Neue Überwachungstechnologie kann einen wirkungsvollen

‚Beruhigungseffekt' haben auf die, die vielleicht einen missbilligen-
den Blick wagen wollen. Nur wenige werden es riskieren wollen
ihr Recht auf demokratischen Protest auszuüben, wenn der Preis
eine Strafmaßnahme wegen Aufruhrs ist mit Mitteln, die zu dauerhaften Schäden oder einem Verlust des Lebens führen kann.

Aktuelle Trends und Innovationen:
Automatische Fingerabdrucklesegeräte gehören jetzt schon zur
Standardausrüstung, und viele europäische Firmen stellen sie her.
Aber jedes einzigartige Attribut der Anatomie oder des persönlichen Stils kann dazu verwendet werden, ein Identitätserkennungs-
system für Menschen zu erstellen. Zum Beispiel kann *Cellmark
Systems* (Großbritannien) Gene erkennen; *Mastiff Security Systems* (GB) kann den Geruch wahrnehmen; *Hagen Cy-com* (GB)
und *Eyedentify Inc.* (USA) können das Muster der Kapillargefäße
am Hintergrund der Retina erkennen; und *AEA Technology* (GB)
ist in der Lage Unterschriften zu verifizieren. Über 109 Firmen in
Europa sind bekannt dafür, dass sie derartige biometrische Systeme
liefern. DNA-Fingerabdrücke sind jetzt bereits eine Realität, und
Großbritannien hat die erste DNA-Datenbank erstellt. Damit hat
man bereits Massenrazzien im Morgengrauen bei über 1000 Personen gemacht, die für verdächtig galten. Von mindestens einer politischen Partei werden Pläne gemacht, die Nation von Geburt an mit
einem DNA-Profil zu erfassen. Die führenden Hersteller liefern
sich ein Wettrennen bei der Herstellung von Gesichtserkennungssystemen, die sie als geeignet ansehen Verbrechensaufklärung,
Zollfahndung, Verfolgung von Eindringlingen und Zugangskontrollen
zu revolutionieren. Während es vollständig zuverlässige Systeme
vielleicht in fünf Jahren geben wird, wurden Prototypsysteme bereits
in Frankreich, Deutschland, Großbritannien und den USA entwickelt.
Die Technologie der Nachtsichtgeräte entwickelte sich als ein Ergebnis des Vietnamkriegs und wird jetzt auf die Verwendung bei
Polizeieinsätzen angepasst. Besonders erfolgreich sind die Heli-Tele-
Überwachungsversionen, die es Kameras ermöglichen in völliger
Dunkelheit die Wärmespuren von Menschen zu verfolgen. Die Kunst
des Abhörens wurde durch eine sich rasch entwickelnde Technologie bedeutend vereinfacht, und dafür existiert in Europa ein blühen-

der Markt. Viele Systeme erfordern nicht einmal ein wirkliches Eindringen in das Haus oder das Büro. Für diejenigen, die Zugang zum Zielraum haben, gibt es eine Vielzahl von Geräten. Viele davon sind schon so vorbereitet, dass sie in Telefone passen, wie Zigarettenpäckchen oder Glühlampen aussehen. Manche, wie die immer beliebten PK 805 und PK 250, können von einem geeigneten Funkgerät aus eingestellt werden. Die nächste Generation der getarnten Audiowanzen werden ferngesteuert betrieben, beispielsweise das Multi-Raum-Überwachungssystem von *Lorraine Electronics*, das DIAL (*Direct Intelligent Access Listening*) heißt und das es möglich macht, dass ein Benutzer mehrere Räume von überall her auf der Welt überwachen kann, ohne dass ein illegales Eindringen stattfindet. Bis zu vier verborgene Mikrophone sind an den Benutzeranschluss gekoppelt, und die können aus der Ferne aktiviert werden, indem man einfach einen kodierten Telefonanruf an das Zielgebäude macht. Die Wanzen von *Neural Network* gehen noch einen Schritt weiter. Sie sind gebaut wie eine kleine Küchenschabe, und sobald das Licht ausgeht, können sie zum besten Standort für die Überwachung kriechen. In der Tat haben japanische Forscher diese Idee noch einen Schritt weiter getrieben, indem sie echte Küchenschaben kontrollieren und manipulieren, indem sie in ihre Körper Mikroprozessoren und Elektroden implantieren. Die Insekten können mit Mikrokameras und Sensoren ausgestattet werden, damit sie Plätze erreichen können, wo andere Wanzen nicht hinkommen. Das System *Passive Millimeter Wave Imaging*, das von der US-Firma *Militech* entwickelt wurde, kann Personen aus einer Entfernung von bis zu vier Metern scannen und durch ihre Kleidung sehen, um Dinge wie Waffen, Pakete oder andere Schmuggelware zu entdecken. Variationen des Durchleuchtens von Personen durch die Kleidung hindurch sind in der Entwicklung (ausgeführt von Firmen wie *US Raytheon Co.*). Dazu gehören auch Systeme, die ein Individuum mit einem niedrigintensiven elektromagnetischen Puls ausleuchten. Ein sehr schwaches Röntgenstrahlensystem von drei Seiten für die Verwendung an Menschen, einsetzbar in abgeschlossenen Gebäuden wie Gefängnissen, wird von *Nicolet Imaging System* in San Diego entwickelt. Die elektronische Überwachung von Kriminellen oder das ‚Etikettieren', bei dem die Person ein elektronisches Armband trägt, mit dessen Hilfe festgestellt werden kann, ob sie nach einer bestimmten Zeit von zu Hause weggegangen ist etc., befindet sich seit den 1990er Jahren in Benutzung, nachdem es in den USA entwickelt worden war, um die Insassen von Gefängnissen zu kontrollieren. Die Überwachung von VIPs oder Fahrzeugen mit Hilfe von Satelliten wird jetzt durch das einst nur militärisch genutzte GPS (*Global Positioning System*) erleichtert, da es jetzt auch für kommerzielle Zwecke verwendet werden kann.

Datenüberwachung:

Die Verwendung von Telematik durch die Polizei hat die Polizeiarbeit im vergangenen Jahrzehnt revolutioniert und eine Verschiebung zur vorbeugenden Polizeiarbeit geschaffen. Indem sie Datenprofile verwenden, haben Staaten, die die Folter anwenden, diese Systeme dazu eingesetzt, um Todeslisten zusammenzustellen. Ein Beispiel dafür ist der Tadiran-Computer, der an Guatemala geliefert und im Kontrollzentrum des Nationalpalastes installiert wurde. Ein höherer Militärbeamter von Guatemala sagte: ‚Der Komplex enthält ein Archiv und eine Computerdatei über Journalisten, Studenten, Anführer, Vertreter der Linken, Politiker usw. Es wurden dazu Treffen veranstaltet um die Attentatsopfer auszuwählen.' Ein US-amerikanischer Priester, der aus dem Land floh, nachdem er auf eine solche Liste geraten war, erzählte: ‚Sie haben ausgedruckte Listen an den Grenzübergängen und an den Flughäfen. Wenn man einmal auf einer solchen Liste steht – dann ist es wie bei Kopfgeldjägern.' In Europa erlauben Systeme wie das von *Harlequin* produzierte, dass automatisch eine Karte erstellt wird, wer mit wem telefoniert hat, um das Freundschaftsnetzwerk festzustellen. Andere Firmen wie *Memex* machen es möglich, dass praktisch von jedem in einem Staat ein Lebensprofil erstellt wird, der offiziell existiert. Fotos und Videomaterial kann in dieser Akte mitverwendet werden, und auf bis zu 700 andere Datenbanken kann gleichzeitig zugegriffen werden, um das Datenprofil in Echtzeit zu erweitern. Bedeutende Veränderungen in der Kapazität neuer Überwachungssysteme sind mit dem Hinzukommen neuer Materialien wie dem *Buckminster Fullerene* zu erwarten. Diese Neuerung führt zu einer Verkleinerung von Systemen um mehrere Größenordnungen.

Diskrete Einsatzfahrzeuge:

Hunderte von Firmen stellen jetzt Fahrzeuge für Polizei und Sicherheitskräfte in Europa her. Die neueren Firmen, die mit Polizeifahrzeugen auf den Markt kommen, neigen dazu sowohl für militärische als auch polizeiliche Zwecke zu produzieren (d.h. gepanzerte Privatautos, Dienstfahrzeuge, zur Kontrolle bei Aufständen, mobile Gefängnisse, Überwachungsfahrzeuge etc.) und legen Wert auf ein ‚nicht-aggressives Design'. Tatsächlich bedeutet das, dass ihre äußere Erscheinung mehr als ihre Einsatzcharakteristika verändert sind, um nicht bedrohlich zu wirken. Solche ‚diskreten Einsatzfahrzeuge' schauen vertrauenerweckend aus – wie Krankenwagen, während sie Vergeltungskapazität enthalten und in der Lage sind Gruppen von Dissidenten oder Einzelpersonen zu zerstreuen oder festzunehmen. Einige Modelle wie der *Talon* enthalten elektrifizierte Ausrüstung und auch Waffenkapazität wie den Wasserwerfer. Solche Fahrzeuge werden häufig dazu benutzt, Leute in einer Zone festzuhalten, wo die Einsatzkräfte an der Arbeit sind, anstatt sie von dort zu vertreiben.

Weniger letale Waffen:

... Die wichtigste Rolle neuer Massenkontrollwaffen und der dazugehörigen Taktik ist es, das Niveau der Aggression, das von einem einzelnen Beamten ausgehen kann, zu erhöhen. Die gleiche Überlegung liegt dem Einsatz der neuen US-Schlagstöcke, von Pferden, keilförmigen Schutzschildern, Eingreiftruppen und neuen Verhaftungstechniken zugrunde, die bereits Mitte der 1980er Jahre in das europäische Polizeitraining gefunden haben. Der größte Zuwachsbereich ist der Bereich der sogenannten ‚nicht letalen Waffen'. Die Tatsache, dass einige dieser Waffen töten, blenden, skalpieren und dauerhaft schädigen können, brachte die Behörden und Hersteller dazu zu handeln – sie führten einen neuen Namen ein: ‚weniger letale Waffen', was bedeutet, dass sie nur manchmal tödlich sind. Wieder wird bei den Namen ein Werbetrick angewandt, denn sie klingen, als ob die Sicherheitskräfte relative Zurückhaltung üben würden. Ob es sich um Belfast oder Peking handelt, diese Technologien kreisen immer um die gleichen Waffentypen. In diesem Bereich gab es eine deutliche Verbesserung einschließlich einer zweiten Generation neuer Waffentypen, die in den früheren Atomwaffenlabors der USA in Verbindung mit dem Big Business hergestellt werden. Im einzelnen werden diese Waffen immer mächtiger. Zum Beispiel ist jede neue Waffe zur Bekämpfung von Aufständen stärker als die, die dadurch ersetzt wird. So ist CS fast 20mal stärker als der Vorgänger CN, CR ist fast 30mal stärker als CN, und das neueste und am aggressivsten vermarktete Gerät OC ist das stärkste von allen. Den professionellen Risikoeinschätzungen der allgemein verwendeten kinetischen Angriffswaffen, die in Europa und den USA eingesetzt werden, wurde nur wenig Aufmerksamkeit geschenkt, und doch haben diese Waffen Konsequenzen im Bereich ‚gefährlicher oder ernsthafter Schädigung'.

Letale Waffen:
In der Theorie sollten die Polizeiwaffen ein anderes Niveau der Letalität und Durchschlagskraft haben als die Waffen, die das Militär verwendet. In städtischen Gegenden besteht immer das Risiko, dass Passanten getroffen werden, und wenn ein Gerät über hohe Geschwindigkeit oder Durchschlagskraft verfügt, kann es leicht das Zielobjekt durchschlagen, im weiteren Wände durchbrechen und dann vielleicht Unschuldige töten, die sich außerhalb der Einsatzzone befinden. Um dieses Problem zu vermeiden, produzieren die Hersteller zunehmend spezielle Munition für den Einsatz von Polizei und Spezialeinheiten. Paradoxerweise kann die Erklärung von Le Hague von 1989, die die Verwendung von Hohlpunkt- und Dum-Dum-Munition verbot, nicht auf Polizeieinsätze bei zivilen Konflikten angewendet werden. Weiche Munition, die sich erst im Körper entfaltet, verursacht viel schlimmere Schäden als normale Munition. Dum-Dum-Geschosse können einen Arm oder ein Bein abtrennen, während gewöhnliche Munition das Körperteil durchschlägt und ein relativ sauberes Loch hinterlässt. Einige dieser Waffen wie *Winchester's Black Talon* oder die hochexplosiv gefüllte *Frag 12* führen zu schrecklichen Verletzungen und lassen ernsthafte Fragen nach dem nötigen Vorgehen und dem Recht auf einen fairen Prozess auftreten, da es sich ohne sofortige medizinische Versorgung um eine effektive außergerichtliche Hinrichtung handeln würde. Viele Firmen produzieren diese Geschosse jetzt in Europa.

Entwicklungen in der Überwachungstechnologie:

,Feinere und viel weitreichendere Mittel zum Eindringen in die Privatsphäre sind für die Regierung verfügbar geworden. Entdeckungen und Erfindungen haben es möglich gemacht, dass die Regierung viel effektiver als mit der Anwendung der Streckbank vor Gericht Aufschluss erhält, was im Geheimen geflüstert worden war.

Zweite Generation der Waffen, um kampfunfähig zu machen:

Ein zweite Generation kinetischer, chemischer, optiko-akustischer, Mikrowellen-, behindernder und lähmender Technologien ist im Kommen und schließt sich dem existierenden Arsenal von Waffen an, die zur Kontrolle der öffentlichen Ordnung entwickelt wurden. Ein Großteil der Anfangsarbeiten wurde in Atomlaboratorien der USA unternommen, wie in Oak Ridge, Lawrence Livermore und Los Alamos. Viele Zyniker sehen die Arbeit als ,Reisschüsselinitiative' an, bei der Wissenschaftler nach neuen Waffenprojekten suchen, um ihre zukünftigen Karrieren zu sichern, während der Kalte Krieg ihre alten Fähigkeiten überflüssig machte. Sie sind bereits jetzt mit einer Büchse der Pandora voll neuer Technologien zum Vorschein gekommen.

Diese neuen Technologien umfassen:

- Ultraschallgeneratoren, die Verwirrung, Erbrechen und Durchfall auslösen, das Gleichgewichtsorgan stören und Übelkeit hervorrufen. Das System, das mit zwei Lautsprechern arbeitet, kann Einzelpersonen in einer Menge beeinträchtigen.
- Visueller Stimulus und Illusionstechniken wie hochintensives Strobolicht, das in der kritischen Blitzfrequenz arbeitet, die epileptische Anfälle auslösen kann, und Hologramme, die dazu verwendet werden aktive Tarnung zu projizieren.
- Kinetische Waffen mit reduzierter Energie. Varianten der Spielzeugphilosophie, nach der angeblich kein Schaden angerichtet wird (ähnliche Behauptungen wurden früher auch über Plastikgeschosse gemacht).
- Neue Wirkstoffe, die behindern, beruhigen oder Schlaf hervorrufen, gemischt mit DMSO, das den Wirkstoff in die Lage versetzt schnell die Barriere der Haut zu durchbrechen, und außerdem ein

umfangreiches Feld an Chemikalien, die Schmerz auslösen, lähmen und übel riechen. Einige dieser Wirkstoffe sind chemisch hergestellte Varianten des Heroinmoleküls. Sie wirken ausgesprochen schnell, bereits nach einem Kontakt folgt die kampfunfähig machende Wirkung. Jedoch kann die Dosis, die den einen ruhig stellt, einen anderen bereits töten.

- Mikrowellen und akustische Systeme.

- Netze zur Gefangennahme von Personen können mit chemischen Wirkstoffen versetzt oder elektrifiziert werden, um noch eine Extrawirkung zu erzielen.

- Kleb- und Schaumstoff-Technologie wie die Schaumwaffe aus dem *Sandia National Laboratory*, die sich auf das 35-50fache ihres ursprünglichen Volumens ausdehnt. Sie ist extrem klebrig, klebt die Füße und Hände der Zielperson zusammen und fixiert sie am Boden.

- Wasserhaltiger Barriereschaum, der in Verbindung mit Pfefferspray eingesetzt werden kann.

- Blendende Laserwaffen und isotrophische Radiatorwaffen, die superheißes gasförmiges Plasma verwenden, um einen laserartigen Blitz zu erzeugen.

- Thermische Waffen, die durch eine Wand hindurch kampfunfähig machen, indem sie die Körpertemperatur anheben.

- Magnetosphärenwaffe, die so wirkt, als hätte man einen Schlag auf den Kopf bekommen.

Bei diesen Waffen befinden wir uns nicht länger in einem Zustand der Theorie. US-Firmen stellen bereits neue Systeme vor, machen intensive Propaganda und beantragen schon lukrative Patente, wo es möglich ist. Letztes Jahr wurde beispielsweise im *New Scientist* berichtet, dass die *American Technology Corporation* (ATC) aus Poway, California, ihre sogenannte akustische heteradynische Technologie benutzt hat, um Einzelpersonen in einer Menge mit Infraschall anzuzielen, um eine Person in 200 bis 300 Metern Entfernung festzuhalten. Das System kann auch Schall-Hologramme projizieren, die hörbare Botschaften im kleinsten Bereich entstehen lassen können, so dass nur eine Person sie hören kann.

Kritiker solcher Projekte behaupten, dass der nicht letale Krieg ein Widerspruch in sich ist. Viele der sogenannten nicht letalen Waffen sind in Wirklichkeit weit davon entfernt nicht letal zu sein. Sie können töten und haben schon unschuldige Passanten getötet, verstümmelt, geblendet und skalpiert. Es besteht auch die wirkliche Gefahr, dass sie Konflikte letaler machen, indem sie Menschenmassen wütend machen und Leute lähmen, so dass sie für andere Operationen durch das Militär und die Sicherheitskräfte verletzlicher werden. In diesem Sinn könnten diese Waffen als prä-letal betrachtet werden und könnten tatsächlich zu höheren Verlustraten führen. In der Tat geben sich die Befürworter dieser Waffen in den USA keinen Illusionen hin. Ihr Ziel ist es nicht, die letale Munition zu ersetzen, sondern die existierenden und zukünftigen Kapazitäten auszuweiten, die ein Spektrum an Reaktionsmöglichkeiten bereit halten. Das Thema, mit dem sich die meisten Kommentatoren nicht befassen, ist das Ausmaß, in dem diese Waffen dem Militär helfen werden, für sich selbst eine neue Rolle als Teil von internen Polizeieinsätzen zu finden.

Empfehlungen:

Die Kommission sollte ersucht werden, über die bestehenden Vereinbarungen zur zweiten Generation der nicht-letalen Waffen Auskunft zu geben, die aus den USA in die Europäische Gemeinschaft kommen, und einen unabhängigen Bericht verlangen über die angebliche Sicherheit und auch ihre beabsichtigten und nicht vorhersehbaren gesellschaftlichen und politischen Auswirkungen. In der Zwischenzeit sollte in Europa der Einsatz durch Polizei, Militär oder paramilitärische Einheiten verboten werden. Das Verbot soll gelten für chemische Kampfstoffe, kinetische oder akustische Wirkstoffe, Laser, elektromagnetische Frequenzen, Waffen zur Gefangennahme, mit Injektions- oder elektrischer Wirkung zur Behinderung oder Lähmung, seien sie in den USA hergestellt oder dort zugelassen. Das Europäische Parlament sollte (a) die Forschung an Pfeffergas (OC), die von korrupten FBI-Beamten vorgenommen wurde, und die weitere Verwendung der FBI-Sicherheitshinweise in anderen Ländern auf der Basis dieser gefälschten Forschung zur Kenntnis nehmen, und (b) ein Verbot des Einsatzes oder der Verwendung von Pfeffergas (OC) in EU-Mitgliedsländern erwirken, bis neue unabhängige Forschung an OC vorgenommen wurde.

Neue Gefängniskontrollsysteme:
Kritiker wie *Lilly & Knepper* argumentieren, dass bei der Betrachtung der internationalen Verbrechenskontrolle als Industriezweig mehr Aufmerksamkeit nötig ist, um die sich verändernden Aktivitäten der Firmen zu beurteilen, die bisher die Lieferungen an das Militär tätigten. Am Ende des Kalten Krieges, ‚als die Vertragspartner für Verteidigungsmittel Verkaufseinbußen meldeten, bestimmt die Suche nach neuen Märkten die Firmenentscheidungen, und es sollte nicht überraschen, wenn man in der Verbrechensbekämpfung ein gesteigertes Engagement der Firmen findet.' Wo solche Firmen früher von Kriegen gegen ausländische Gegner profitierten, wenden sie jetzt zunehmend ihre Energie auf die neuen Gelegenheiten, die ihnen durch die Verbrechenskontrolle als Industriezweig geboten werden. Vor allem in den USA sehen wir den Trend zu privaten Gefängnissen, und hier ist das entscheidende Thema, ob die Privatisierung der Gefängniskontrolle einen Rehabilitationsprozess hervorbringen kann, wenn der Hauptgrund für die Kontrollsysteme Profit und somit Kostensenkung ist.“[176]

Unsere eigene Erfahrung mit dem Europäischen Parlament legt nahe, dass für die Zusammenstellung eines derartigen Berichts wichtige Beweismittel geliefert werden müssen, um den tatsächlichen Stand der Entwicklung dieser Technologien darzulegen. Außerdem sind ihre Bedenken die gleichen Bedenken, die auch geäußert werden, wann immer diese Technologien von jemand untersucht werden, dem es um Menschenrechtsthemen und die Verlagerung der Macht vom Militär zu Gesetzesvollzugsbehörden geht. Im Februar 1997 legte ich Beweise vor und gab eine Demonstration eines Infraschallgeräts in einer offenen Anhörung vor einem Unterkomitee des Amts für ausländische Angelegenheiten im Europäischen Parlament in Brüssel. Während der Anhörung waren wir in der Lage, den Parlamentsmitgliedern entscheidende Daten über die Entwicklung dieser Technologien zu liefern.
Seit der Veröffentlichung der oben zitierten Zusammenfassung ist eine Menge geschehen. Am 11. September 2001 wurde das Gesicht der Welt verändert, indem ein ausreichend hohes Maß an Furcht entstand, so dass die Einführung dieser Technologien

möglich wurde. In einem Gasangriff starben im Winter 2002 über 100 Menschen bei einer Geiselnahme in Moskau, wo nicht nur Gas verwendet wurde, sondern die neutralisierenden Gegenmittel nicht zur Verfügung standen, um die vielen zivilen Opfer vor dem Tod zu bewahren.

Die Technologierevolution

Neue Rechnerstärke, die die existierende Technologie in den Schattenstellen wird, ist nur noch wenige Jahre entfernt. Diese neuen Fähigkeiten im Sammeln und Sortieren von Informationen werden zu einer immer stärker werdenden Kontrolle der Bevölkerung für politische, militärische oder kommerzielle Zwecke führen. „Ein Team von Chemikern und Forschern der UCLA in den *Hewlett-Packard Laboratories* berichtete kürzlich, dass sie einen wichtigen Schritt auf dem Weg zur Produktion von Computern getan haben, die auf der Basis von Molekülen und nicht Silikon arbeiten werden ... ‚Wir können möglicherweise die Computerstärke von 100 Arbeitsstationen auf die Größe eines Sandkorns reduzieren', sagte Heath...“[177] Diese Fortschritte werden die Bemühungen des Militärs und der Polizeiorganisationen um ein Vielfaches verstärken über das hinaus, was auf diesen Seiten schon vorgestellt wurde. Wenn die Neuerungen entsprechend angewandt werden, dann wird das gleichzeitig zu unglaublichen wissenschaftlichen, bildungspolitischen und humanitären Verwendungsmöglichkeiten führen. Volle und offene Information und Diskussion wird entscheidend sein, wenn menschliche Werte Teil der Grundlage sein sollen, auf denen unsere Wissenschaft und unsere Gesellschaft ruht.

Die Ankunft moderner Waffen einschließlich der Systeme zum Informationskrieg werden die Art und Weise verändern, wie in Zukunft Kriege geführt werden. „Als eine Nation, die die Werte des menschlichen Lebens und der Freiheit hoch schätzt, müssen die USA bereit sein sich mit ‚nicht letalen' Angriffen auseinander zu setzen, die nicht nur die Fähigkeit haben wirtschaftliches Chaos und Verlust des Lebens zu verursachen, sondern auch die Freiheiten zu beschneiden, die wir für selbstverständlich halten, aber so hoch schät-

zen. Wenn wir mit einem Szenario des Informationskriegs, ob in
Friedens- oder in Kriegszeiten, konfrontiert werden, dann müssen
wir als Folge davon in der Lage sein angemessen zu reagieren.
Unsere Reaktionen müssen jedoch mit verschiedenen Faktoren in
Übereinstimmung stehen, einschließlich internationaler Gesetze,
Abkommen und Neutralitätsbedenken. Sei es in Zeiten des Frie-
dens oder in einer feindlichen Umgebung, unsere Reaktionen sollten nicht weniger entschieden sein, wenn ein Gegner unsere nationalen Sicherheitsinteressen verletzt. Sollte ein Gegner, der in ‚Friedenszeiten' erwischt wird, dass er Informationskrieg betreibt um
die Politik zu beeinflussen und unsere nationale Sicherheit zu treffen, weniger zur Verantwortung gezogen werden als ein Gegner,
der in ‚Friedenszeiten' eine Bombe in einem deutschen Nachtclub
explodieren lässt, ein Flugzeug in der Luft sprengt oder ein Gebäude zerstört, wodurch 240 Marines getötet werden, und der die gleichen Ziele hat?"[178] Das sind interessante Fragen, die von militärischen Planern aufgeworfen werden, Fragen, die in einer öffentlichen Debatte und in Foren beantwortet werden sollten, wo die Verantwortlichkeit sichergestellt werden kann.

Informationstechnologie – damit der Krieg leichter geht

Einige der neueren Technologien werden deutliche Auswirkungen
auf die Gesellschaft haben. Drei davon sind die wichtigsten: Info-
technologie, Biotechnologie und Nanotechnologie. Diese
Technologien werden sich unglaublich positiv auf die Menschen
auswirken, haben aber gleichzeitig das Potenzial für Missbrauch,
wie es bei vielen Neuerungen der Fall ist. Wenn sich diese drei
Bereiche zu einer neuen Super-Technologie vereinen, dann wird
die Unterscheidung zwischen Lebewesen und Maschinen zunehmend weniger klar sein.
Wenn Informationssysteme mit der Ankunft der Nanotechnologie
(das geht hinunter bis zum Faktor 1 Milliarde) gekoppelt werden,
dann wird die Herstellung von superkleinen Geräten möglich. Wenn
man diese Geräte an Lebewesen, Menschen oder vom Menschen
geschaffenes Leben anbringt, dann steigert sich die Komplexität

von Maschinen und ihren Anwendungsformen. Wenn auch die Biotechnologie auf diese Weise eingebunden wird, was derzeit schon
geschieht, dann stehen wieder die Fragen der fairen Anwendung,
medizinischen Ethik und Fragen des Lebens selbst auf der Tagesordnung von denen, die Entscheidungen treffen. Wer sollte diese
Entscheidungen treffen – Bürger, Firmen, Politiker, Wissenschaftler, Militärplaner oder andere?

Die Informationstechnologie ist in besonderer Weise Thema für die
Betrachtung. Militärische Visionen versuchen vorherzusagen, wie
neue Durchbrüche in der Informationstechnologie die Kriegsführung
beeinflussen werden. Einige der direkten Auswirkungen sind bereits
bei Militäroperationen zu sehen, weil sie die Art, wie Krieg geführt
wird, verändern. Die Veränderungen im Technologieniveau vom
Golfkrieg zum Krieg im Kosovo und neuerdings in Afghanistan und
Irak, wo die unglaublichste Verwendung der neuen
Informationstechnologien bereits zum Einsatz kam, sind jetzt für alle
offensichtlich.

Die Veränderungen in der Kriegsführung haben eine Situation geschaffen, in der die Kämpfer aus den Ländern, die ein hohes Maß
an Technologie besitzen, zunehmend vom Kriegsschauplatz fern-
gehalten werden. Diese Technologien retten amerikanische Leben,
aber sie verändern die Art und Weise, wie der Krieg erlebt wird. In
der Vergangenheit ließen der Geruch des Todes, die deutlichen Bilder und Erfahrungen die Veteranen hart daran arbeiten, dass in
Zukunft die Kriege nur noch als letzte Möglichkeit in Betracht gezogen wurden. Kriegsheimkehrer verstanden die Ergebnisse des
Krieges aufgrund ihrer Erlebnisse aus erster Hand. Die Kriege von
heute lassen die Kämpfer außerhalb der Gefahrenzone bleiben,
während dem Gegner die totale Vernichtung zugefügt wird. Kriege
werden auch in Zukunft geführt werden, aber unsere Bereitschaft
militärische Macht im Krieg einzusetzen steigert sich, wenn sich die
Leichtigkeit, mit der Vernichtung ausgeübt werden kann, durch
Neuerungen verbessert. Krieg ist nicht länger ein letzter Ausweg,
sondern er wird immer öfter mit noch größerer Verbissenheit geführt.

Das Konzept des „vorbeugenden Schlags" wird jetzt von der zweiten Bush-Regierung deutlich forciert. Ich versuche in diesem Zusammenhang darauf hinzuweisen, dass die Supermächte und ihre Bürger dringend darüber nachdenken müssen, ob wir nicht Diplomatie statt Krieg brauchen und entsprechende Zurückhaltung üben müssen. Das bedeutet nicht, dass Krieg vermieden wird, aber es erhöht die Wahrscheinlichkeit, dass er wirklich nur dann begonnen wird, wenn er wirklich die letzte noch bleibende Möglichkeit ist.

Die andere Seite der Fortschritte auf dem Gebiet Information ist, dass man die Macht mit größerer Leichtigkeit verschieben kann. Das Innovationspotenzial ist bei Menschen universal vorhanden, da es Teil unserer kreativen Kapazität ist. Die Leichtigkeit, mit der Informationen heute fließen können, erhöht die Wahrscheinlichkeit, dass Technologie eine weitere Verbreitung erfährt, und entsprechend werden sowohl wohltuende als auch düstere Anwendungsformen möglich. Wir sind an einem Punkt in der menschlichen Entwicklung angelangt, wo diese sich gegenseitig verstärkenden Fortschritte sich verbinden werden, um ein Ergebnis hervorzubringen, das so anders von allem uns Bekannten ist, dass es unmöglich ist, die tatsächlichen Ergebnisse zu prophezeien. Allerdings können einige direkte Auswirkungen vorhergesagt werden. Die erste Konsequenz wird eine Verteilung der Macht sein. Diese Verteilung der Macht wird die Welt zu einem gefährlicheren Ort machen. „Es gibt eine große Vielzahl von gewaltbereiten Gruppen, die ihren Vorteil aus der Verteilung der Macht ziehen und dadurch Nationen auf allen Ebenen der Entwicklung zerstören könnten. Eine Liste, die von Steven Metz zusammengestellt wurde, umfasst organisiertes Verbrechen, Privatarmeen, Banden in den Städten, Aufständische, regionale Separatisten, Terroristen der Verschwörungstheorien, radikale Kulte, Neo-Ludditen und gewalttätige Umweltaktivisten. Zu dieser Liste könnte man noch regierungsfeindliche Milizen und die ‚Hobbyisten' hinzufügen, die die Zerstörung von Informationssystemen als eine Art Erholung betreiben."[179]

Der oben zitierte Artikel sagt ein ständiges Zerbrechen von Nationalstaaten in kleinere und immer kleiner werdende regional unabhängige Länder voraus, so wie wir es in der früheren Sowjetunion und in Jugoslawien erlebt haben. Teilweise ist es ein Ergebnis der verbesserten Technologie, dass es diesen Gruppen möglich war sich loszulösen. Daraus ergibt sich immer mehr die Möglichkeit der Intervention durch andere, um eine Gegend zu stabilisieren. Es wird erwartet, dass in den nächsten 20 Jahren eine Steigerung dieser Art von Konflikten und Interventionen stattfinden wird. Die zu erwartende Verteilung der Macht wird diese militärischen Missionen immer gefährlicher machen.

Nimmt man den derzeitigen Stand der Informationstechnologie, dann ist es jetzt möglich, praktisch alle elektronischen Sendungen vom Radio bis zum E-mail zu überwachen. Der gleiche Fortschritt wird es bald möglich machen jede geographische Region rund um die Uhr aus der Ferne zu überwachen. Winzigkleine ‚Videokameras auf einem Chip' für solche Systeme sind billig und überall zu haben und werden alle paar Monate auch noch kleiner. Bald wird es die Verwendung dieser Kameras in automatischen Systemen möglich machen, eine ganze Stadt zu überwachen oder, wenn man will und das Geld dazu hat, ein ganzes Land. Diese Systeme werden als Maßnahmen zur Verbrechensbekämpfung installiert, werden aber bald die Funktion haben, einfachen Bürgern ihre Anonymität wegzunehmen. In unserem früheren Buch *Freiheit nehmen* (2005 erschienen im Michaels Verlag) haben wir gezeigt, dass diese Technologien immer häufiger genau dazu benutzt werden, und seit den Anschlägen vom 11. September 2001 hat sich das Tempo bei der Einführung sogar noch erhöht. Die Kosten für diese Technologien werden auch immer weniger, da Rohmaterialien und neue Herstellungssysteme entdeckt und ausgewertet werden. So wie sich der Datenspeicher für Computer in den letzten fünf Jahrzehnten exponenziell gesteigert hat, so wird das auch in allen anderen Bereichen geschehen, allerdings dauert es jetzt nur noch Monate und nicht mehr Jahrzehnte, um diese Art Veränderungen in die Tat umzusetzen.

Die Kombinationen aus diesen neuen technologischen Bereichen verschwimmen in dem Sinn, dass sie in ein einziges technologisches Ereignis hineinfließen. Die Miniaturisierung von Informationssystemen und ihre Verbindung mit lebenden Materialien ist bereits im Werden. Heute ist es möglich, Gehirnzellen auf einem Computer-chip wachsen zu lassen, damit sie möglicherweise in der Informationsverarbeitung eingesetzt werden. Die Möglichkeiten, die in der Innovation vorhanden sind, profitieren davon, wenn positive menschliche Werte die Innovation vorantreiben. Unsere Technolo-gie kann entweder der Menschheit dienen wie ein Lieferwagen, der die tägliche Post bringt, oder kann dazu verwendet werden uns zu zerstören, wenn ein Selbstmordattentäter eben diesen Lieferwa-gen fährt.

Informationskrieg

„Informationskriegsführung bedeutet für viele das Mittel, mit dem der nächste ‚große' Krieg gekämpft werden wird, und was noch wichtiger ist, mit dem zukünftige Kriege gewonnen werden."[180] „Obwohl die Technologie geheim gehalten wird, weiß man, dass eine große Bandbreite an US-Waffen für eine offensive Computer-Kriegsführung in der Entwicklung ist, dass eine Handvoll davon bereits getestet wurde und dass mindestens eine davon im Kampf eingesetzt wurde."[181] Die Aufrechterhaltung der „Ordnung im Kampf erfordert ein System für die Organisation und Weiterleitung von Informationen. Heute wird das System Kommando, Kontrolle, Kom-munikation, Computer und Geheimdienst (C4I) genannt ..."[182] Im Anschluss an die Angriffe auf das *World Trade Center* in New York begann man einige der Verletzlichkeiten der elektronischen Revolution in Betracht zu ziehen. Vom Datenaustausch bis zu fi-nanziellen Transfers wurden diese Systeme von Terroristen als Mittel benutzt, ihre Geschäfte zu machen. Diese Systeme waren für sie auch die Schwachpunkte, da Gelder von Konten eingezogen und Kommunikationen unterbrochen wurden. Sehr schnell gaben diese Gruppierungen die Verwendung dieser Technologien auf und setz-ten dafür wieder ältere und weniger zugängliche Mittel ein wie Kuriere, Post und direkter Kontakt auf persönlicher Basis.
Während die Vereinigten Staaten und andere moderne Verteidigungs-systeme auf der Grundlage von Technologie aufbauen, schafft die Abhängigkeit von diesen Systemen neue Risiken. Genau die Tech-

nologie, die wir entwickeln, kann am leichtesten aus der Ferne manipuliert und unterbrochen werden, indem moderne Technologie gegen moderne Technologie eingesetzt wird.

Die konventionellen Kriege der Vergangenheit erforderten massive Gewalt, um die Art der Zerstörung hervorzurufen, die jetzt mit einigen wenigen Tastensignalen auf dem Computer geschehen kann. Ein Schlag gegen die Informationssysteme könnte ganze Wirtschaftssysteme zerstören, moderne Armeen verkrüppeln und neben vielen anderen Dingen die Kommunikationssysteme außer Funktion setzen.

Das Militär hat sein eigenes Zentrum für die Entwicklung des Informationskrieges sowohl für defensive als auch offensive Zwecke eingerichtet: „Die Hauptaufgabe des 609ten ist im Augenblick wohl defensiv, aber Information kann ganz klar auch eine offensive Waffe sein – obwohl das Militär im Allgemeinen viel weniger geneigt ist, diesen Aspekt des Cyberspace zu diskutieren. Ein Großteil der Forschung auf diesem Gebiet geschieht weiter oben auf der militärischen Leiter, in diesem Fall in der *Air Intelligence Agency* (AIA) der *Air Force* und im *Information War Center* auf der Kelly-Basis in San Antonio, Texas."[183] Die Verwendung dieser Technologie bedeutet eine direkte Einmischung in private Kommunikation auch außerhalb eines erklärten offenen Konflikts. „Stille Kriege" wie die, die in Guatemala, Kambodscha, Kuba, während des Sowjetkriegs in Afghanistan oder vielleicht sogar in irgendwelchen nicht kooperativen westlichen Staaten, stellen Ziele eines nicht erklärten Infokrieges dar.

Infokrieg existiert bereits in dem Sinn, dass Computerhacken allgemein üblich geworden ist, wobei die Daten der Regierung häufig das Ziel sind. Sogar unsere früheren Feinde haben freiberufliche Hacker, die in unsere Systeme eindringen, wie der folgende Bericht erläutert: „Das FBI versucht festzustellen, ob Cyber-Agenten an der berühmten russischen Akademie der Wissenschaften in Moskau verantwortlich sind für *Moonlight Maze* (Mondscheinlabyrinth), den umfassendsten Angriff, der je auf das empfindliche Computernetzwerk des Verteidigungsministeriums oder andere Netzwerke unternommen wurde."[184] In der Zwischenzeit heißt es: „Das Pentagon hat seine Cyber-Verteidigung ausgebaut und plant im Cyberspace zurückzuschlagen. Das FBI kämpft immer noch darum,

Moonlight Maze zu entwirren, einen massiven Angriff auf die Computer der US-Regierung, die nach Russland zurückverfolgt werden konnten. Auf Anregung des Weißen Hauses kämpfen auch andere Ministerien darum, Amerikas elektronische Infrastruktur gegen eine tägliche digitale Blockade auf der ganzen Welt zu schützen."[185]

Die Vereinigten Staaten treiben ihre Pläne für einen Informationskrieg (IO) voran, indem sie ihre eigenen offensiven Kapazitäten ausloten. „Offensive IO umfassen die integrierte Verwendung von entsprechenden unterstützenden Kapazitäten und Aktivitäten, die gleichzeitig vom Geheimdienst unterstützt werden, um die gegnerischen Entscheidungsträger zu beeinträchtigen und spezielle Ziele zu erreichen oder zu fördern. Die Kapazitäten und Aktivitäten umfassen, allerdings nicht ausschließlich, Sicherheitsoperationen (OPSEC), militärische Täuschungsmanöver, psychologische Operationen, elektronische Kriegsführung (EW), körperlichen Angriff und Zerstörung und spezielle Informationsoperationen (SIO), und sie können auch Angriffe auf Computernetzwerke umfassen. Offensive IO kann in vielerlei Situationen und Umständen im Rahmen der Bandbreite der Militäroperationen ausgeführt werden und hat vielleicht in Friedenszeiten und im Anfangsstadium einer Krise die größtmögliche Auswirkung. Jenseits der Schwelle einer Krise kann offensive IO ein entscheidender Faktor zur Machtverstärkung sein ..."[186] Das bedeutet, dass diese Systeme Teil der modernen Kriegsmaschinerie sind und auch ein Bereich, in dem unser eigenes System Angriffsflächen bietet. Verbesserte Methoden, um diese Systeme zu schützen, sind Gegenstand intensiver Forschung.

Ein Zweig des Militärs ist mit wichtigen Verbesserungen bei der Benutzung des Internet beschäftigt, das nicht nur ihre Effizienz verbessern wird, sondern auch die Gefährdung durch Interferenzen aufgrund von gegnerischen Informationsoperationen (IO) steigert. „Die *Navy* plant die Einsetzung einer radikalen Strategie, um das lang erwartete Mega-Intranet aufzubauen, das auf der Welt 450.000 Nutzer erreichen und ihnen jede Menge Fakten liefern wird. Das System wird bis zu 2,2 Milliarden Dollar kosten. In einer Industriebekanntmachung vom 7. Juli stützt die *Navy* diese ‚umfassende Veränderung' in der Infrastruktur und der Organisation ihrer

Informationstechnologie."[187] „Die Computerisierung des Schlacht-
felds ist einer der beiden Technologietrends, von denen Militär-
experten erwarten, dass sie in den nächsten Jahrzehnten die Kriegsführung revolutionieren werden. Der Nationale Forschungsrat der
USA formuliert es so: ‚eine völlig neue Form der Kriegsführung
wird sich entwickeln, basierend auf der Verwendung von Computern und auf Methoden, sie anzugreifen, zu täuschen und zu neutra-
lisieren.'"[188]

Diese Art der Aktivität funktioniert in beide Richtungen – wenn wir
unsere Kapazität erhöhen, erhöhen wir auch unsere Verletzlichkeit
gegen Angriffe im Informationskrieg (IW). „Wird IW eine neue,
aber untergeordnete Facette der Kriegsführung sein, in der die Vereinigten Staaten und ihre Verbündeten mit Leichtigkeit ihre eigenen
möglichen Schwächen im Cyberspace überwinden können? Werden sie taktische und strategische Vorteile des Militärs dazugewinnen
und beibehalten können, die auf diesem Gebiet vielleicht möglich
sind? Oder werden die Veränderungen im Konfliktfall, die durch die
fortschreitende Informationsrevolution geschehen, so schnell und
so grundlegend sein, dass das Nettoergebnis eine neue und schwerwiegende Bedrohung für traditionelle militärische Operationen und
die US-Gesellschaft darstellt, die den zukünftigen Charakter der
Kriegsführung ganz entscheidend verändert?"[189] „Die neueste Diskussion über die Informationskriegsführung ließ ein neues Rahmenwerk für das Verständnis der auftretenden Schwächen auftauchen.
Wenn man sich auf den Schutz der Infrastruktur des Heimatlandes
konzentriert (und militärische Systeme unterstützen die Infrastruktur), dann verlagern sich auch die Schwerpunkte möglicher Gegner
im Informationskonflikt."[190] „Der Schutz unserer wichtigsten Infrastrukturen im Informationszeitalter stellt an alle von uns neue Herausforderungen. Vor allem bedarf es einer Partnerschaft zwischen
der Regierung und der Privatindustrie, damit unsere Angreifbarkeit
reduziert wird und wir unsere Kapazitäten für eine Reaktion auf
neue Bedrohungen steigern können."[191]

Die Informationspolizei

Es mag nötig sein, dass für das Internet irgendeine Art der Regulierung gefunden wird, aber die Idee einer umfassenden und völligen Überwachung geht dann doch zu weit. Die NSA überwacht derzeit die Aktivität aller Internetbenutzer mit Hilfe ihrer Netzwerke in anderen Ländern. Diese Bemühung wird mit dem Deckmantel des „für Ihre eigene Sicherheit" getarnt, bedeutet aber große Möglichkeiten für unentdeckten Missbrauch durch die Regierungsbehörden. „Der Kongress hat bereits versucht das Web mit Gesetzen zu regulieren, die dazu dienen sollen Organisationen zu schützen, die sich mit zwischenstaatlichem Handel befassen. Unter den derzeitigen Richtlinien sind staatliche und lokale Behörden verpflichtet, ihre Strafgesetze so anzuwenden, dass Internetverbrecher verfolgt und bestraft werden."[192]

Sobald die Probleme identifiziert sind, steigert sich die Zahl der Hacker, denen das Handwerk gelegt wird. Viele heißen das für gut, denn sie waren bereits Opfer dieser Übeltäter mit großer Reichweite. Das weist auch auf die Probleme hin, die sich Leuten stellen, die Zugang zu sehr komplizierter Technologie haben, die sogar sehr junge Leute mit Leichtigkeit manipulieren können. „Razzien durch eine neue FBI-Cybercrime-Einheit gegen jene Personen, die im Verdacht stehen an Computernetzwerken und Websites herumzupfuschen, hat eine gewisse Gegenoffensive durch verschiedene Hackergruppen ausgelöst, die mehrere Websites von Firmen und von der Regierung zerstört haben, einschließlich einer Geheimdienstsite. Paul Maidman, 18 Jahre alt, ein mutmaßlicher Hacker aus New Jersey, wurde Ziel einer Razzia. Sein Computer und die Zusatzteile wurden beschlagnahmt. Er sagte: ‚Ich habe niemals an irgendwelchen Webseiten herumgemacht oder irgendwelche größeren Sites entfernt.' Die Einheit hat auch Dokumente von zwei Internet-Dienstleistern angefordert. John Vranesevich, Betreiber einer Website, die die Aktivität von Hackern aufzeichnet, sagte, dass die erforderliche Information Software-Ausrüstung, Computerarchive und ähnliches braucht, und dass es außerdem ‚eine nicht angekündigte Untersuchung ist.'"[193]

Wieder einmal ist es eine zweiseitige Sache, bei der sowohl die Übeltäter als auch die Polizei gleichermaßen Zugang zu den Systemen erhalten. „Wenn Kriminelle das Internet dazu benutzen um Verbrechen zu begehen, dann werden die Gesetzesvollzugsbeamten es dazu benutzen sie zu fangen, wie es Ron Horack, ein Ermittler vom Sheriffbüro im Bezirk Loundoun, Va., ausdrückte. Die Polizei verfolgt die Online-Aktivitäten von Verdächtigen, manchmal sogar von Opfern, holt Beweise von den Internet-Dienstleistern (ISPs) oder anderen Internetdiensten und veröffentlicht, was manche Kriminellen, die sich hinter Decknamen verbergen, für ein Geheimnis hielten. Marc Rotenberg, Direktor des Informationszentrum für elektronischen Datenschutz, sagte, dass das Eindringen in Kommunikationssysteme eine Bedrohung der Privatsphäre darstellt. Er glaubt, dass der Gesetzesvollzug traditionelle Mittel anwenden sollte um Untersuchungen durchzuführen, zum Beispiel Stichproben, Informanten und kriminaltechnische Beweise."[194]

Während manche Leute gegen die Verwendung elektronisch gesammelter Beweise argumentieren, besteht die Notwendigkeit Zugang zu Daten zu erlangen, wenn entsprechende Durchsuchungsbefehle ergangen sind. Die Steigerung der Fähigkeit von Kriminellen auf diesem Gebiet zeigt deutlich, dass sie ansonsten damit in ihrer illegalen Aktivität einen enormen Vorteil hätten. Im Angesicht der Furcht, die nach den terroristischen Anschlägen auf New York entstanden, wurde das Gesetz *Patriot Bill* verabschiedet, das zu einer Reihe von Initiativen geführt hat, um Kommunikationsmittel abhören zu können, um „softe Geheimdienstinformationen" zu sammeln. Dabei wird ein immer weitläufigeres Netz ausgeworfen in der Hoffnung, dass damit die bösen Buben gefangen werden können, während auf genau den Rechten herumgetrampelt wird, die man eigentlich zu schützen versucht. Ein Gleichgewicht in einer Umgebung zu finden, wo die Furcht als treibende Kraft entfernt wird, ist die Herausforderung, der sich Demokratien auf der ganzen Welt in den kommenden Jahren stellen müssen, wo sie jetzt noch die Freiheit gegen eine Illusion von Sicherheit eintauschen.
Sehr komplexe Softwaresysteme werden entwickelt, um größere Übersicht über die zu erlangen, die in verdächtigen Aktivitäten en-

gagiert sind. Während die Systeme noch weit davon entfernt sind perfekt zu sein, werden sie es möglich machen, dass die offensichtlichsten Hacker erkannt werden. „Das Tiresias-System – Software, die ursprünglich von IBM entwickelt wurde, um DNA-Fäden nach wiederkehrenden Mustern zu überprüfen – kann dazu verwendet werden, Netzwerke auf Hackeraktivitäten hin abzusuchen. Die Software verwendet einen dem Muster entsprechenden Algorithmus, der Daten durchlaufen und Spuren von Daten identifizieren kann, die entstehen, wenn ein Hacker mit vielen verschiedenen Passwörtern versucht in ein System einzubrechen. Das System überwacht zunächst ein System, ehe es an ein Netzwerk angeschlossen wird, identifiziert ein Muster von ‚guter' Aktivität und kann später ungewöhnliche Muster identifizieren, wie sie durch einen Hacker entstehen würden."[195] Die Europäer bauen ebenfalls ihre eigenen Systeme auf, um Cyber-Kriminellen auf die Spur zu kommen. „Deutschland hat eine spezielle Internet-Suchmaschine bekannt gegeben mit dem Ziel die Fähigkeit der Ermittler bei der Überwachung von Online-Verbrechen zu verbessern. Die Maschine hilft dabei, die Sendung illegalen Online-Materials zu unterbrechen, indem die Polizei zunächst die Möglichkeit erhält, solche Vorgänge festzustellen und auch die Namen und Adressen der dafür verantwortlichen Gesetzesbrecher."[196] Diese Systeme erhalten jetzt großzügige finanzielle Unterstützung, da sie zu den wichtigsten modernen Infrastrukturen gehören, die eines Schutzes bedürfen.

Das große Problem mit der Überwachung von Internetseiten der Regierung ist, dass die Überwachung missbraucht wird. Die Bedenken gehen um das Gleichgewicht von Sicherheit und Sicherung im Gegensatz zu Datenschutz und persönlicher Freiheit. Die Debatte muss aufgenommen werden und die Grenzen der Regierung müssen strikt im Gesetz festgehalten werden, was immer noch auf verschiedenen Ebenen erfolgen muss.
Ich wurde zum Opfer des Missbrauchs von Informationssystemen, als jemand meine Identität dazu verwendete und eine Website erstellte, um damit meinen Ruf zu zerstören. Als die Ortspolizei gerufen wurde, gab es in den Gesetzbüchern von Alaska keine Gesetze, die dahingehend angewandt werden konnten, dass die Gesetzes-

hüter ins Spiel kommen könnten. Als das FBI gerufen wurde, gaben sie mich an die Bundeshandelskommission weiter, die nur Daten sammelte, aber keine Verfolgung der Kriminellen durchführte, obwohl wir die Internetadresse der Übeltäter hatten. Man sagte uns, dass bei Verwendung primitiverer Methoden wie Post oder Telefon die örtlichen Gesetzeshüter hätten einschreiten können, da es sich um einen Fall von Belästigung handelte, aber das Internet kam in diesen Bestimmungen nicht vor. Wenn man sich beeilt die Privatsphäre einzureißen, um die Überwachungskapazitäten der Regierung zu steigern, dann steht das nicht im Einklang mit dem Bedürfnis des einzelnen Bürgers nach Schutz. Das muss sich ändern. Wenn die Technologie sich weiter entwickelt, dann muss auch Schutz gegen Missbrauch, falschen Gebrauch und direkte Angriffe geschaffen werden.

Propagandakriege

Immer in der Geschichte wurde Propaganda zur Kriegsführung benutzt. Während des Zweiten Weltkriegs erreichte die Methode ein neues Niveau, als sowohl die Alliierten als auch die Achsenmächte die Vorurteile und Befangenheiten ihrer jeweiligen Bevölkerung ausnutzten, um Unterstützung für ihren Krieg zu bekommen. Sorgfältig kontrollierte Medien- und Presseberichte waren die Arbeitsmittel aller damaligen Regierungen. Die Verwendung von Propaganda ist zum Standardmittel für Politiker, Firmen und Individuen des 21. Jahrhunderts geworden, und oft spielen wirkliche Fakten dabei gar keine Rolle. Sogar kompliziertere psychologische Manipulation findet jetzt statt. Das 100 Millionen Dollar teure Studio Amerikas am Himmel ist jetzt „in der Lage Radio- und Fernsehsendungen in einem anderen Land zu überdecken und durch aufgezeichnete, von den USA produzierte Programme zu ersetzen. Solche psychologischen Kriegsoperationen wurden während der Operation Wüstensturm eingesetzt, um irakische Soldaten zur Kapitulation zu bewegen. Weitere ‚Psy-Ops': Operation *Urgent Fury* in Grenada und Operation *Uphold Democracy* in Haiti."[197] In einem anderen Bericht heißt es: „*Air Force* Mission: Commando Solo führt psychologische Operationen und zivile Sendeaufträge aus auf AM, FM, HF, TV und militärischen Kommunikationskanälen. Missionen werden in größtmöglicher Höhe geflogen, um beste Verbreitungsbedingungen zu schaffen. Die Ziele können entweder militärisches oder ziviles Personal sein."[198] Das ist viel effektiver, als es „Radio Free Europe" jemals war. In Kriegszeiten mag dieses Vorgehen in Ordnung sein, aber könnte es auch in anderen „nationalen Notsituationen" oder internen Konflikten eingesetzt werden?

Dieses Buch ist teilweise ein Ergebnis des Internets, da das Web ein Mittel bereit gestellt hat, Informationen zu sammeln und zu sortieren, wie es vor zehn Jahren noch nicht möglich war. Die Idee verschiedene Leute zu gemeinsamen Themen zusammenzubringen ist der wertvollste Aspekt des Internets. Dieses Mittel bietet Leuten eine nie da gewesene Möglichkeit die Evolution des internationalen Dialogs zu beeinflussen und zu fördern. Die Macht des Internets ist so groß, dass es den Leuten ein neues Forum für demokratischen Dialog gibt und vielleicht auch eine Steigerung der Kooperation zwischen Normalbürgern und nicht allein Politikern. Das Militär hat seinen Blick auch auf Möglichkeiten gerichtet, diesen Dialog zu nutzen und zu beeinflussen. Es ist absolut wichtig, dass man im Auge behält, dass die Störung der Information durch Falschinformation bereits Teil des militärischen Programms ist. Stellt man sich vor, dass irgendeine unbekannte Person entscheiden könnte, wer eine Bedrohung ist, und den Informationsfluss entsprechend beeinflussen könnte, dann ist das sehr alarmierend, denn die Sicht des Militärs, wer eine Bedrohung ist, und die Ansicht der Verfassung zu den Ideen der Freiheit könnten dadurch in direkten Konflikt kommen. Hier folgt eine aufschlussreiche Zusammenfassung dieser Ideen:

„Der politische Prozess verlagert sich ins Internet. Sowohl in den Vereinigten Staaten als auch international verwenden Einzelne, Interessensgruppen und sogar Nationen das Internet um sich zu finden, die Themen zu diskutieren und ihre politischen Ziele zu verfolgen. Das Internet hat in den neuesten Konflikten auch eine wichtige Rolle gespielt. Daher können überseeische Teile des Internets ein wichtige Quelle für das Verteidigungsministerium sein, sowohl für das Sammeln als auch das Verbreiten von Informationen. Indem der Fluss der öffentlichen Informationen und andere neue Quellen auf der ganzen Welt überwacht werden, können Frühwarnsysteme für wichtige Entwicklungen geschaffen werden, viel früher als mit traditionelleren Mitteln der Andeutung und Warnung. Kommentare, die von Beobachtern von Konflikten niederer Intensität in Übersee ins Internet gestellt werden, können für die Politik der USA von Bedeutung sein. Bei Konflikten im größeren Umfang, wenn andere konventionelle Kanäle zerstört sind, kann das Internet das einzige zur Verfügung stehende Kommunikationsmittel für die betroffenen Gebiete sein. Internetbotschaften, die aus Regionen mit autoritärer Kontrolle kommen, können weitere wichtige Geheimdienst-Nachrichten enthalten. Öffentliche Meldungen mit Informationen über die Absichten von überseeischen Gruppen, die das Ziel haben US-Militäroperationen zu vereiteln, können wichtige geheimdienstliche Gegenmaßnahmen ermöglichen. Das Internet könnte auch dazu verwendet werden, unkonventionelle Kriegsziele zu erreichen. Verwendet man es kreativ als ein zusätzliches Hilfsmittel, dann kann das Internet viele Operationen und Aktionen des Verteidigungsministeriums erleichtern."[199]

„Genauso beunruhigend ist der innere Aspekt dieser Neudefinition einer Beziehung zwischen Politik und Krieg. Die Gefahr, dass die Ideen von Clauswitz über zivil-militärische Beziehungen umgekehrt werden könnten, taucht ganz deutlich in den Schriften eines anderen Befürworters des ‚Informationskriegs' auf, der so argumentiert, dass eines der Versprechen des Informationskrieges das ist, dass ‚endlich unsere Militärplaner von politischen Zwängen befreit werden können.' Dieses Konzept des Informationskrieges ist vom Gesichtspunkt der bürgerlichen Freiheiten aus sehr gefährlich.
Leider ist der Begriff Informationskrieg ein so umfangreicher Terminus geworden, dass jetzt die Gefahr besteht, dass er zu einer Tautologie wird, indem fast alles jenseits der primitiven Formen des Kampfes dazu gehört. Einige bezeichnen auch den traditionellen Geheimdienst als Informationskrieg, während andere die Kapazitäten, die bestimmte Waffensysteme haben, einschließen. Andere

sehen die Entscheidung zum Eingreifen in Somalia als ein Beispiel
für einen erfolgreichen Informationskrieg, vermutlich aufgrund der
internen Feinde der Regierung, die es lieber hatten, dass wir da
intervenieren als im Sudan, dem Schauplatz viel schlimmerer Katastrophen. Diese Logik könnte auch auf politische Tätigkeiten, Fortschritte der Waffentechnik und die Verwendung von Propaganda
ausgedehnt werden. In der Tat ist die Verwendung von High-Tech-
Propaganda, die manchmal ganz phantasievoll ist, ein Hauptthema
für einige Befürworter des Informationskrieges.

Dieses Vertrauen auf neue und alte Formen der Propaganda ist
jedoch eine weitere Schwäche im Informationskrieg, während sie
für die attraktiv ist, die eine neue Art der Bewusstseinskontrolle
statt der Gewalt einführen möchten."[200]

„Die Berufe an der Waffe in einer Demokratie sind nicht von Übersicht und einem Streben nach richtigem Handeln ausgenommen,
auch nicht in der Kriegsführung. Wo der Wille des Volkes, das moralische Hoheitsgebiet und das technische Hoheitsgebiet das gleiche sind, wird diese Berufsgruppe nützlich und erhaben sein. Wenn
jedoch das moralische Hoheitsgebiet verloren geht, kommt es zum
Dominoeffekt: die öffentliche Unterstützung geht verloren, die technologische Hoheit geht verloren, und die Streitkräfte gehen verloren.

Informationskrieg ist eine feindliche Aktivität gegen jeden Teil des
Wissens und der Glaubenssysteme eines Gegners. Der ‚Gegner' ist
jeder, der nicht für die Ziele des Führers kooperiert. Von außen
gesehen einigt man sich auf einen ‚Feind' oder ‚nicht die unseren'.
Intern betrachtet kann der Gegner ein Verräter sein, ein Feigling
oder ein Mitläufer – jeder, der sich widersetzt oder ungenügend
kooperativ gegenüber dem Anführer ist, der die Mittel des
Informationskrieges kontrolliert. Wenn die internen Mitglieder einer
Gruppe die Ziele des Anführers während einer Kriegshandlung nur
ungenügend unterstützen, dann kann interne Informationskriegsführung (einschließlich solcher wie Propaganda, Täuschung,
Charaktermord, Gerüchte und Lügen) dazu verwendet werden, sie
zu mehr Unterstützung der Ziele der Führungsschicht zu bewegen."[201]
Informationskrieg umfasst auch das Hacken in die Systeme der
Gegner, wie es so oft auf der Welt passiert. „Wie in der vergangenen

Woche überall berichtet wurde, hat die Gewalt, die zwischen Israelis und Palästinensern herrscht, das Internet infiziert, da Computerhacker auf beiden Seiten des Konflikts komplizierte Attacken auf die Websites des jeweiligen Gegners aus dieser Gegend begonnen haben. Diese Woche war das Komitee für amerikanisch-israelische Angelegenheiten an der Reihe. Am Mittwoch Nachmittag übernahm eine Gruppe, die sich *Pakistani Hackerz Club* nennt, die Kontrolle der Website, die der mächtigen pro-israelischen Lobby gehört, und ersetzte die Homepage durch eine, die anti-israelische Parolen enthielt."[202]

Das Problem mit dieser Art von Angriffen ist, dass sie den Informationsfluss einschränkt und eine wirkliche Debatte über sehr verschiedene Ideen und Themen zum Schweigen bringt. Es ist jetzt möglich eine große Menge Wissen zu entwickeln, wenn man das Internet nutzt, um dadurch Schlussfolgerungen über politische Themen, wirtschaftliche Entscheidungen, medizinische Wahlmöglichkeiten und praktisch jeden anderen Bereich zu ziehen, der für den Einzelnen von Interesse ist.

Die *Air Intelligence Agency* (AIA) ist sogar über die elektromagnetischen Abstrahlungen besorgt, die von Computern ausgehen. Diese Energiefelder können gemessen und von Gegnern mit fortschrittlichen technologischen Kenntnissen ausgewertet werden. Das ist die gleiche Technologie, die von Gesetzeshütern in Kombination mit anderen Neuerungen verwendet wird, um die Aktivitäten von denen zu überwachen, die sie beobachten wollen. „Perimeter-Schutz. Das Hauptziel des Programms TEMPEST ist es, jede Informationen tragende elektromagnetische Strahlung zu kontrollieren oder zu erfassen, die von jedem Informationsprozessor innerhalb der AIA-Einrichtung kommt."[203] TEMPEST ist nur eine der vielen Initiativen in diesem Bereich.

Das Kernstück des Informationskrieges liegt in der Täuschung und Manipulation. In militärischen Berichten und anderen veröffentlichten Materialien geht die Grenze zwischen klar erkennbaren Gegnern verloren. Die Fähigkeit, die Kommunikation von Privatpersonen zu überwachen, ohne entdeckt zu werden, ist eine große Versuchung, der oft nachgegeben wird. Die Fähigkeit, immer mehr Informationen über jeden einzelnen Teilnehmer in der modernen Gesellschaft herauszufinden, ist unglaublich und auch unglaublich erfolgreich. Wo wird die Grenze gezogen werden, und welche Sicherheiten werden eingesetzt werden um die Privatsphäre von gesetzestreuen Bürgern zu schützen? Die alte Richtlinie „Wenn man nichts zu verbergen hat, warum sollte man sich beunruhigen?" war noch niemals ein guter Grund, in das Heim oder die Kommunikation eines Bürgers einzudringen, und hat eine negative Auswirkung auf Freiheit und Freizügigkeit.

Dominanz des Informationsflusses

Wissenschaftliche Kenntnis ist die wahre Macht im Hintergrund moderner Regierungen. Wissenschaft ist in vielerlei Hinsicht ein Eliteclub mit seiner eigenen Sprache und den eigenen Traditionen geworden. Der Zugang zu wissenschaftlichen Kenntnissen war wichtig für die Explosion unserer Wirtschaftssysteme und der Entwicklung auf dem privaten Sektor. Zugang zu Wissen verschiebt sich jetzt von der Allgemeinheit weg, weil ein „völlig neues, nur von Wissenschaftlern genutztes Netzwerk mit dem Namen vBNS entwickelt wird, das Daten mit Geschwindigkeiten verarbeitet, die die weltweite Bedeutung des Internets wegblasen wird. Die Topgeschwindigkeiten bei vBNS (*very high speed Backbone Network System*) sind mehr als 21000 Mal schneller als ein Durchschnittsmodem."[204] Das ist eine unglaubliche Geschwindigkeit. Wenn man bedenkt, dass dieses Buch, das ein Beispiel für Informationsforschung ist, die Möglichkeit gehabt hätte ein solches System zu nutzen, dann wäre die Dichte der gesammelten Information um viele Größenordnungen über das hinaus gesteigert worden, was erreicht wurde. Es hätte in einem Bruchteil der Zeit fertiggestellt werden können. Vielleicht können wir eines Tages alle Zugang zu dieser Art der Information haben und sie für Zwecke nutzen, die wirklich der Menschheit dienen, wenn sie durch eine wachsame Öffentlichkeit überprüft werden.

Geheimdienstabwehr – ein neues Wettrüsten

„Ein Resolutionsentwurf, der die Vereinten Nationen aufruft, die Auswirkungen der Informationstechnologie auf die globale Sicherheit zu untersuchen, könnte das Verteidigungsministerium zwingen, internationale Kontrollen der Entwicklung und Verwendung von strategischen Waffen im Informationskrieg zu bedenken ... ,
Wir können nicht zulassen, dass ein fundamental neuer Bereich der internationalen Konfrontation auftaucht, der zu einer Eskalation des Wettrüstens führen könnte.'"[205]

Die UN sollten aufwachen, denn das Rennen ist bereits gestartet, und für die Vereinigten Staaten und andere moderne Regierungen ist das Rennen bereits gewonnen. Die internationale Gemeinschaft wird das Informationswettrüsten oder die Fortschritte, die in der Technologie stattfinden, nicht stoppen oder verlangsamen können. Informationstechnologie ist für das zukünftige wirtschaftliche Wachstum und den menschlichen Fortschritt sehr wichtig und stellt gleichzeitig eine Bedrohung der globalen Sicherheit dar. Das Thema sollte nicht sein, etwas zu stoppen, was nicht mehr zu stoppen ist, sondern ein Verantwortungsbewusstsein zu schaffen, um den Missbrauch und ein unethisches Handeln von Regierungen, Firmen und Einzelpersonen zu verhindern.

Die Bedrohung, die sich in diesem Bereich zeigt, wird von unseren möglichen Gegnern sehr gut verstanden: „Statements von Verantwortlichen in China, Russland und einem nicht genannten dritten Land zeigen die Macht und die Bedeutung von Informationskriegswaffen für die nächsten Jahrzehnte. ‚Ein Gegner, der die Vereinigten Staaten zerstören möchte, muss nur die Computersysteme ihrer Banken durch höchst technologische Mittel durcheinander bringen', zitierte Tenet einen Artikel in Pekings offiziellem Blatt *People's Liberation Daily*.‟[206] Das ist der Punkt, wo wir wirklich dem Missbrauch ausgeliefert sind. Das kann mit Leichtigkeit alles einem Hacker, einer anderen Regierung oder irgendeinem Dritten angelastet werden, während der wirkliche Eindringling unsere eigene Regierung sein könnte. Der Informationswettlauf ist im vollen Gange – wollen wir hoffen, dass ein anderes wichtiges Rennen auch beginnt – das Rennen um die Ethik, um Moral und die menschliche Oberhoheit über die Informationstechnologie.

Taiwan ist die Quelle für den Geheimdienst, wenn es um die Bewertung der Bedrohung gilt, die ein modernes China darstellt. Ein direkter Angriff auf die Informationssysteme ist einer der hauptsächlichen ‚vorbeugenden' Methoden, um die kriegerische Kapazität eines Feindes außer Kraft zu setzen, ehe noch ein Konflikt begonnen hat. „*Air Force* LT. Gen. Abe C. Lin, Leiter des Zentrums für Informations- und elektronische Kriegsführung des Verteidigungsministeriums, sagte in einem Interview mit *The Washington Times*, dass die Volksrepublik China eine Vielzahl von Waffen zum Informationskrieg und elektronischem Kampf entwickelt als Vorbereitung auf einen Konflikt mit der Chinesischen Republik, besser bekannt als Taiwan.‟[207]

„'Im Augenblick ist das Internet wie eine Straße mit einer Kamera an jeder Straßenecke. Alles, was man macht, hinterlässt eine Spur', ... Gesetzeshüter, Arbeitgeber und Hacker können mit Leichtigkeit E-Mails und Online-Chats überwachen. Websites von Unternehmen sammeln Informationen über Besucher und verkaufen sie dann an Werbefirmen weiter.‟[208] Und das ist erst der Anfang. Informationskriegsführung gibt es schon und wird sich mit immer schnelleren Schritten weiter entwickeln. Die Sicherheit für die Öffentlichkeit wird sich nur erstellen lassen, wenn die Öffentlichkeit auch darauf besteht und wenn die Regierungen Gesetze verabschieden, die den freien Informationsfluss sichern und die Privatsphäre zusammen mit den nationalen Interessen schützen.

Kapitel 5

Verschiedene Technologien im 21. Jahrhundert

Dieser Teil des Buches wurde geschrieben, um eine Reihe von Technologien im Zusammenhang zu betrachten, die Auswirkungen auf grundlegende Menschenrechte, persönliche Privatsphäre und zahlreiche andere Bereiche haben. Es ist unsere Hoffnung, dass dieses Kapitel eine Debatte über diese Themen anregen wird und dass sich daraus dann leichter eine gesunde Politik in diesen Bereichen entwickeln kann.

In diesem Zusammenhang wird die Frage erörtert, welche Technologien berechtigterweise an Personen angewandt werden dürfen. Es ist wichtig die Auswirkungen dieser Technologien im Licht der anerkannten internationalen Standards im Hinblick auf psychische oder physische Folter zu betrachten. Die „Konvention gegen Folter und andere grausame, unmenschliche oder entwürdigende Behandlung oder Bestrafung. Teil I, Artikel I" liefert eine Definition, die als Leitlinie verwendet werden kann, wenn man die neuen Technologien auf ihre Verwendung bei zivilen oder militärischen Aktionen einschätzen möchte. Die grausame Wirklichkeit ist die, dass auf der ganzen Welt Folter verwendet wird, und die Vereinigten Staaten gehören zu den größten Exporteuren von Geräten, die zu diesem Zweck in Ländern benutzt werden, die als Anwender der Folter bekannt sind. Das wurde bereits in unserem früheren Buch *Freiheit nehmen* (2005 erschienen im Michaels Verlag) erwähnt. Die Definition lautet folgendermaßen:

„Für die Zwecke dieser Konvention bedeutet der Begriff ‚Folter' jede Handlung, durch die starke Schmerzen oder Leid, sei es körperlich oder geistig, absichtlich einer Person zugefügt wird mit dem Ziel, von dieser oder einer dritten Person Informationen oder ein Geständnis zu erlangen, um diese oder eine dritte Person für eine begangene oder vermutlich begangene Tat zu bestrafen oder um diese oder eine dritte Person einzuschüchtern oder zu bedrängen oder aus irgendeinem Grund der Diskriminierung jeglicher Art. Wenn derartiger Schmerz oder derartiges Leiden durch oder auf Veranlassung oder mit der Erlaubnis einer Amtsperson oder einer anderen Person in offizieller Stellung erfolgt, dann schließt es nicht

Schmerz oder Leiden ein, die nur durch rechtliche Maßnahmen, seien sie in der Maßnahme selbst bedingt oder nur zufällig, hervorgerufen wurden."[209]

„Die Menschenrechtsgruppe Amnesty International forderte am Montag eine Verbannung des weltweiten Verkaufs der in Amerika hergestellten Waffen und anderer Ausrüstung, die zur Folterung von Menschen verwendet werden. Mehr als 80 amerikanische Firmen – Hersteller von Elektroschockgeräten mit hoher Voltleistung wie Schockguns und Zwangsjacken – haben im vergangenen Jahrzehnt Ausrüstung verkauft, die bei einigen Gelegenheiten für Folter verwendet wurden, wie es in einem 56-seitigen Amnesty-Bericht mit dem Titel *Stopping the Torture Trade* (Stoppt den Folterhandel) heißt."[210]

Blick auf die Nanotechnologie

„Die ersten Motoren, die aus DNA bestehen, dem Träger der Erbsubstanz, werden heute von einem anglo-amerikanischen Wissenschaftlerteam enthüllt. Die DNA-Motoren, die sich öffnenden und schließenden Zangen ähneln, sind 100.000 Mal kleiner als eine Nadelspitze. Die Techniken, die für ihre Herstellung verwendet werden, können den Weg zu elektronischen Kreisen tausendmal effektiver machen als es die Silikon-Chips von heute sind, sagt das Team von *Bell Labs* und der *University of Oxford*. Die Motoren sind selbständig funktionstüchtig und brauchen für ihre Funktion keine anderen Chemikalien."[211]

„IBM-Physiker gaben heute einen Durchbruch bekannt, der zeigt, dass Stromkreise im Atomarbereich – Millionen Mal kleiner als die Mikroprozessoren von heute – machbar sind und vielleicht sogar die moderne Stromkreistechnik überholt erscheinen lassen. Wenn Futuristen sich als korrekt herausstellen, dann wird die Nanotechnologie letztendlich die Kraft eines Supercomputers in ein so kleines Gerät packen, dass es in Kleidungsstücke hineingewebt, von der Körperwärme mit Energie versorgt oder für hochkomplizierte Diagnosezwecke in den Blutkreislauf einer Person injiziert werden kann."[212]

„Nun, die Miniaturisierung ist ein weiterer exponentieller Trend in der Technologie, und im Augenblick verkleinern wir die Größe der Technologie in jedem Jahrzehnt gerade mit einem Faktor 5,6 in einer linearen Dimension. Weil Nanotechnologie die Fähigkeit der Selbst-Reproduktion hat, wird sie letztendlich in der Lage sein alles zu liefern, was wir in der physikalischen Welt haben wollen. Wenn sie also richtig angewandt wird, kann sie alle unsere Bedürfnisse und Wünsche befriedigen und fantastischen Wohlstand erzeugen. Aber es stecken auch riesige Gefahren in der Nanotechnologie. Selbst-Reproduktion, die Amok läuft, wäre ein nicht-biologischer Krebs, der noch viel zerstörerischer wäre als biologischer Krebs."[213] Nanotechnologie ist eine der Komplementärwissenschaften, die diese Fortschritte vorantreibt, wo nur die Fantasie der Leute der begrenzende Faktor zu sein scheint. Die Idee das nachzumachen, was die Natur tut, von der Manipulation genetischen Materials bis zur Kontrolle kompletter Umweltsysteme, ist jetzt für die Menschheit Wirklichkeit geworden. Sollte es diesen Technologien erlaubt sein, sich ohne öffentliche Information und Diskussion ihrer Auswirkungen für uns alle weiterzuentwickeln? Wie sollte die Wissenschaft vorgehen, wenn wir jetzt die Macht haben, alles zu zerstören, was von irgendjemand geschätzt wird?

Elektromagnetische Pulse – Der Angriff auf die Elektronik

Wir haben uns in den meisten unserer bisherigen Veröffentlichungen auch mit dieser Technologie beschäftigt und haben einen Fortschritt darin zum ersten Mal 1993 vorhergesagt. Die Vorstellung einen Energieschub zu benutzen, um Computer, Waffenkontrollsysteme oder sogar die Zündung von Fahrzeugen außer Funktion zu setzen, wurde von den Vereinigten Staaten und anderen intensiv erforscht. Die Verwendung dieser Systeme hat sich weiterentwickelt, und während ich diese Worte am 21. Januar 2003 schreibe, berichtet CNN eine BBC-Story, in der es heißt, dass die Vereinigten Staaten ein System perfektioniert haben, das als künstliche Blitzschläge bezeichnet wird – im Grunde genommen eine elektromagnetische Pulswaffe (EMP). „Der Kongress wurde von diesen ers-

ten Studien so beunruhigt, dass sie die Einsetzung eines neuen Aus-
schusses bestimmten, dessen Mitglieder von Verteidigungsminister
Rumsfeld demnächst ausgewählt werden, um die Verletzlichkeit der
USA durch derartige Waffen zu untersuchen. Die Arbeit der Rus-
sen auf diesem Gebiet ist die beste auf der Welt, stimmen Experten
überein. Russland hat die besten Physiker der Welt, wenn es um
RF-Waffen und EMP geht, sagte Barry Crane, ein Physiker und
früherer F-4-Pilot, der jetzt am Institut für Verteidigungsanalyse
arbeitet und der die russischen Top-Laboratorien für EMP und Pla-
nungsbüros besucht hat. ‚Viele ihrer besten EMP-Spezialisten arbeiten jetzt unter Vertrag im kommunistischen China', teilt Crane
Insight mit."[214] Diese Systeme werden mit Hilfe von Hinterhof-
experimenten gebaut und überzeugen viele Leute davon, dass es in
diesem Bereich ein hohes Risiko für ernsthafte Probleme gibt.
„Zwei einheimische Waffen, die in der Lage sind Elektronik schmel-
zen und Computer zusammenbrechen zu lassen, wurden auf dem
US-Armeetestgelände Aberdeen in Maryland vorgeführt. Die Tests
wurden von der US-Regierung angefordert um festzustellen, ob billige, aber effektive Radiowellenwaffen mit wenig technischem
Know-how hergestellt werden können."[215]

Manche Leute behaupten sogar, dass diese Angriffe bereits unternommen wurden und auf dem Vormarsch sind. „Cyberwar-Angrif-
fe mit elektromagnetischen Mitteln gegen Elektronik und Computer-
installation dienen dazu, für kürzere oder längere Zeit die Dienstleistung auszuschalten. Einige Berichte aus Europa und den USA
legen nahe, dass es immer wieder zu elektromagnetischen IT-An-
griffen kommt.
Die meisten militärischen Programme sind geheim und die allgemeine Öffentlichkeit weiß wenig über ihren Inhalt, aber wenn die
Technologie Kriminellen und Terroristen zugänglich wird, kann könnte sie direkt auf die infrastrukturellen Elemente unserer Gesellschaft
angewendet werden. Das umfasst Finanzinstitute, Flugzeuge,
Sicherheitsdienste, medizinische Ausrüstung oder Fortbewegungs-
mittel oder anderes, was täglich in unserer Gesellschaft genutzt wird.
Ein wichtiges Kriterium für einen Cyber-Terroristen wäre, dass alle
verwendeten Teile und Materialien so sein müssten, dass sie in je-

der Stadt leicht aufzutreiben sind und dass sie mit konventionellen Anti-Terror-Maßnahmen der Polizei oder der Versicherungsdetektive nicht aufgespürt werden können.

Aus nicht näher genannten Quellen wissen wir, dass viele Nationen uns auf diesem Gebiet weit voraus sind. In der Größe einer kleinen Aktentasche könnte der Generator sehr nahe an ein Zielobjekt herangebracht werden, zum Beispiel an einen Computer auf einem Schreibtisch. 1995 passierte der erste Einsatz der HPM-Technologie durch subversive Kräfte. Tschetschenische Rebellen verwendeten HPM, um das russische Sicherheitssystem außer Kraft zu setzen und sich Zugang zu einem kontrollierten Bereich zu verschaffen."[216] HPM (High Power Microwave, hochenergetische Mikrowelle) ist eine weitere Möglichkeit die gleichen Wirkungen zu erzielen und, wie es bereits von anderen beweisen wurde, sie lässt sich ganz einfach herstellen. Diese Systeme können auf eine Weise konstruiert werden, die für sonst wenig technisch ausgerüstete Feinde nicht schädlich ist, weil diese sich nicht so sehr auf Elektronik verlassen wie komplizierte Wirtschaftssysteme und moderne Militärsysteme. Technisch rückständige Gegner sind nicht auf die gleiche Weise betroffen wie moderne Staaten.

Die Geheimdienstbehörden der USA sind sich der Bedrohung sehr wohl bewusst. Waffenlabors bauen diese Waffen, während sie gleichzeitig an Gegenmaßnahmen und Abschirmmaterialien arbeiten, die die US-Systeme schützen könnten. Wir sind weit davon entfernt, dass solche Schutzmaßnahmen an die Öffentlichkeit verteilt werden könnten, obwohl sie ein großes Potenzial darstellen. In unserer Diskussion um die Gefahren von Mobiltelefonen könnte das zum Beispiel ein Ort für eine zivile Nutzung sein. Die Idee, dass einige der elektromagnetischen Quellen für gesundheitsschädliche Emissionen abgeschirmt und für alle beträchtlich sicherer gemacht werden könnten, sollte mit allerhöchster Priorität verfolgt werden.

Europas Standpunkt zu den neueren Technologien

Wir hatten großartige Gelegenheiten mit europäischen Abgeordneten, Forschern und Medienvertretern zusammenzuarbeiten, als wir versuchten, viele dieser Themen voranzubringen. Unsere frühere Arbeit sollte das Bewusstsein für die Wahrnehmung der Ereignisse schärfen, die höchstwahrscheinlich die Entwicklung dieser Innovationen ohne öffentliche Diskussion beschleunigen würden. Seit den Anschlägen vom 11. September 2001 hat sich das Tempo beschleunigt, und denen, die versuchen den Missbrauch offen zu legen und nationale Interessen zu wahren, wurde Einhalt geboten. Unser Ansatz war der, uns auf die Themen zu beschränken, die der Öffentlichkeit zugänglich sind. Wir haben auch sorgfältig vermieden irgendwelche detaillierten Informationen darüber zu geben, wie diese Geräte gebaut sind. Aufgrund jüngster Ereignisse ist es sogar noch deutlicher geworden, dass eine öffentliche Diskussion notwendig ist. Die europäische Perspektive zu diesen Fragen ist interessant, da die Europäer viel mehr bereit sind sich mit diesen Themen „in aller Öffentlichkeit" zu befassen. Im folgenden werden direkte Zitate aus öffentlichen Verlautbarungen in voller Länge zitiert, um zu zeigen, wie die Europäer darüber denken und welche Bedenken sie haben. Sobald sich Amerikaner dieser Problematik bewusst werden, entwickeln sie zunehmend die gleiche Besorgnis und den Wunsch nach Debatte. Eine neuere Studie zeigt das anschaulich:

„Die Studie stellt in Frage, ob der Status quo beibehalten werden soll, bei dem die Forschungsbemühungen von Seiten der Regierung und der Unternehmen, die oft erst unternommen wurden, nachdem chemisch schädliche Waffen erlaubt waren, als Hauptansatz für die angebliche Harmlosigkeit der Stoffe beibehalten werden soll. Wenn man annimmt, dass verschiedene Staaten innerhalb der EU verschiedene Fortschritte gemacht haben, so gibt es immer noch das Risiko, dass nicht genug auf Gesundheit und Sicherheit geachtet wird, da viele Probleme mit toxischen Chemikalien erst Jahre nach der tatsächlichen Verwendung auftreten. Sowohl Bürger als auch die Verantwortlichen könnten in Zukunft ein legales Anrecht darauf haben, falls erst später wissenschaftliche Bestätigungen der

Sicherheit festgestellt werden. Eine alternative Option wäre es, die Optionen in Betracht zu ziehen, die in einem vorläufigen STOA-Bericht zusammengefasst sind, in dem es heißt, dass alle EU-Mitgliedsstaaten die folgenden Prinzipien übernehmen sollten: Forschung an chemischen Reizstoffen sollte in frei verfügbaren wissenschaftlichen Zeitschriften veröffentlicht werden, ehe sie für jeglichen Einsatz autorisiert werden. Die Sicherheitskriterien für solche Chemikalien sollten so behandelt werden, als handelte es sich um Drogen und nicht um Wirkstoffe zur Kontrolle von Aufständen. Forschung über die angebliche Sicherheit existierender Massenkontrollwaffen und aller zukünftigen Neuerungen bei den Massenkontrollwaffen sollte im öffentlichen Raum diskutiert werden, ehe man eine Entscheidung bezüglich des Einsatzes trifft ...

Die Europäische Union ist angewiesen, die formelle Anfrage der britischen Regierung vom 28. Juli 1997 zu berücksichtigen, in der von allen Mitgliedsstaaten gefordert wird, dass sie dem britischen Beispiel folgen und die notwendigen Maßnahmen ergreifen, um den Export oder die Verschiffung von tragbaren Geräten zu verhindern, die für den Einsatz bei Aufständen oder zur Kontrolle oder zum Selbstschutz gebaut oder dafür umgewandelt wurden und die einen elektrischen Schock erzeugen, einschließlich Elektroschock-Schlagstöcken, Elektroschock-Schutzschilden, Schockguns und Lasern, außerdem auch speziell angefertigte Komponenten für solche Geräte ...

Der Bericht warnt vor einem Einsatz noch wirkungsvollerer Massenkontrollwaffen als feste Bestandteile der Ausrüstung und vor einer Übernahme der US-Strategien bei Organisation, Militarisierung und Marktsituation durch die Europäische Union, ohne dass vorher in der Öffentlichkeit darüber diskutiert wurde. Fragen zur Zuverlässigkeit und Sicherheit gewisser US-Massenkontrollwaffen und – Praktiken sollten vorsichtig werden lassen. Technische Daten in Bezug auf die zweite Generation an Massenkontrollwaffen aus den USA werden in diesem Bericht diskutiert, der die Empfehlung gibt, dass nicht alles wörtlich zu nehmen ist. Alle derartigen Waffen sollten unabhängigen Tests und einer Zulassungsprüfung unterzogen werden, und bevor nicht diese Maßnahmen alle durchgeführt wurden, sollte ein Moratorium in Betracht gezogen werden, dass keine dieser Technologien in das Arsenal des europäischen Militärs oder der Polizei aufgenommen wird. Das würde bedeuten, dass keine der in den USA hergestellten chemischen Wirkstoffe, kinetischen, akustischen und Laserwaffen, elektromagnetischen Frequenzen, sowie jegliche Geräte zur Verhaftung, Behinderung oder Lähmung in Europa eingesetzt werden sollten, es sei denn es existieren legal bindende Garantien über die Sicherheit von Seiten der Behörden, die diese Waffen einsetzen.

Der industrielle Komplex der Militärpolizei hat ein immer größer werdendes Arsenal an neuen Massenkontrollwaffen angesammelt, die das zweifelhafte Versprechen bieten, dass sie noch bessere technische Raffinessen bei sozialen und politischen Problemen bieten können. In der praktischen Anwendung würde das folgendes bedeuten: Da die USA bei der Innovation auf diesem Gebiet führend sind, würde ein fremde amerikanische Polizeikultur in Europa das Sagen in der öffentlichen Ordnung haben. Das würde auch eine Vielzahl unwillkommener Auswirkungen nach sich ziehen, einschließlich einer Eskalation von Konflikten und einer Lockerung der Unterstützung seitens der Gemeinwesen für die Polizei. Gesellschaftlich sensiblere Alternativen müssen gefunden werden, aber es gibt ganz offensichtliche Gefahren, wenn man eine technische Ausrichtung durch eine andere ersetzt.

Der Bericht stellt auch in Frage, ob CCTV-Kameras in allen europäischen Städten verwendet werden könnten, um einen abschreckenden Effekt zu erzielen und um damit mögliche Aufständische davon abzuhalten, zivile Unruhen auszulösen. Die Frage ist, ob diese Kameras ein Ersatz für Massenkontrollwaffen sein können. (Das System basiert auf algorithmischen Gesichtserkennungssystemen, die mit den Netzwerken verbunden sind, die man dann dazu verwenden könnte, um die Übeltäter zu verfolgen und ausfindig zu machen.) Das Problem mit dieser Möglichkeit ist, dass es kein Eingreifen bei Echtzeit zulässt, um Unruhe gleich im Keim zu ersticken, ehe sie wirklich ausbricht. Erfahrungen in den Ländern, die bereits umfangreiche Überwachung in den Stadtzentren haben, wie es in Großbritannien der Fall ist, zeigen, dass sowohl CCTV als auch Taktiken und Technologien der öffentlichen Ordnung eingesetzt werden und nicht entweder–oder. Unruhestifter haben gelernt, ihre Gesichter zu verbergen und operieren außerhalb der Reichweite der Kameras. Die andere Gefahr hierbei ist natürlich, dass ein Netzwerk der Massenüberwachung geschaffen wird, das für ganz andere Zwecke genutzt werden könnte, als es ursprünglich gedacht war. Diese Systeme effektiv einzusetzen würde bedeuten, dass die gesamte Gesellschaft unter ständige Bewachung gestellt wird. Damit müsste man ein dauerhaft angenehmes Niveau an politischer Stabilität voraussetzen, das auf lange Sicht kaum existiert, nicht einmal in Europa.

Der Einsatz von OC (Pfeffergas) sollte in ganz Europa verboten werden, bis unabhängige Forschung die Risiken für die Gesundheit umfangreicher eingeschätzt hat. Eine weitere Vorsichtsmaßnahme wäre es die Mitgliedsstaaten anzuhalten die Gesundheitsberichte aller, die vom Spray betroffen waren und eine medizinische Behandlung brauchten, für den Fall zu erfassen, dass in Zukunft Gesundheitsprobleme auftreten.

Natürlich könnte man auch so weitermachen wie bisher. Damit könnten möglicherweise tödliche Massenkontrollwaffen in unseren Straßen verwendet werden, die aufgrund ihrer Ungenauigkeit unschuldige Passanten, Kinder usw. treffen könnten. Allerdings hat keiner der europäischen Staaten die Todesstrafe für Verstöße gegen die öffentliche Ordnung.

Neue gesetzliche Limits, wie sie von der Patten-Kommission in Nordirland vorgeschlagen wurden, sollten in sich unsichere Technologie beschränken, die aufgrund ihrer technischen und baulichen Charakteristika in vielen der realistischen einsatzmäßigen Umstände letal sein könnten. Jede kinetische Angriffswaffe mit einer Energie von mehr als 122 Joule sollte als tödliche Feuerwaffe betrachtet und ihre Verwendung als illegal angesehen werden, wenn auch die Verwendung von letalen Feuerwaffen im gleichen Kontext als illegal angesehen wird. Das wäre zum Beispiel der Fall, wenn unschuldige Passanten zu Zielscheiben würden. In diesem Zusammenhang sollten Schritte unternommen werden, um sicher zu stellen, dass jegliche kinetische Energiemunition ballistisch auf die Waffe und die Sicherheitseinheit zurückzuverfolgen ist.

Während angeblich nicht letale Massenkontrollwaffen in den vergangenen Jahren immer mehr Bedeutung gewannen als Werkzeuge für die Behandlung derzeitiger interner Sicherheitsansprüche, gab es im 20. Jahrhundert eine lang andauernde Suche nach solchen Waffen, wie sie in den früheren europäischen Kolonien verwendet wurden. Historische Beispiele umfassen das so genannte Tränengas, Holz- und Gummigeschosse, elektrische Viehknüppel und Wasserwerfer, die von den britischen Kolonialmächten in Zypern und Hongkong verwendet wurden. Dort wurden auch neue Aufstandskontrolltechniken entwickelt. Der frühere STOA-Bericht zu diesem Thema betonte, dass neue Massenkontrolltechniken nicht nur die Hardware oder die Geräte zur technischen Durchführung umfassten, sondern auch die Software – die standardmäßigen Prozeduren, Routinen, Fähigkeiten und damit zusammenhängenden Taktiken für die Anwendung von Massenkontrollwaffen in der Öffentlichkeit. So können diese Aufruhr-Kontrolltaktiken selbst als eine Technologie betrachtet werden, die sich verbessern und übertragen lässt und aus einem Spektrum an Möglichkeiten besteht mit steigerungsfähigen Ebenen der Anwendung. Viele dieser Aufruhrkontrolltechniken wurden weiter systematisiert, so dass sie zu kollektiven Taktiken wurden, das heißt man verwendete Keile, Schilde, Schlagstöcke, Pferde und andere Waffen, die formell als militärische Ausrüstung galten. Es ist inzwischen weit und breit anerkannt, dass dieser Prozess die Polizei militarisieren kann, so dass sich Spezial-Waffen- und Taktik-Einheiten bilden, wie beispielsweise die Grenzschutztruppen in Deutschland, die Gendarmerien in Frankreich, die Carabiniere in Italien, die Spezialpatrouille und Taktikgruppen in Großbritannien sowie FBI, DEA und BATF in den USA. Solche Gruppen unternehmen taktisches Training, das ihren militärischen Vorbildern ähnelt, wenn sie nicht in Kriegshandlungen verwickelt sind, und sie wenden die gleichen Waffentechnologien an. Die Nützlichkeit dieser Art der Technologie stammt von der Flexibilität, die sie angeblich den Staaten bietet, wenn bei Operationen für die öffentliche Ordnung Gewalt angewandt wird, sei sie nun von der Polizei, dem Militär oder einer anderen Macht organisiert.

Der derzeitige Markt der Massenkontrollwaffen deckt alles ab vom einfachen Knüppel über Schlagstock mit Seitengriff, Schutzschild, kinetischer Angriffswaffe wie Gummi- oder PVC-Schlagstock und Waffen mit Einzel- oder Mehrfachschuss. Außerdem gibt es Wasserwerfer, die so ausgestattet wurden, dass sie Wasserstöße oder Wasserprojektile, Markierfarben und eine Reihe von chemischen Wirkstoffen zur Bestrafung von Demonstranten gezielt abgeben können. Daneben gibt es Betäubungsgranaten, eine große Bandbreite von Granaten mit chemischen Reizstoffen, Tränengasprojektile, Aerosole und Sprayvorrichtungen (jedoch alle auf der Basis von fünf Chemikalien, und zwar CAS, CN, CR, OC und Pava). Auf dem Markt sind auch eine Reihe von Elektroschockwaffen einschließlich der 50.000-Volt-Schutzschilde und Schockstöcke, die in der Hand gehalten werden und die von 50.000 bis 400.000 Volt variieren können.

Chemische Waffen, die im Gesetzesvollzug eingesetzt werden, bestehen aus einer Chemikalie, die handlungsunfähig macht, und einem Verteilermechanismus. Es gibt natürlich Schwierigkeiten, wenn eine Chemikalie, die bereits bei sehr geringer Dosis eine hohe Wirkung erzielt, auch über sehr niedrige Giftigkeit verfügen soll. Intensive Arbeit daran begann in den 1950er Jahren, besonders in den USA und in Großbritannien, die ihre Erkenntnisse über chemische und biologische Waffen (CBW) austauschten. 1956 erklärte das britische Kriegsministerium die Notwendigkeit für eine chemische Waffe, die in der Lage ist fanatische Aufständische zurückzutreiben, was zur Einführung von CS (damals mit der Codenummer T792) für den Einsatz in den Kolonien Zypern und Britisch-Guyana führte. 1958 wurde in den USA eine Einsatztruppe für CBW gebildet. Das US-Chemie-Corps empfahl zwei CW-Wirkstoffe, und zwar CS und den Brechreiz-Wirkstoff DM, während sie Senfgas als hauptsächlich nicht tödlichen Wirkstoff bezeichneten. Man begann auch mit der Suche nach chemischen Stoffen, besonders nach nicht-letalen dauerhaften Stoffen, die in der Lage sind durch die Haut hindurch anzugreifen und eine Wirkung von einer bis zu drei Wochen haben können. Heute erlaubt die Chemiewaffenkonvention die Verwendung von Tränengas und anderen toxischen Chemikalien, die vorübergehend außer Gefecht setzen und ihrer Vorgänger für den Einsatz im Gesetzesvollzug und zu Zwecken der Kontrolle der öffentlichen Ordnung (die nicht näher definiert ist), solange die in Liste 1 der Konvention verzeichneten Chemikalien nicht verwendet werden. Diese Bestimmung lässt DM nicht zu, das eine giftige Substanz ist, die auf Arsen basiert, die früher von verschiedenen Ländern außerhalb der EU benutzt wurde, vor allem von Südafrika, das heimlich die Verwendung von MDMA (Ecstasy) als Massenkontrollsubstanz erforschte.

Es sollte daran erinnert werden, dass die USA für die Chemiewaffenkonvention unterschiedliche Definitionen verwenden in Bezug auf das, was zulässig ist und was bei der Kontrolle von Aufruhren im allgemeinen Rahmen der Konvention ausgeschlossen wird. In der Ausführungsbestimmung Nr. 11850 vom April 1974 werden vier Beispiele angegeben, wo die USA Kontrollwirkstoffe verwenden darf: (a) in Situationen der Aufruhrkontrolle unter direkter und ausdrücklicher Kontrolle des US-Militärs um aufständische Kriegsgefangene unter Kontrolle zu halten; (b) in Situationen, in denen Zivilpersonen dazu verwendet werden, Angriffe zu kaschieren oder abzuschirmen, damit in so einem Fall die Opfer in der Zivilbevölkerung reduziert oder vermieden werden können; (c) bei Rettungsaktionen in entfernten und isolierten Gegenden, wenn abgestürzte Mannschaften und Passagiere oder entflohene Gefangene gerettet werden müssen; (d) in Gebieten außerhalb der direkten Kampfzone, um Konvois gegen zivile Störungen, Terroristen oder paramilitärische Organisationen zu schützen. Man braucht nicht besonders viel Phantasie um sich vorzustellen, dass die USA vielleicht auf die Idee kommen, es könnte legitim sein neue Wirkstoffe und Systeme zur Zerstreuung von Massen anzuwenden. Denn es gibt keine Definition für heimische Kontrolle von Aufständen und Gesetzesvollzug durch die Konvention bei Operationen, die keine Kriegshandlungen sind, sondern zum Beispiel Friedensmissionen. 1991 hatte die US Army angeblich ein neues Gerät, das eine wirkungsvolle Kontrolle bei Aufständen darstellen könnte. Die Army gab an, dass eine Gruppe von Stoffen ausgewählt worden war und dass mögliche Analogstoffe derzeit daraufhin untersucht würden, ob man sie in der Anfangsphase eines Konflikts einsetzen könnte. Es ist wahrscheinlich, dass diese Wirkstoffe zur Familie der Fentanyle gehören. Unter den Umständen eines Einsatzes ist es sehr schwierig die Menge der jeweiligen Aufnahme durch eine Peson zu kontrollieren, und was eine Person in Schlaf versetzt, kann bei einer anderen Person bereits eine tödliche Dosis sein. Bei Verwendung zusammen mit tödlichen Waffen oder bei einer fliehenden Volksmasse, könnten zusätzliche Verletzungen durch Stürze oder Quetschungen oder einfach dadurch vorkommen, dass man ein nicht bewegliches Ziel für einen nervösen Rekruten darstellt, der das Schlimmste befürchtet. Der Krieg im früheren Jugoslawien hat gezeigt, wie Menschen, die an ethnischen Konflikten beteiligt sind, Massenvergewaltigungen als Waffe einsetzen. Unbeweglich machende Chemikalien könnten bei solchem Vorgehen leicht eine Ergänzung darstellen, allerdings eine, die nur wenige Kommandierende je zugestehen würden.

Steuerbare Energiewaffen – diese Waffen haben die hitzigste Debatte hervorgerufen. Einige Varianten wie die isotropischen Radiatoren kamen als rundumausgerichtete Laser auf den Markt, bei denen eine präzise Zielfindung unmöglich ist. Sie werden als billige Blendgeräte gegen Leute und Optik angepriesen, aber über die technischen Daten ist nur wenig bekannt geworden. Andere besser ausgerichtete Laser wurden als Blendgeräte benutzt, zum Beispiel das System Saber 203 der USAF, von dem Prototypen von den *US-Marines* in Somalia eingesetzt wurden. Blendende Laserwaffen wurden durch die entsprechende Konvention verboten. Auch nach diesem Vertrag wird ihr Einsatz trotzdem weiterhin für den Gesetzesvollzug vorangetrieben. Eine kürzlich herausgebrachte Neuerung verwendete UV-Laser, die die Luft derart ionisieren können, dass eine elektrische Ladung transportiert werden kann. Das macht es möglich, dass über eine gewisse Entfernung ein Elektroschock verabreicht werden kann, so dass die Muskeln gelähmt werden. Ein voll arbeitender Prototyp ist noch nicht entwickelt, aber das Prinzip wurde bereits erfolgreich getestet. Verwendet wurde an der *University of California* in San Diego dabei ein Lumonics Hyper-X 400. Weitere Energiewaffen werden erforscht. 1997 identifizierte zum Beispiel Edward Scannel vom *US Army Laboratory* eine Vortex-Ring-Waffe. Diese Waffe erzeugt Wirbel für die Abgabe von Impuls- oder chemischer Wirkung und lässt vielerlei hochenergetische akustische Technologie zu. Die Fachliteratur spricht von akustischen Geschossen, Strahlen und Druckwellenprojektoren. Kommentare zu akustischen Waffen deuteten an, dass sie einstellbar sind und einen direkten Energiestrahl von 90 bis 120 Dezibel abgeben können. Damit können extreme Werte von Verärgerung und Ablenkung erzeugt werden. Das kann hinaufgehen bis auf 140-159 Dezibel, wo bereits starke körperliche Gewebeschädigungen entstehen können. Bei einem Niveau von Schockwellen von mehr als 170 Dezibel entsteht ein augenblickliches Druckwellentrauma, das tödlich sein kann.

Derzeitig führend in der akustischen Technologie in den USA ist eine kleine Firma in Huntington Beach, Kalifornien, mit dem Namen *Scientific Applications and Research Associates*, die angeblich Wirbel hergestellt hat, die ganze Gegenden unzugänglich machen können. Trotz der Behauptungen, dass starke Infra-Sound-Waffen in der Lage sind Leute zum Erbrechen und zu Durchfall zu bringen, behauptete Jürgen Altman von der Universität Dortmund auf der Janes-Konferenz 1999 zum Thema „Feldwaffen für das neue Millennium", dass solche Behauptungen auf einer Physik basierten, wie wir sie noch nicht kennen. In einer detaillierteren technischen Studie liefert Altman einen heftig diskutierten Fall, der bezweifeln lässt, ob diese Waffen aus technischer Sicht über eine längere Distanz überhaupt funktionieren. Auf kürzere Distanz mit explosiv angetriebenen starken Schallwellen sollten diese Waffen unter das Waffenverbot fallen, da sie einen besonderen Aspekt der menschlichen Anatomie anzielen. Die kontroverseste nicht-letale Massenkontroll- und Anti-Material-Technologie, die von den USA vorgeschlagen wird, ist die so genannte Radio-Frequenz-Waffe, die angeblich das menschliche Verhalten auf vielerlei Weise beeinflussen kann. Einige Mikrowellensysteme können die Körpertemperatur auf 105 bis

107 Grad Fahrenheit anheben, so dass eine behindernde Wirkung entsteht, die dem Prinzip des Mikrowellenofens entspricht. Die größte Besorgnis herrscht jedoch bei Systemen, die direkt mit dem menschlichen Nervensystem interagieren können. Es gibt viele Berichte über so genannte psychotronische Waffen, die über den Umgang dieser Studie hinausgehen. Eine Anmerkung soll allerdings dazu gemacht werden. Die Forschungsarbeit, die bisher in den USA und Russland dazu durchgeführt wurde, kann in zwei verwandte Bereiche aufgeteilt werden: (i) individuelle Bewusstseinskontrolle und (ii) Massenkontrolle.

Es ist allgemein bekannt, dass die USA in der Vergangenheit eine Reihe von Bewusstseinskontrollprogrammen wie MKULTRA und MKDELTA unternommen hat, außerdem wurde bei PANDORA elektromagnetische Strahlung eingesetzt, die seit vielen Jahren im Zentrum des Interesses bei Forschern steht. Erst in letzter Zeit haben Autoren wie Begich und Roderick bedeutende Durchbrüche aufgedeckt, wie das Militär mit hochfrequenter elektromagnetischer Technologie das menschliche Verhalten manipulieren kann. Von den Militärbehörden in den USA wird zugegeben, dass es Forschungsprogramme unter Verwendung der so genannten steuerbaren Energiewaffen zum Einsatz gegen Personen und Material gibt, die jetzt in die Prototypenphase gehen. Die Verwendung des Militärs für solche Waffen liegt darin, dass sie einstellbar sind, eine Notwendigkeit, die als Teil der neuen US-Militär-Interventionsdoktrin der so genannten stufenweisen Verteidigung auftritt. Das bedeutet in der Praxis ein Risiko im Zwiebelstil. Wenn irgendjemand mit der äußeren Schale in Kontakt tritt, dann kann ihm schlecht werden oder er wird gelähmt. Sobald er in tiefere Schichten eintritt, dann kann er körperlich geschädigt, behindert oder dauerhaft verstümmelt werden, während die Kernzone von letaler Technologie geschützt wird, mit der ein Kontakt tödlich endet.

Universelle Erklärung zum menschlichen Genom, den Menschenrechten und genetischen Waffen.
Die Forschung am menschlichen Genom ist ein Bereich mit schneller Erneuerung. Die wissenschaftliche Entwicklung macht

möglicherweise ehrfurchtgebietende Kapazitäten verfügbar, mit denen der Staat das Verhalten in Menschenmengen manipulieren und steuern kann. Wichtige Ansätze sind das *Human Genome Project* und das *Human Diversity Project*, die das Potenzial haben, rassenspezifische Kontrollfunktionen zu erlassen und Waffen zu schaffen, die ein erhöhtes Niveau von Angst und Unterwerfung schaffen. Internationale Abkommen existieren bereits, die versuchen den Missbrauch solcher Neuerungen zu verhindern, zum Beispiel die Universale Erklärung zum Genom und zu Menschenrechten, die von UNSEEN am 11. November 1997 übernommen wurde. Derartige Gesetzgebungen müssen effektiver werden, besonders wenn es darum geht, relativ fremdartige US-Konzepte zur Massenkontrolle (unter Verwendung von Technologien, die praktisch in ihren nationalen Atomlabors zusammengekocht wurden) zu importieren. Die europäischen demokratischen Traditionen sind ganz anders. Optionen und Mechanismen sind vorhanden, auf deren Grundlage die Gesetzgebung viel effektiver im Hinblick auf die Regulierung der entsprechenden Verwendung der Massenkontrollwaffen wären. Auch könnte ein Missbrauch solcher Systeme, die die Menschenrechte im großen Stil verletzen, weiter eingeschränkt werden.

Designer-Biowaffen für eine selektive Massenkontrolle. Die rapide Veränderung in der Biotechnologie und in der genetischen Forschung revolutioniert bereits die Medizin und die Landwirtschaft. Relativ wenig Aufmerksamkeit wird jedoch den möglicherweise bösartigen Verwendungen als chirurgisch verwendbare Zukunftstechnologien der politischen Kontrolle geschenkt. Diese Möglichkeit eines negativen Durchbruchs wurde in den frühen 90er Jahren erkannt, als wichtige Fortschritte beim menschlichen Genomprojekt (einschließlich der Entschlüsselung von drei Milliarden menschlichen DNA-Paaren) und beim *Human Diversity Project* (das die genetische Basis für rassische Unterschiede untersuchte) bereits sichtbar wurden. Während die Idee genetischer Waffen nicht neu ist, dachte man früher, dass eine genau Zielfindung unmöglich sei, weil Menschen genetisch so ähnlich sind. Das *Human Diversity Project*, das genetisches Material von 500 Volksgruppen auf der ganzen Welt speichert, hat jedoch wichtige Unterschiede bei den

Blutgruppenproteinen festgestellt. Diese Unterschiede scheinen jetzt auszureichen, um entweder genetisch veränderte Organismen oder Giftstoffe, die ein spezielles genetisches Merkmal tragen, einzusetzen. Nimmt man die heterogene Natur vieler Völkerschaften wie beispielsweise in den USA, dann könnten nur bestimmte politische Bereiche und Grenzen zum Ziel genommen werden ohne Risiko, dass damit Freunde getroffen werden. Die biotechnologische Revolution wird unserem Verständnis und unserer Fähigkeit in Lebensprozesse einzugreifen enorme Vorteile bringen. Viele Handelsaktivitäten werden durch die Forschung verändert werden, wie zum Beispiel dass Medikamente genau auf die menschlichen Empfänger zugeschnitten produziert werden, wenn man weiß, wie die metabolischen Pfade im Körper laufen. Ein Indikator für die ehrfurchtgebietende Veränderungsrate auf diesem Gebiet ist die enorm gesteigerte Zahl der Patentanträge beim US-Patentamt nach Sequenzen der Kernsäuren: 1991 waren es 4000, 1996 bereits 500.000. Multinationale Pharmakonzerne überprüfen derzeit komplett jede der Nukleotiden für jede menschliche Genomgruppe. Ein wichtiger Antrieb ist die drohende Krebsgefahr: einige Gene steigern das Zellwachstum, einige Gene verhindern das Zellwachstum.

Der Heilige Gral dieser Forschung ist es, ein biochemisches Mittel zu finden, das in Krebszellen eindringen kann, das Zellwachstum korrigieren und dann stoppen kann. Die Kehrseite dieser Forschung ist jedoch, dass man die Kenntnis erhält, wie es auch andersherum funktionieren kann. Während sich die Daten über menschliche Rezeptoren vervielfachen, steigt entsprechend das Risiko von Durchbrüchen mit bösartiger Zielsetzung von geeigneten Mikroorganismen entweder auf Zellmembranniveau oder per Virenvektoren. Die Entwicklung solcher genetischer Waffen ist derzeit unter der Konvention für Biologische und toxische Waffen (BTWC) von 1972 verboten, außerdem durch die Genfer Konvention von 1925 und die Völkermordkonvention von 1948 geächtet. Allerdings gibt es derzeit keine Umsetzungsbestimmungen, es handelt sich um freiwillige Abkommen. Das Auftauchen von Pfeffergas als Waffe für die Massenkontrolle ist ein wichtiger Punkt – als Pflanzengift fällt es unter die BTWC, ist aber in Bezug auf interne Sicherheitsoperationen durch das Sicherheitsnetz geschlüpft. Andere natürliche und synthetische Giftstoffe, die für solche Zwecke verwendet werden, können sogar noch gefährlicher sein, besonders wenn sie künstlich erzeugt werden. Es wurden bereits die Eigenschaften von Saxitoxin, verboten nach CWC, und des Bio-Regulators Endthelia (der ein sehr wirkungsvoller Blocker in Blutbahnen ist und Aneurysmen erzeugen kann) festgestellt. Es ist nicht von der Hand zu weisen, dass diese Anwendungen einen Missbrauch bei der Massenkontrolle ermöglichen. Es sollte ein Paket von Bestimmungen geben, das die Verwendung solcher aktueller Kenntnisse der Lebensprozesse für den Einsatz bei menschlicher Manipulation und Kontrolle regelt. Das Thema ist zu komplex, als dass es von dieser Studie umfassend behandelt werden könnte, aber die Entwicklungen in der Biotechnologie, die zu einer dritten Generation von Mitteln zur Manipulation menschlichen Verhaltens führen, verdienen eine eigenständige Studie durch Spezialisten. Wenn eine solche Studie vor der BTWC-Konferenz 2001 abgeschlossen wäre, könnte sie dazu beitragen, dass ein größeres wissenschaftliches Wissen zu diesen Themen entsteht und dass weiterhin ein stärkere Unterstützung für die Konvention möglich gemacht wird.

Andere Kritiker sagen, dass die Vorstellung eines sanften Tötens eine Täuschung ist. Die wissenschaftliche Organisation Pugwash, die den Nobelpreis gewonnen hat, kam zu der Schlussfolgerung, dass der Begriff nicht-letal getilgt werden sollte, nicht nur weil er ein weites Feld verschiedener Waffen umfasst, sondern auch weil er gefährlich irreführend ist. In Kampfsituationen werden weniger letale Waffen wahrscheinlich so eingesetzt, dass sie mit anderen Waffen kombiniert werden, so dass die Tödlichkeit insgesamt gesteigert wird. Waffen, die ursprünglich für konventionelle militärische Einsätze oder Friedensmissionen entwickelt wurden, werden wahrscheinlich dann von brutalen Regierungen auch in Bürgerkriegen oder für die Unterdrückung eingesetzt. Waffen, die für polizeiliche Nutzung entwickelt wurden, könnten die Militarisierung der Polizeikräfte ermutigen oder für Folter verwendet werden. Wenn ein allgemeiner Begriff nötig ist, dann wäre weniger tödlich oder prä-tödlich besser. Die Realität kann wirklich weit von nicht tödlich entfernt sein. Eine derzeitige und zukünftige Domäne dieser Waffen-technik ist bei internen Sicherheitsoperationen, wo autoritäre Re-gime mit neuen Waffen zur Zermalmung von Widerstand ausge-stattet werden. Bei der Folter haben Varianten von weniger letalen Lähmungs-Elektroschock-Waffen ihre Verwendung gefunden.

Die neuen Waffen bieten möglicherweise den Folterstaaten ein er-schreckendes Arsenal an repressiven Instrumenten. Während der Geist der fortschrittlichen Massenkontrollwaffen vermutlich nicht mehr zurück in seine Flasche geht, gibt es immer noch Zeit für die Europäische Union, dauerhafte und angemessene Strukturen der Verantwortlichkeit zu bilden. Pugwash überlegte, dass jede der neuen weniger letalen Waffentechnologien eine dringende Untersuchung erforderte und dass ihre Entwicklung oder Einführung ein Thema für eine öffentliche Diskussion sein sollte. Der Prozess sollte trans-parent, anpassungsfähig und offen für öffentliche und politische Überprüfung sein. Jede Technologie, die sich als äußerste verlet-zend, grausam, unmenschlich oder zu umfassend erweist, sollte ent-weder verboten oder streng demokratisch kontrolliert werden."[217]

Nicht-letale Waffen?

Diese neuen Waffen sind in der Theorie gesehen humaner und tö-ten nicht einfach, aber es gibt eine Menge Verwirrung rund um diese Systeme. Einer der Hauptpunkte liegt am Namen selbst: „nicht letale" oder „weniger als letale" Waffen. Diese Namen deuten an, dass diese neuen Systeme vorübergehend schädigen, nicht töten, während die Realität ein ganz anderes Bild zeigt. Unschädlich ma-chendes Gas ist eines der umstrittenen Themen, wie seit Jahren von Forschern deutlich gemacht wird. Gas kann Atembeschwerden auslösen, die zum Tod führen, und das ist bei vielen Gelegenheiten auch schon passiert. Das dramatischste Beispiel war Ende des Jah-res 2002, als russische Streitkräfte Gas einsetzten, um die tschetschenischen Rebellen aus einem Theater in Moskau zu ver-treiben. Dabei kam es zu über hundert Toten, die meisten von ihnen zivile Geiseln.

Die Definition einer nicht letalen Waffe hat die Aufmerksamkeit vieler Leute auf sich gezogen und führte zu bizarren Äußerungen. Die verrückteste und dümmste Definition, die geprägt wurde, stammt unserer Meinung nach von Dr. Edward Teller, einem der Hauptbefürworter für Nukleartechnik und Atomwaffen. Er hat eine ganz andere Ansicht:

„Natürlich hat nicht jeder die gleiche Vorstellung davon, was ‚nicht letal' bedeutet. Auf einer Konferenz, die zum Thema nicht letale Waffen in der Nähe von Washington, D.C., im vergangenen November abgehalten wurde, beschrieb Edward Teller Mini-Nuklearwaffen, die dazu verwendet wurden, um feindliches Territorium zu bombardieren und Straßen, Brücken und Kommunikationssysteme zu zerstören, als nicht letal (*New Scientist*, 11. Dezember 1993). Teller teilte der Konferenz mit, dass in dem Fall, dass die Zivilbevölkerung vor dem Abwerfen der Bombe gewarnt würde, ‚ein Plan dieser Art ohne einen einzigen Verletzten ausgeführt werden könnte'. Teller ist eifrig dabei Babybomben zu entwickeln, von denen er sagt, dass sie in drei Jahren und zum Preis von nur ‚ein paar hundert Millionen Dollar' zu haben sein könnten."[218]

Bei der Vorbereitung einer Widerstandstruppe für einen möglichen Konflikt mit dem Irak begannen die Vereinigten Staaten mit dem Training in nicht letalen Techniken, zu denen auch die Verwendung ganz letaler Systeme gehörte. Warum wird die Öffentlichkeit auf diesem Gebiet in die Irre geführt? Warum wird nicht die Realität anerkannt und gesagt, was wirklich getan wird? „Das Training der ersten Gruppe mit Mitgliedern des irakischen Nationalkongresses, der in London sitzt, wird nächsten Monat in einer Militäreinrichtung in College Station, Texas, beginnen. Der Fünf-Tages-Kurs wird Anleitung an solchen Waffen wie der halbautomatischen Kalaschnikow, der 12-kalibrigen Schusswaffe und anderer Feuerwaffen geben. US-Offiziere sagten, dass die Regierung Bush ihre frühere Politik nicht geändert hat und den Kurs als nicht letal bezeichnete."[219]

Eine andere und vielleicht vollständigere Definition wurde vom Verteidigungsministerium im Jahr 1996 herausgegeben:

Thema: Der Einsatz nicht letaler Waffen

C. Definition.

Nicht letale Waffen, die ausdrücklich gebaut und hauptsächlich eingesetzt werden, um Personen oder Material außer Funktion zu setzen, während Tötung, dauerhafte Verletzung von Personen und unerwünschte Schädigung von Eigentum und der Umwelt so gering wie möglich gehalten werden.

1. Anders als bei konventionellen letalen Waffen, die ihre Ziele hauptsächlich durch Explosion, Durchdringung oder Zerstückelung zerstören, wenden nicht letale Waffen andere Mittel an als umfangreiche Zerstörung, um das Ziel in seiner Funktion zu behindern.
2. Nicht letale Waffen sollen eines oder beide der folgenden Charakteristika haben:
a. Sie haben relativ reversible Wirkungen auf Personen und Material.
b. Sie haben unterschiedliche Auswirkungen auf Objekte in ihrem Einflussbereich.

D. Vorgehensweise

Es ist die Politik des DoD, dass
1. nicht letale Waffen, Doktrinen und Operationskonzepte dazu gedacht sind, die Abschreckung zu verstärken und den Bereich der Optionen zu erweitern, die den Kommandierenden zur Verfügung stehen.
2. nicht letale Waffen die Kapazität der US-Truppen steigern sollen, um folgende Ziele verfolgen zu können:
a. Entmutigen, verzögern oder verhindern feindlicher Aktionen.
b. Begrenzen der Eskalation.
c. Ausführen militärischer Aktionen in Situationen, wo die Verwendung letaler Kräfte nicht die bevorzugte Option ist.
d. Besserer Schutz für unsere Truppen.
e. Vorübergehendes Ausschalten von Ausrüstung, Einrichtungen und Personal.
3. Nicht letale Waffen sollen auch so gebaut sein, dass sie dabei helfen die Wiederaufbaukosten nach einen Konflikt zu senken.

4. Die Verfügbarkeit nicht letaler Waffen soll nicht die Autorität und Verpflichtung eines Kommandierenden einschränken, alle nötigen und verfügbaren Mittel einzusetzen und jegliche angemessene Aktion der Selbstverteidigung in die Tat umzusetzen.

5. Weder das Vorhandensein noch die mögliche Wirkung nicht letaler Waffen soll eine Verpflichtung für ihre Anwendung oder einen höheren Standard für das Anwenden von Gewalt darstellen, als es im vorhandenen Gesetz festgelegt ist. In allen Fällen behalten die Vereinigten Staaten die Option für eine sofortige Verwendung letaler Waffen, wenn es angemessen und mit den internationalen Gesetzen in Übereinstimmung ist.

6. Nicht letale Waffen sollen nicht notwendigerweise eine Nullwahrscheinlichkeit für das Vorkommen von Todesfällen oder dauerhaften Verletzungen haben. Während jedoch die vollständige Vermeidung solcher Wirkungen bei korrekter Anwendung nicht garantiert oder erwartet wird, sollten nicht letale Waffen diese Wirkungen bedeutend im Vergleich reduzieren, wenn das gleiche Ziel physisch zerstört wird.

7. Nicht letale Waffen können in Verbindung mit letalen Waffensystemen verwendet werden, um die Effektivität der letzteren und die Wirksamkeit der militärischen Operationen zu verstärken. Das soll über die Bandbreite der Militäroperationen anwendbar sein einschließlich solcher Situationen, wo überwältigende Truppenstärke angewandt wird."[220]

Die Vorstellung, dass Krieg nicht letal sein kann, ist in näherer oder fernerer Zukunft keine wahrscheinliche Realität. „Krieg ist immer noch der Ort, wo Tod und Leben stattfinden, wo es den Pfad des Überlebens und der Vernichtung gibt, und wo nicht einmal die kleinste Unschuld toleriert wird. Sogar wenn eines Tages alle Waffen völlig human sein werden, dann ist ein Krieg, in dem Blutvergießen vielleicht vermieden wird, immer noch ein Krieg. Es mag das grausame Vorgehen des Krieges verändert werden, aber es gibt keinen Weg, um die Essenz des Krieges zu verändern, und das ist der Zwang. Deshalb kann das grausame Ergebnis des Krieges niemals verändert werden."[221] Krieg ist todbringend und das Ergebnis ist der Tod. Die Verwendung jeglicher Technologie sollte mit Sorgfalt abgewogen werden um sicher zu stellen, dass sie auf eine Weise Verwendung findet, die den menschlichen Werten im Kontext militärischer Missionen entspricht.

Die *US Air Force* ist sich der Risiken und Unwägbarkeiten bewusst, die sich durch einen Einsatz dieser Art Systeme ergibt, und doch vermeidet sie, diese Information in ihren öffentlichen Bekanntmachungen über diese Systeme einzubinden. „Aufgrund der biologischen Variabilität wird es immer eine Ungewissheit geben, wenn man die biologischen Reaktionen auf nicht letale Waffen voraussagt. Sogar bei der derzeitigen menschlichen Bevölkerung, wie beispielsweise bei einer Gruppe junger erwachsener Männer, gibt es Variabilität der Reaktionen auf die gleichen Stimuli. Wenn sich die Verschiedenheit der Leute steigert, indem zum Beispiel Personen mit Unterschieden bei Größe, Alter, Gewicht, Gebrechlichkeit, Gesundheit und Geschlecht hinzugefügt werden, so wird sich die unterschiedliche Reaktion auf die meisten nicht letalen Waffen bei der Bevölkerung ebenfalls ändern."[222] Dieser Punkt, der vom Militär angesprochen wird, ist das Herzstück der Schwierigkeit bei der Voraussage von Auswirkungen – für den einen sind die Wirkungen nicht letal, für einen anderen sind sie der Auftakt zu einem Begräbnis.

Die Vereinigten Staaten bauen und entwickeln weiterhin ihre Programme, und John Alexander steht weiterhin an der Spitze der Werbung für diese Technologien. „Nicht letale Verteidigung III ist als Reaktion auf die Erfordernisse gedacht, die in Nicht letale Verteidigung II, abgehalten am 6.-7. März 1996 in Arlington, Virginia, formuliert wurden. Damals diskutierten erfahrene Verteidigungs- und Gesetzesvollzugsbeamte, was sie für einen dringenden Bedarf für Forschung, Entwicklung und Ankauf neuer nicht letaler Waffen hielten. Seitdem hat das US-Verteidigungsministerium das Programm für nicht letale Waffen formalisiert und das *Joint Non-Lethal Weapons Directorate* geschaffen, um das Programm zu verwalten."[223] Diese Programme dienen dazu, Leute zu diesem Thema zusammenzubringen. Die Programme sind nicht alle schlecht. Viele der entstehenden Technologien könnten in Politik und Militäraktionen sehr nützlich sein. Der Bedarf für eine offene öffentliche Diskussion der Auswirkungen der Technologie erfordert mehr als Versammlungen mit begrenztem Zugang, worauf dann wieder kontrollierte Presse-veröffentlichungen kommen. Das ist das, was jetzt gerade stattfindet. Alles drängt zum Fortschritt, während die biologischen Effekte immer noch überprüft werden. „Die Reaktion von biologischen Systemen, die nicht letalen Waffen (NLW) ausgesetzt werden, ist uns noch nicht verständlich. Die Fachliteratur befasst sich hauptsächlich mit anekdotenhaften Hinweisen auf Auswirkungen, die noch nicht systematisch studiert wurden und einer zwiespältigen Interpretation unterliegen. Ohne klares Verständnis der Mechanismen, durch die sich die Wirkungen der Geräte mit dem Ziel koppeln lassen und verschieden interessante Reaktionen zeigen, gibt es keine Möglichkeit die Ergebnisse von Tierexperimenten auf Menschen zu übertragen. Das gilt besonders für Geräte, die mechanische Wellen durch den Körper senden, wie die hochenergetischen Akustik-strahlenwaffen (HPAMWs), nichtdurchdringende Projektile und toriodale Wirbel. Die Unterschiede zwischen Menschen und Tieren im Hinblick auf Gewebeeigenschaften, Organ- und Körperhöhlen-geometrie, elastische Eigenschaften des Bindegewebes und Frequenzreaktion spezifischer anatomischer Strukturen deuten intensiv darauf hin, dass es keine offensichtliche Korrespondenz zwischen Reaktionsmodi gibt, die bei Tieren und Menschen hervorgerufen werden.“

„Unser Ansatz analysiert die Daten aus konventionellen Traumata um Regionen des menschlichen Körpers zu identifizieren, die für NLW-Effekte und Reaktionsschwellen empfänglich sind, um die gewünschten Effekte zu erzielen. Sobald die Pathogenese eines möglichen Effekts identifiziert ist, werden Experimente eingesetzt, bei denen In-situ-Instrumentation und Biosimulatoren verwendet werden, mit deren Hilfe relevante anatomische Merkmale nachgestellt werden. Diese Experimente unterstützen die Entwicklung von analytischen Modellen, die die Beschaffenheit der Interaktion beschreiben und die letztendlich dann auf biologische Systeme übertragen werden können.“[224] Ein Großteil dieser Art der Analyse wurde bereits gemacht, und eine Reihe neuer Systeme wurde entwickelt, wie wir in diesem Buch und in den anderen Büchern, die wir geschrieben haben, bereits aufzeigen konnten.

Das russische Zentrum für strategische und internationale Studien drückte sich sogar noch deutlicher zu den Implikationen dieser Waffen und neuen Systemen auf Energiebasis aus. „Nach Meinung unserer Experten wird eine Kombination aus Präzisionswaffen, die noch komplexer sind als die heute vorhandenen, einem Informations- und Kontrollsystem und verschiedenen Arten nicht letaler Waffen (die bereits entwickelten und die, die sich noch in Entwicklung befinden) mit präzisen Ausrichtungsvorrichtungen dazu führen, dass ein mächtiges Waffensystem konventioneller Art geschaffen wird, das den Nuklearwaffen in Bezug auf die Kapazitäten der Abschreckung und der Zerstörung gleichkommen wird. Und es wird in Bezug auf die Flexibilität des Einsatzes alles andere übertreffen.‟[225]

Das Thema in Europa

In den vergangenen Jahren habe ich zehn Reisen nach Europa gemacht und zu diesen und ähnlichen Themen gesprochen, um mich für eine Richtungsänderung bei diesen Technologien stark zu machen. Tom Spencer, damals Abgeordneter des Europäischen Parlaments und Vorsitzender des Komitees für auswärtige Angelegenheiten, war unser großartiger Helfer, um diese Themen in die öffentliche Debatte zu bringen. Entgegen der Widersprüche aus den USA brachte er die Sache vorwärts bis hin zu einer Anhörung. Ein paar Tage vor der Anhörung flog ich nach Europa.

Nach einer Abfolge kurzer Treffen zu den Themen wurde mir die Tagesordnung für den Abend gegeben. Für den Abend vor der öffentlichen Anhörung war mit den Mitgliedern des Unterkomitees, zwei Vertretern der europäischen Medien und den anderen, die am Tag darauf aussagen sollten, ein Abendessen geplant. Bei diesem fünfstündigen Treffen diskutierten wir eine der Technologien, um die es ging, und führten sie auch vor. Die Komiteemitglieder verstanden die wichtigsten Punkte und waren auf die Anhörungen des nächsten Tages vorbereitet. Die NATO und die Vereinigten Staaten hatten die Anfrage der Europäer zurückgewiesen, jemanden zur Anhörung zu schicken. Das Komitee drückte seine Unzufriedenheit darüber aus. Mir wurde mit über einer Stunde ausreichend

Zeit gegeben, um meine Rede zu präsentieren, ebenso auch den anderen, die versammelt waren, um diese Themen zu debattieren. Am 5. Februar 1998 machten MEP Tom Spencer und Mitglieder seines Unterkomitees für Auslandsfragen die Anhörung über HAARP und nicht letale Waffen möglich. Wir hatten dafür eine Strategie entwickelt, während wir uns einige Monate vorher am Schwarzen Meer zu einer Konferenz getroffen hatten. In der Anhörung prangerten wir ganz offen den geplanten Einsatz von nicht letalen Waffen und die Experimente mit der Ionosphäre an, die ohne klaren politischen Rahmen stattfinden sollte. Wir hatten ein Dokument erhalten mit dem Titel „Ionosphärische Veränderungen für Waffenanwendungen", das von der NATO in Frankreich als nicht geheimes Dokument veröffentlicht wurde. Die NATO hatte sich geweigert bei der Anhörung zu erscheinen und verwendete die Ausrede, dass „sie keine Pläne für nicht letale Waffen oder ionosphärische Veränderungen hätten".

Später in diesem Jahr wurde folgendes berichtet: „Kürzlich traf sich das NATO-Komitee, das für die Entwicklung einer Strategie für den Einsatz von NLWs zuständig ist, in Washington. Mr. Charles Swett, der Vorsitzende des Komitees, hatte dazu eingeladen. Das Treffen dauerte zwei Tage. Das war das zweite in einer Reihe von Treffen, die dazu gedacht waren, die der NATO unterstellten Streitkräfte mit einem breiten Rahmenwerk auszustatten, innerhalb dessen nicht letale Technologien angewandt werden können. Col. Mazzara, der Leiter des gemeinsamen NLW-Programms, ist der US-Militärberater für das Komitee, das sich im nächsten Monat in Großbritannien wieder treffen wird. Eine NATO-Strategie für NLWs wird für das nächste Frühjahr erwartet."[226] Während darüber berichtet wurde, ging die Arbeit weiter. „Ein gemeinsamer Masterplan zu nicht letalen Waffen wird gerade entwickelt, um Programmüberblick, Richtung und Leitlinie für die Ausführung des gemeinsamen Programms zu nicht letalen Waffen in Unterstützung der *Joint Vision 2010* zu bekommen. Es wird sich um ein Werkzeug für die Umsetzung der Vision handeln."[227]

Das Europäische Parlament begann zu Beginn des Jahres 1999 zu handeln, indem eine Resolution gegen HAARP und einige nicht letale Waffen verabschiedet wurde. Sie forderten zusätzliche Forschung und Analyse des bestehenden Forschungskorpus, was seither auch geschehen ist. Die europäischen Gesetzgeber sind im Interesse der Menschenrechte in diesem Zusammenhang viel schneller und weiter gegangen. Das Wissen um diese Technologien ist weit verbreitet und wird in eine Reihe gestellt mit Nuklearwaffen, Giftgas und Blendlasern. Nicht dass einige der neuen Systeme nicht genutzt werden sollten, aber vor der Verwendung muss eine sorgfältige Überprüfung stattfinden.

Die US-Regierung entwickelt die Programme weiter, während die öffentliche Diskussion sich „nach den Fakten" entwickelt und nicht im Vorfeld der Verwendung. Eine Debatte im Vorfeld, ehe die Investitionen unternommen werden, würde der Öffentlichkeit die Chance einräumen, sich über die ethischen Folgen dieser Technologien klar zu werden. Die besten Beispiele, wo diese Dinge falsch laufen, wenn das eben nicht der Fall ist, lässt sich im Archiv des Militärs ablesen:

„Im Rechnungsjahr 1999 erlitt das Programm für die 66 mm fahrzeuggestützte nicht letale Granate (VL NLG) einen Rückschlag. Das Programm, das von einem Fünf-Jahres-Plan auf einen Drei-Jahres-Entwicklungsplan beschleunigt wurde, hatte seine Hoffnungen auf die Anpassung einer existierenden L8-Granate gesetzt, um das Stingball-Trauma und die Flash-Bang-Ladung zu erhalten. Während der Entwurfs- und Testphase wurden die folgenden Diskrepanzen entdeckt:
Wenn die Granate in eine Menge abgefeuert wird, würde die große explodierende Ladung, die nötig ist, um eine zuverlässige Verteilung der Ladung zu erreichen, höchstwahrscheinlich dauerhaften Hörverlust zur Folge haben. Außerdem könnten nicht explodierte Granaten eine ernsthafte Verletzung an Kopf, Hals oder Oberkörper zur Folge haben ..."[228]

In einem weiteren Bericht heißt es:
„Das *Joint Non-Lethal Weapons Directorate* (JNLWD) beauftragte die *Pennsylvania State University* für das Beratungsgremium zu den Auswirkungen auf Menschen (HEAP). Der Auftrag von HEAP

ist es, eine unabhängige Einschätzung der Auswirkungen auf Menschen im Zusammenhang mit nicht letalen Waffen zu erstellen. Ihre erste Aufgabe war die Beurteilung des derzeitigen dumpfen Traumas, wie es in der Methodologie der Streitkräfte heißt. Der Abschlussbericht der HEAP wurde im März 1999 eingereicht. Darin werden eine ganze Reihe von Themen angesprochen, die innerhalb der Truppen Diskussion erfordern.

Der erste Punkt war eine quantitative Definition von ‚nicht letal' im Kontext nicht letaler Waffen. Mit dieser Definition könnte eine nicht letale Waffe möglicherweise keine Auswirkung in einem bestimmten Teil der Bevölkerung haben, während sie bei anderen dauerhafte Schäden oder Tod verursacht. Dieses Modell ist extrem nützlich für die Erklärung der Ziele des *Joint Non-lethal Weapons Program*, aber man sollte es nicht als letzten Test für die Akzeptanz für irgendein spezifisches System verwenden.

Das HEAP äußerte sich kritisch zu den Methodologien der Truppen für das Einschätzen von Verletzungen durch stumpfe Munition, weil die verwendeten Modelle nicht anerkannt waren und sich nicht mit einer Reihe von wahrscheinlichen Verletzungsmöglichkeiten befassen. Außerdem geht es in keinem der verwendeten Modelle für dumpfes Trauma um das Konzept des ‚minimalen nicht letalen Effekts'. Diese Information ist wichtig für eine angemessene Verwendung dieser Waffen."[229]

Das Militär hat inzwischen diese Systeme weiterentwickelt und hat eine breite Wissensgrundlage aufgebaut. Die Idee der Energiewaffen – wo eher Energie als Kugeln und Bombenfragmente verwendet werden – als einer Grundlage für diese Technologie ist einen Riesenschritt entfernt von Klebeschaum, Netzen und Tasern, von denen in Presseveröffentlichungen die Rede ist. Das fängt an sich zu verändern und wird sich weiter verändern, wenn noch mehr Bekanntmachungen im Anschluss an den 11. September und auf dem Weg zu einem nächsten Konflikt im Mittleren Osten gemacht werden.

Strahlenwaffen

„In der nahen Zukunft mag es passieren, dass Einheiten des US-Militärs Strahlenwaffen auf dem Schlachtfeld einsetzen. Zwei Forschungsteams der *Air Force* führten die Technologieentwicklung an. Ein Team war das vom Labor auf der *Kirtland Air Force Base*, N.M., und das andere stammte aus Brooks AFB, Texas. Annähernd 40 Millionen Dollar wurden im vergangenen Jahrzehnt auf diese Technologie verwendet."[230] In diesen Programmen wurden vielleicht nur 40 Millionen Dollar ausgegeben, aber das stellt nur einen Bruchteil des Geldes dar, das wirklich darauf verwendet wird. Eine Menge Arbeit wurde bereits gemacht und wird gerade fertiggestellt.

Die US-Regierung lässt in diesem Bereich weiterhin in vielen kleinen Abteilungen arbeiten. Die Idee hinter der Arbeitsteilung ist die, dass ein großes Programm in kleinere, unabhängig voneinander arbeitende Bemühungen aufgeteilt wird, so dass die linke Hand nicht weiß, was die rechte tut. Auf diese Weise werden Projekte entwickelt und während der Entwicklungsphase ist die Sicherheit gewährleistet. Die Vereinigten Staaten und mehrere andere Länder verwenden diese Methode seit dem Manhattan-Projekt, das uns schließlich die Atombombe bescherte.
Andere Regierungen verwenden den entgegengesetzten Ansatz bei der Entwicklung ihrer Waffensysteme. In diesem Ansatz werden multidisziplinäre Teams zusammengestellt, um die vollen Auswirkungen der Forschung in ganzem Umfang zu sehen, anstatt die wissenschaftlichen Richtungen und ihre Forscherteams aufzuspalten. Das ergibt den zusätzlichen Effekt einer multidimensionalen Sicht der Konzepte und verschiedenen Typen von Auswirkungen, die ansonsten vielleicht unbeachtet bleiben. Das ist es, was es der früheren Sowjetunion zumindest zum Teil möglich machte, mit den USA technologisch Schritt halten zu können.

Versuchsballons starten

Ein weiterer von den Militärs verwendeter Trick ist die begrenzte Herausgabe von Informationen oder das „Starten eines Versuchsballons", wie es in den USA häufig bezeichnet wird. Das ist die Idee, dass nur etwas an Information herausgelassen wird um die öffentliche Reaktion darauf zu testen. Es handelt sich dabei um die gleichen Methoden zur Formung der öffentlichen Meinung, wie sie auch Firmen anwenden, um alles von Autos bis zu Pharmaprodukten zu verkaufen. Die Idee, dass man Veränderungen in der öffentlichen Meinung anregt, ist oft das Ergebnis dabei, wie man bei der militärischen Revolution sehen kann, die in den Vereinigten Staaten oft als Beispiel genannt wird.

Ein Beispiel dafür, dass das Militär es nötig hat die öffentliche Meinung richtig einzuschätzen, wird durch das folgende illustriert: „Eines der Probleme bei militärischen Operationen im Stadtgebiet (MOUT) liegt darin, dass die Kämpfer und die Nichtkämpfenden gleichzeitig vorkommen. Eine mögliche Lösung ist die Verwendung von steuerbaren Energiewaffen, um jeden im Zielbereich vorübergehend außer Gefecht zu setzen. Um die Öffentlichkeit, die Medien und die Politiker von diesen Waffen zu überzeugen, wurde am 19. August 1998 (10 bis 15.30 Uhr) von der JNLWD und dem *Marine Corps Warfighting Lab* auf der MOUT-Einrichtung in Quantico eine Demonstration veranstaltet. Andere nicht letale Waffen waren zur Besichtigung ausgestellt."[231] Die Aufschlüsse daraus sind wichtig und bieten eine Gelegenheit, die öffentliche Meinung zu erfahren und die Entwicklung entsprechend zu regulieren. Leider wird die öffentliche Meinung vom Militär und anderen „öffentlichen" Organisationen oft unterschätzt, und andere Zeitpläne werden verfolgt. Im Fall der Waffensysteme wird unter dem Deckmantel der nationalen Sicherheitsgesetze vieles versäumt. Während wir die Notwendigkeit für die Gesetze anerkennen und auch die Notwendigkeit, dass der Zugang zur Konstruktion dieser Technologien limitiert bleibt, so ist es doch wichtig die Konzepte vor der Entwicklung und vor dem Einsatz im breiten Umfang zu diskutieren. Derzeit sehen wir nur den Einsatz der Technologie, wenn es schon so weit ist, und die Öffentlichkeit hat nicht die Möglichkeit vor dem Einsatz oder

vor der Entwicklung auf die Verwendung der Technologie zu reagieren. In einer Demokratie, in einer demokratischen Republik,
schaffen Einzelne die Autorität der Regierung, die durch Zustimmung existiert, und die wird am besten im Voraus gegeben.

Das Thema der Transparenz in der Regierung ist ein in Europa oft
gehörtes Thema. Die Regierung sollte so transparent wie möglich
arbeiten, um ihre Integrität aufrecht zu erhalten. Es ist in den ge-
schlossenen Zirkeln und geheimen Treffen, die vor dem Blick der
Öffentlichkeit verschlossen bleiben, wo Korruption und unethisches
Verhalten Grund gelegt und auf den Planeten losgelassen werden.
Der Bedarf an Geheimhaltung geht weit über das vernünftige Maß
hinaus. Zum Beispiel das Geheimhalten von Archiven über Jahrzehnte nach den Ereignissen, wenn vielleicht einige Monate oder
Jahre ausreichend wären. Es bedarf einer Durchsicht der nationalen Sicherheits- und Geheimhaltungsgesetze und ihrer Effektivität.
Stattdessen sehen wir ein gesteigertes Maß an Angst, die in die
öffentliche Meinung eingestreut wird und zu sogar noch mehr Einschränkungen für die öffentliche Einsicht führt.

Als wir das Buch *Freiheit nehmen* (2005 im Michaels Verlag erschienen) schrieben, war es als Warnung gedacht, wohin uns diese
Technologien führen könnten. Wir hatten gehofft, dass die darin
vorgestellten Ideen eine Debatte auslösen könnten, ehe das Un-
glück der Angriffe auf das World Trade Center in New York sich
ereignete. Dieses Ereignis erweckte die 650 Quellen, die wir in diesem Buch im Januar 2000 zitierten, mit allem Drum und Dran zum
Leben. Wir hatten vorausgesehen, dass Terrorismus zu raschen
Fortschritten in den Militärtechnologien und zu einer Beschleuni-
gung in Richtung Krieg führen werde, und genau das ist schließlich
passiert. Wir sagten voraus, dass der ABM-Vertrag aufgekündigt
wird, dass es Steigerungen im Einsatz von Überwachungssystemen
geben werde, dass die Privatsphäre immer weiter beeinträchtigt
und dass bei den „nicht letalen Technologien" ein rascher Fortschritt
stattfinden werde. Alle diese Voraussagen wurden in den
vergangenen drei Jahren ausgeführt und werden noch weiterentwickelt, während wir diese Worte schreiben.

Elektromagnetische Felder?

Auf dem Gebiet der Bestrahlung durch elektromagnetische Felder wurden schon viele Studien durchgeführt, und das wird auch weiterhin geschehen. Vibrationsenergie ist die Essenz all dessen, was in diesem Buch behandelt wird, sei es elektromagnetische, akustische oder mechanische Energie. Vibration in ganz bestimmter Konzentration, die in vielen verschiedenen Formen eingesetzt werden kann, hat Zerstörung von Personen, Computern oder anderen Materialien zur Folge. Dieses Wissen hat grundlegende Auswirkungen. Die Revolution in der Technologie bietet die größten Potenziale für die Menschen, aber man muss sie verstehen und auf die richtige Weise anwenden können.

„Über elektromagnetische Felder ist bekannt, dass sie in verschiedenen Modulationen die elektrisch empfindlichen Stellen des menschlichen Körpers beeinträchtigen. Felder mit großer Stärke haben das theoretische Potenzial Personen kampfunfähig zu machen, indem die Neuronenströme des Gehirns gestört werden, weniger starke Felder sind seit über hundert Jahren dafür bekannt, dass sie Störungen des Sehvermögens verursachen. Es stellt sich die Frage, ob die Erfordernisse der Technologie, um diese speziellen Arten der biologischen Auswirkungen zu erzielen, aufgrund von Größe, Energie, beiderseitigem Schaden oder gleichzeitiger dauerhafter Schädigung der Zielpersonen verboten wird oder nicht. Antworten darauf werden nur gegeben werden können, wenn noch mehr über die tatsächliche Empfänglichkeit von Lebewesen gegenüber möglichen Modalitäten der hochenergetischen elektromagnetischen Felder bekannt ist.

Es ist wohlbekannt, dass Lebewesen Radiofrequenzenergie absorbieren, was zur Erwärmung führt. Der aktive biophysikalische Mechanismus in der vorgeschlagenen Nutzung ist nicht die Erwärmung, sondern eher die Verringerung des Wärmepotenzials der Neuronen, die zur Entladung angeregt werden, oder das Erzeugen von Strömen. Das vorgestellte Konzept bietet das Potenzial für stufenweise Kraft oder die Einstellbarkeit für ein Waffensystem, das in nächster Nähe oder in einer Entfernung von über hundert Metern eingesetzt werden könnte. Verschiedene Effektivitätsniveaus sind möglich, die von der Zerstörung des Sehvermögens über die Induktion von Magnetophosphenen über die Zerstörung des Kurzzeitgedächtnisses reichen (d.h. was in den vergangenen 5 bis 10 Sekunden passierte) bis hin zu einem völligen Verlust der Kontrolle über die Körperfunktionen (Easterly u.a., 1995). Die Arbeit in dem Bereich wird sich auf das letztgenannte Ziel konzentrieren.

Das Personal des *Oak Ridge National Laboratory* (ORNL) möchte ein prinzipielles Messprogramm durchführen, um das Potenzial der elektromagnetischen Felder festzustellen, inwieweit sie als unschädlich machende Wirkstoffe in den nicht letalen Technologien nutzbar sind. Die Arbeit in den Phasen I und II zur Zerstörung der bewussten Bewegung wird mit kleinen Tieren (Mäusen oder Ratten) durchgeführt und wird auf ein Experiment zur prinzipiellen Beweisführung beschränkt bleiben.

Wenn dieses Experiment erfolgreich ist, dann soll eine nachfolgende Versuchsreihe eine noch detailliertere Charakterisierung der Parameter der Auswirkungen, Parameter zur Zielgröße und Methoden, mit denen diese elektromagnetischen Felder auf entfernte Ziele ausgerichtet werden können, erbringen."[232]

Die hier zitierte Studie war dazu gedacht, noch mehr Kenntnisse auf diesem Gebiet zu liefern. Die *Air Force* hatte die Auswirkungen bereits in den 1980er Jahren studiert, die *Navy* bereits in den 1960er Jahren und andere Forschungsteams von verschiedenen Bundesministerien in der Zeit seit 1960. Schon in unseren früheren Arbeiten haben wir dieses Muster beobachtet und finden es interessant zu sehen, wie sich das Muster weiterhin in neue Richtungen auf einen Krieg hin entwickelt. Diese neuen Systeme werden in urbanen Konflikten eingesetzt werden, wo Zivilpersonen gleichzeitig mit Kämpfern vorkommen, so wie es in Moskau der Fall war, als Giftgas eingesetzt wurde. Eine Substanz ist dann giftig, wenn eine letale Dosis angewandt wird. Das ist eine klare Illustration der Tatsache, dass sogar die Dinge, die für sicher gehalten werden, auch eine ganz andere Auswirkung haben können.

Gleichzeitig mit der Entwicklung der neuen Systeme, um die Stärke dieser Waffen auszunutzen, müssen auch Abwehrtechnologien entwickelt werden. Erinnern wir uns daran, dass es hier um Energie geht, die als Waffengrundlage für eine ganze Armee neuer Systeme gilt. Wir müssen deshalb diese Art Werkzeuge entwickeln, die für das „Erkennen" neuer Bedrohungen geeignet sind, die vielleicht gegen uns gerichtet sind. Kürzlich kam uns das folgende auf den Schreibtisch:

„**Ziel:** Entwicklung eines kleinen, billigen, tragbaren Alarmgeräts, das eine zu hohe Bestrahlung mit elektromagnetischen Feldern (3 KHz bis 100 GHz) anzeigt.
Beschreibung: Ein Alarm, der die Fähigkeit hat hohe Mengen an elektromagnetischer Bestrahlung (nahes und entferntes Feld) festzustellen, ist für Personal lebensnotwendig, damit sie ihre Arbeit ohne Gesundheitsrisiken in der Umgebung erledigen können, die ihnen von den globalen Operationen des Verteidigungsministeriums vorgeschrieben wird. Die Entwicklung eines kleinen, billigen, tragbaren Alarmgeräts, um eine Bestrahlung durch hochintensive elektromagnetische Felder festzustellen, muss fertiggestellt und auf den Markt gebracht werden. Derzeit verfügbare Detektoren/Alarmgeräte kosten im Allgemeinen mehrere hundert Dollar, so dass sie für eine Verteilung an Militärpersonal im großen Umfang nicht verfügbar sind. Das Personal müsste dieses Produkt an der Kleidung oder Ausrüstung mitführen. Das Alarmgerät sollte magnetische und elektrische Felder feststellen, jedes Feld wird verschiedene hörbare und/oder sichtbare Indikatoren haben. Es ist zu erwarten, dass Mehrfachalarmgeräte benutzt werden (d.h. vorn, hinten und am Helm), um Millimeterwellenfrequenzen festzustellen."[233]

Diese Messtechnologie ist dafür gedacht, die Energieemissionen festzustellen, von denen man erkannt hat, dass sie die wahren Risiken für das Militärpersonal darstellen. Es sind die gleichen Energieströme, die unsere neuen Waffen verwenden, damit sie ihre Wirkungen erzielen. Die Veränderungen werden der allgemeinen Bevölkerung als Taser oder Schockinstrumente vorgestellt, die Körperkontakt erfordern. Diese neuen Systeme verwenden jedoch Energie, die drahtlos versandt wird, und sie können vernichtendere Auswirkungen haben als eine Kugel.

Fortschrittliches Spielgerät?

„Das Verteidigungsministerium gab am Dienstag bekannt, dass es Forschungsgelder in hochenergetische Laser, Mikrowellensysteme und eine Vielzahl anderer fortschrittlicher Geräte fließen lässt, die dazu gedacht sind, die Kriege des 21. Jahrhunderts schneller und entschiedener als je zuvor zu gewinnen. Die Entwicklung solcher Dinge wie unbemannter Systeme für den Einsatz an Land, in der Luft, im Weltall, im Meer und unter Wasser sollte der Ausbreitung ‚asymmetrischer' Bedrohungen der US-Streitkräfte im vergangenen Jahrzehnt entgegenwirken, wie Pentagonsprecher dem Kongress mitteilten."[234] Verallgemeinerte Statements sind zu diesen Themen nicht ausreichend. Eine Erklärung über die Wirkungen und Risiken sollte Teil der Bekanntmachungen sein.

Anfang 2001 gab das Pentagon zusätzliche Initiativen und Ziele für diese neuen Geräte bekannt, ohne genauere Einzelheiten zu nennen, und reagierte damit auf die Bedrohung, die zu einem nordkoreanischen Rückzug aus den Abkommen über Atomprogramme führen sollte. „Das Verteidigungsministerium hat dem US-Zentralkommando die Erlaubnis erteilt, in diesem Jahr Überwachungs- und ‚Ausschluss'-Technologien in Häfen auszuprobieren. Das Programm *Advanced Concept Technology Demonstrations* (ACTD) besteht aus 14 neuen Projekten, die heuer vom Pentagon finanziert werden sollen. Das ACTD-Programm ist dazu gedacht das Militär in die Lage zu versetzen, gängige Technologien zusammenzufügen, um wichtigen Bedarf zu decken, ohne am langen und kostspieligen Aquisitionsprozess teilzunehmen. Die ACTD-Projekte, die dieses Jahr bewilligt wurden, umfassen den Einsatz eines Lasers sowohl als letale als auch als nicht letale Helikopterwaffe, eine billige Drohne, die einen elektronischen Vernichter betreibt, und eine Kombination aus *Army*- und *Navy*-Langstreckenrakete mit Abschussbasis, die gut getarnte Ziele in Nordkorea empfindlich treffen kann. Zusätzlich wird das ACTD-Programm ein Experiment zur Abwehr von Angriffen auf das Computernetzwerk beinhalten, das Hacker bekämpft, indem sie daran gehindert werden, in ein Netzwerk einzudringen, und indem zurückgeschlagen wird."[235]

Vom Verteidigungsministerium zum Gesetzesvollzug – Anwendungen und Ideen

Im Laufe dieser Arbeit haben wir uns wie in unserem ersten Buch aus dieser Reihe freimütig in den öffentlich zugänglichen Archiven bedient und versucht, das Material direkt zu zitieren, und damit versucht diese Geschichte zusammenzufügen. Wir haben bei unseren Auftritten auf der ganzen Welt betont, dass es „nicht unsere Worte, sondern deren Worte" sind, wenn wir uns zu diesen Themen äußerten. Wir glauben, dass es in unserer Verantwortung liegt mitzuhelfen, dass Fragen aufgeworfen werden, die wir jetzt auf diesen Seiten wiedergeben. Das folgende macht die Themen ganz deutlich: „So effektiv sie auch in ihrem Einsatz sind, so sind chemische Wirkstoffe doch nicht annähernd perfekt, weil sie nur einen begrenzten Einsatzbereich haben, die Umwelt beeinträchtigen und unvorhersagbare Zuverlässigkeit haben. Die neuen Technologien sind auf dem Vormarsch. Ein solcher neuer Wirkstoff ist der, der den Geruchssinn eines Kriminellen beeinflusst, besonders die üblen Gerüche, die ganz effektiv das Ziel zu seinem eigenen Wirkstoff machen. Fangnetze sind eine andere neue Technologie. Obwohl sie in der Theorie vielversprechend sind, sind die Netze schwierig in Einsatz und Anwendung, um Kriminelle in anderen als optimalsten Situationen zu unterwerfen. Sie sind in Innenräumen nicht sehr effektiv, da es hier Hindernisse wie Möbel, Wände und Decken gibt. Die Durchsuchung eines Verdächtigen und das Anlegen von Handschellen werden durch die Anwesenheit des Netzes behindert. Die Vision für nicht letale Werkzeuge des Gesetzesvollzugs für die Zukunft umfasst auch den Einsatz von Licht und Schall um Kriminelle zu verhaften. Wie man die Verdächtigen bestimmten Arten von Licht oder gezieltem Schall aussetzt, wird derzeit erforscht. Die Technologien, die bisher existieren, und die Arten, die für die Zukunft in Aussicht gestellt sind, werden als ‚Lückenbüßer' betrachtet, weil sie die Notwendigkeit des Augenblicks befriedigen, so lange bis effektivere und humanere Methoden und Werkzeuge entwickelt sind und eingesetzt werden können. Obwohl die derzeitigen nicht letalen Technologien nicht perfekt sind, so sichern sie doch bei korrekter Anwendung ein gewisses Maß an Respekt für die Würde und Sicherheit, die jedem menschlichen Leben zustehen."[236] „Nicht letale Waffen, die derzeit entwickelt werden, umfassen das, was Chemiker an der *University of New Hampshire* als Mikrokapseln bezeichnet haben. Mikrokapseln lösen sich auf und aktivieren sich in Reaktion auf Hitze, Druck, ultraviolettes Licht, menschlichen Schweiß oder Salzwasser. *M-2 Technologies* hofft, dass Mikrokapseln eines Tages dazu verwendet werden, um Schiffe zu stoppen, indem sie sich in ihren Kühlsystemen ausdehnen. Nach Aussagen von Janet Morris können Mikrokapseln auch dazu verwendet werden Bereiche zu räumen, indem sie einen intensiven Gestank nach Fäkalien oder verwesenden Körpern absondern – der Gestank ist so intensiv, dass es in der Tat die Leute zum Würgen oder Erbrechen bringt. Das Marinecorps experimentiert mit nicht letalem Schaum, der dazu verwendet wird, um Kleinkaliberwaffen zu entschärfen oder in seiner klebrigen Form Leute außer Gefecht zu setzen. Andere nicht letale Taktiken, die derzeit entwickelt werden, umfassen den Einsatz von verwirrend wirkenden Schallwellen und von Spinnenseide in kugelsicheren Westen und Helmen. Die Seide, die zweimal so stabil ist wie Kevlar, könnte möglicherweise in ein leichtgewichtiges kugelsicheres Material weiterentwickelt werden."[237]

Es wurde sogar ein System entwickelt, bei dem Chemikalien, die auf eine bestimmte Hautpartie aufgebracht werden, nur durch die richtige Art Energie aktiviert werden, die auf sie gerichtet ist. „Ein System, um die transkutane und transdermale Wirkung von topischen Chemikalien und Drogen zu verstärken und zu verbessern. Ein Wegwerfbehälter enthält eine substanziell sterile Einheitsdosis eines aktiven Wirkstoffs, der für eine einmalige Anwendung bei einer medizinischen Behandlung gedacht ist. Die Einheitsdosis ist so beschaffen, dass sie den Transport des aktiven Wirkstoffs durch die Haut des Säugetiers verstärkt, wenn der aktive Wirkstoff auf die Haut aufgetragen und die Haut Licht und/oder Ultraschall, die durch mindestens einen spezifischen Parameter gekennzeichnet sind, ausgesetzt wird."[238]

Gemeinsames Programm für nicht letale Waffen

Hierbei handelt es sich um die Programme von April 2000. Die meisten dieser Ideen sind das Rahmenwerk geworden für die Vervollständigung vieler fortschrittlicher Technologien, die in kommenden Konflikten eingesetzt werden. Die Öffentlichkeit wird immer mehr davon zu sehen bekommen, wenn die Angst noch zunimmt und die Unsicherheit von der Medienpropaganda, die rund um jedes Ereignis stattfindet, weiter gesteigert wird.

In Kriegszeiten müssen wir uns an die Worte von denen erinnern, die diese Technologien einsetzen werden. „Es ist nicht der Hauptzweck der nicht letalen Waffen, Tod oder größere Verletzungen bei den gegnerischen Truppen zu verhindern. Stattdessen sind sie dazu gedacht, die Tödlichkeit der Kräfte, die gegen die Kampfgegner eingesetzt werden, zu steigern, während Tod und Verletzung bei der nicht kämpfenden Zivilbevölkerung reduziert werden. Zum Beispiel können nicht letale Waffen eine Menschenmenge daran hindern, nahe genug heranzukommen, um eine ernsthafte Bedrohung für die US-Streitkräfte darzustellen. Sie können auch Heckenschützen und andere Kämpfer in einer Menge Zivilisten enthüllen, so dass ein Schussfeld für die US-Streitkräfte geschaffen wird. Kurz gesagt: Nicht letale Waffen sind wichtig, weil sie ein militärisches Engagement auf niedrigerem Gewaltniveau möglich machen. Und politisch ausgedrückt bedeutet weniger Gewalt eine höhere Akzeptanz."[239] Diese Technologien werden bereits seit über einem Jahrzehnt eingesetzt und haben sich in der Zwischenzeit weiterentwickelt. Beschränkungen tauchen erst nach dem Einsatz auf, wie es bei den Blendlasern der Fall war. „Zunächst ist es natürlich technisch möglich diese Art Waffen gegen Personen einzusetzen, daher haben einige Leute sie in die Kategorie ‚nicht letale Waffen' eingeordnet. Es gibt jedoch eine Entscheidung sie nicht einzusetzen, um einzelne Leute damit zu blenden. Dennoch können solche Geräte effektiv für nicht blendende Anwendungen eingesetzt werden. Zum Beispiel unterstützten wir die *Marines* in Somalia mit einfachen Lasergeräten, die Ziele beleuchten und kennzeichnen können, auch Personen."[240] Das sind Systeme, die klar gegen einen vernünftig geführten Krieg verstoßen, wenn man bedenkt, dass diejenigen, die diese Waffen bedienen, ihnen auch ausgesetzt sind. Werden diese Neueinführungen den nächsten Rüstungswettlauf auslösen, einen, der unseren Gegnern immense Macht gibt? Das glauben wir nicht. Wir wissen, dass viele Energieentladungen dieser Art mit absoluter Präzision weltweit überwacht werden können. Energieemissionen sind so einzigartig wie die Fingerabdrücke einer Person. Die Überwachung des Missbrauchs bedeutet die Offenlegung und Diskussion aller Gelegenheiten, wo diese Technologien eingesetzt werden können. Die Auswirkungen auf unsere Gesundheit, die Umwelt und zukünftige Generationen hängt von der Weisheit ab, mit der der Mensch die Technologien einsetzt. Wir besitzen oder werden in Kürze zahlreiche neue Methoden besitzen, um Leben, Menschheit und die Seele zu zerstören. Welche Entscheidungen werden wir treffen?

Verborgene Tests hinter dem Eisernen Vorhang

„Eines Tages in den 1970er Jahren brach eine plötzliche Massenerkrankung über die Kasernen in der Nähe von Riga Lijia und Gomel Gemaier im westlichen Teil der früheren Sowjetunion herein. Die gesamte Belegschaft wurde bewusstlos, einige wurden sogar verrückt. Woher kam diese plötzliche ‚Armeekrankheit'? Damals wusste es niemand. Viele Ärzte standen vor einem Rätsel. Später erfuhr man, dass irgendwelche militärtechnologischen Wissenschaftler Infraschallwellen in der Nähe getestet hatten, und diese ‚Armeekrankheit' war durch diese Bestrahlung verursacht worden."[241]
Diese Systeme sind sehr stark und zerstörerischer, als man sich außerhalb der Science-Fiction-Welt hatte vorstellen können. Diese Technologien gehen schon Jahrzehnte zurück und gehören ganz deutlich zu denen, die die größte Herausforderung darstellen. Gleichzeitig kann eine Menge daraus gelernt werden, und man könnte das Wissen eher zum Heilen als zum Töten anwenden. Hier liegt die Antwort – dass wir die Schäden an unserer Erde reparieren können statt mit der Zerstörung weiterzumachen. Die Idee, dass wir, die wir hier leben und für unseren Planeten verantwortlich sind, diese Technologien nicht dazu verwenden können, um Konflikte zu lösen statt sie zu vervielfachen, liegt an der Natur der Menschheit

in ihrem gefallenen Zustand. Zu unseren Lebzeiten sehen wir vielleicht nie eine Veränderung. Vielleicht wird der Frieden erst dann kommen, wenn wir erkennen, dass Tod in irgendeiner Form immer noch Tod ist und dass Krieg immer Krieg ist und dass die Menschen eigentlich alles verändern könnten ...

Propagandakriege werden heißer

„Eine Empfehlung des Verteidigungsministeriums lautet, dass das US-Spezialeinsatzkommando (SOCOM) sein Flugzeug zur psychologischen Kriegsführung ausmustern und durch eine Reihe neuerer Plattformen ersetzen soll, und hat damit eine Debatte über die Modernisierungsprioritäten des Kommandos ausgelöst. Damit wurde auch neues Licht auf die Rolle geworfen, die diese Einheiten bei US-Militäroperationen spielen."[242] Diese Systeme beschränken sich nicht darauf Flugblätter abzuwerfen oder Radiosendungen zu bringen. Diese Systeme umfassen auch das Unterlegen von Sendungen mit Radiosignalen aus dem Bereich der psychoaktiven Effekte, die bekanntermaßen durch verschiedene Quellen im öffentlichen Bereich erreicht werden können. Die Systeme können direkt mit dem Gehirn und dem Körper auf eine Weise interagieren, die entweder töten oder außer Gefecht setzen kann, je nachdem wie die Absicht des Benutzers und die Verletzlichkeit des Opfers aussieht. „Im Bereich der psychologischen Kriegsführung betonte der Autor Liu Ping, dass China spezielle Informationsmedien wie Sprache, Texte, Bilder und Ton als zukünftige feindliche Waffen anerkennt, die in der Lage sind, einen ‚operationalen Effekt auf mehrfacher Ebene' auszuüben und nicht einfach nur einen politischen oder wirtschaftlichen Effekt. Das Ziel bleiben die entscheidungsbildenden Vorgänge des Feindes, sowohl die menschlichen (die Software des Gehirns) als auch die materiellen (die Hardware zur Datenverarbeitung). Die Hauptaufgabe ist es die gegnerischen Kräfte durch die Verwendung von Terrortaktiken zu überwältigen, wodurch ihre psychologische Stabilität gestört wird. Ein psychologischer Krieg beginnt normalerweise in Friedenszeiten und läuft dann weiter, wenn ein Krieg ausbricht."[243]

„Das nationale Justizinstitut (NIJ) hat zugestimmt, dass sowohl eine Ausdehnung des derzeitigen MOA zwischen Verteidigungs- und Justizministerium als auch ein neues Memorandum zur Verständigung zwischen NIJ und dem Joint-Programm wichtig sind für die weiterführende Kooperation im Bereich der nicht letalen Technologien. Das Konzept der zweifach nutzbaren Technologien, das davon ausgeht, dass es einige Systeme und Munitionstypen gibt, die Verwendung sowohl im Gesetzesvollzug als auch beim Militär haben, bringt beide Organisationen mehr in die Richtung kooperativer Bemühungen."[244]

Hochenergetische Mikrowellenwaffen

„Die schnelle internationale Entwicklung in Richtung auf zunehmend komplizierte und verkleinerte Mikrowellenkreise (MMIC) schafft neue Möglichkeiten für Anwendungen zur Verteidigung wie Radar, elektronische Kriegsführung und Kommunikation. Aktive Antennenparks werden die Grundlage für viele zukünftige Verteidigungsanwendungen sein."[245] Diese Technologien sind nicht auf diese Systeme allein beschränkt. Diejenigen, die eine direkte Auswirkung auf Personen haben, waren 1999 und 2000 Thema für weit verbreitete Presseberichte, als die *Marines* ein neues Waffensystem bekannt gaben. Was sie allerdings nicht erwähnten, ist die Einstellbarkeit von Millimeterwellen, so dass sie eine Vielzahl von Effekten haben können, nicht nur das brennende Gefühl auf der Haut. Tatsache ist, dass diese neuen Systeme den Körper aufheizen, das Herz zum Stillstand bringen oder jedes andere Organ des Körpers vom Gehirn bis zu den Eingeweiden beeinflussen und spontane Reaktionen und sogar Tod hervorrufen können. Die Energie dieser Geräte kann gepulst, geformt oder in ihrer Frequenz und Form geändert werden auf eine Art und Weise, um eine große Bandbreite an Wirkungen als aktives System der Energieabgabe zu erzeugen.
„Aktive Hemmtechnologie ist ein Durchbruch bei den nicht letalen Technologien, die elektromagnetische Energie in Form von Millimeterwellen verwenden, um einen heranrückenden Feind aus relativ großer Entfernung zu stoppen, abzulenken und zurückzudrän-

gen. Es wird erwartet, dass damit zahllose Leben gerettet werden können, weil eine Möglichkeit geboten ist, Einzelpersonen zu stoppen, ohne ihnen Verletzungen zuzufügen, noch ehe sich eine tödliche Konfrontation entwickelt. Die Aktive Hemmtechnologie verwendet einen Sender, der einen schmalen Energiestrahl in Richtung auf ein identifiziertes Objekt sendet. Die Energie bewegt sich mit Lichtgeschwindigkeit, erreicht das Ziel und dringt weniger als 1/64 eines Inch in die Haut ein, wobei die Oberfläche der Haut schnell aufgeheizt wird. Innerhalb von Sekunden fühlt ein Individuum eine intensive Wärmeempfindung, die aufhört, sobald der Sender abgeschaltet wird oder wenn sich das Individuum aus dem Strahlungsbereich hinaus begibt."[246] Energieübertragung mit Lichtgeschwindigkeit ... 186.000 Meilen pro Sekunde ... Das verändert die Kriegsführung für immer. Energie ist die Essenz dieser neuen Waffen und aller zivilen Bedrohungen.

Größter Durchbruch seit der Atombombe

„Das Marinecorps bereitet sich darauf vor, den vielleicht größten Durchbruch in der Waffentechnik seit der Atombombe zu enthüllen – eine nicht letale Waffe, die gebündelte Energie auf menschliche Ziele abfeuert ... *Marine Corps Times* berichtet, dass die Waffe, die den Namen fahrzeuggestütztes aktives Hemmsystem trägt, dazu gedacht ist eine Person auf ihrem Weg zu stoppen und zu Umkehr und Flucht zu veranlassen. Pläne sehen jetzt im März eine Bekanntgabe und Demonstration für Militärführer und Kongressmitglieder auf der *Kirtland Air Force Base*, N.M., vor."[247]

„Obwohl detaillierte Informationen über die Bauart der Waffe geheim bleiben, ist doch bekannt, dass die Waffe die Haut einer Zielperson in etwa zwei Sekunden auf annähernd 130 Grad Fahrenheit aufheizen kann. Menschen fangen bei 113 Grad Fahrenheit an Schmerz zu fühlen. Im Bericht heißt es weiter, dass Soldaten die Waffe aus Distanzen von über 750 Metern zur Zielperson abfeuern können – das ist eine Entfernung, bei der sie außerhalb der Reichweite der meisten kleineren Schusswaffen bleiben würden."[248]

Andere Berichte erwähnten die letalen Aspekte dieser neuen Waffe im militärischen Arsenal. „Das US-Marinecorps wird demnächst eine Waffe enthüllen, die ein Energiefeld im Mikrowellenbereich des elektromagnetischen Spektrums abgibt. Das fahrzeuggestützte aktive Hemmsystem wird als der vielleicht größte Durchbruch in der Waffentechnologie seit der Atombombe betrachtet. Die Zeitdauer, die das Gerät auf eine Person gerichtet werden muss, um tödliche Wirkung zu haben, und die Reichweite der Effektivität sind noch geheim gehaltene Informationen."[249] „Die Waffe ist dazu gedacht Leute aufzuhalten, indem elektromagnetische Energie in Form eines Millimeterwellenstrahls abgegeben wird, die schnell die Hautoberfläche der Zielperson aufheizt. Innerhalb von Sekunden spürt die Person den Schmerz, von dem die Verantwortlichen sagen, dass er so ähnlich ist wie beim Berühren einen heißen Glühbirne. Das Gerät mit dem Namen fahrzeuggestütztes aktives Hemmsystem wurde seit 1994 an 72 Personen auf der *Brooks Air Force Base*, Texas, getestet."[250]

Auch wenn in einigen Berichten das Forscherteam zugibt, dass es zu Todesfällen kommen kann, werden die Wirkungen der Waffe in anderen Berichten vom gleichen Team als nicht schwerwiegend bezeichnet. Da mussten doch Fragen auftauchen ... „Tests mit einer umstrittenen Waffe, die dazu gedacht ist, die Haut von Leuten mit einem Mikrowellenstrahl aufzuheizen, haben gezeigt, dass damit Menschenmengen zerstreut werden können. Kritiker sind aber nicht davon überzeugt, dass das System sicher ist. Letzte Woche beendete das *Air Force Research Laboratory* (AFRL) in New Mexico die Testserie des Systems an freiwilligen Personen. Die *Air Force* möchte jetzt diese Aktive Hemmtechnologie (ADT), von der sie behauptet, dass sie nicht letal ist, für Maßnahmen zur Friedenssicherung oder Massenkontrolle aus ‚relativ weiter Entfernung' einsetzen – möglicherweise von niedrig fliegenden Flugzeugen aus."[251] Die Wirkungen wurden von den Experten für Öffentlichkeitsarbeit beim Militär heruntergespielt. Unser alter Feind Rich Garcia war damit wieder auf der Bühne. Rich war die Person, die auftauchte, um den Programmmanager von HAARP zu retten, als er immer wieder Probleme machte, indem er zu viel redete und mit den Fakten kleine Spielchen trieb. Rich Garcia kommentierte das Projekt mit süßen Worten zum Thema nicht letal. „Eine nicht letale Waffe, die dazu gedacht ist Leute außer Gefecht zu setzen, indem schmerzverursachende Mikro-Millimeterwellen abgefeuert werden, wird auf der *Kirtland Air Force Base*, N.M., getestet werden. ‚Das ist die Art Schmerz, die man spürt, wenn man sich verbrennt', sagte Rich Garcia, ein Sprecher für das *Air Force Research Laboratory* auf der Basis. ‚Es ist ganz einfach nicht intensiv genug um irgendeinen Schaden anzurichten.' Das Gerät funktioniert, indem Mikro-Millimeterwellen abgefeuert werden, die bei einer Person knapp unter die Haut eindringen, sie um ein paar Dutzend Grad Fahrenheit aufheizen und starke Schmerzen verursachen."[252]

„Das Pentagon enthüllte heute etwas, von dem einige Militärverantwortliche hoffen, dass es das Gummigeschoss des 21. Jahrhunderts werden wird: eine Waffe, die elektromagnetische Wellen verwendet, um Menschenmengen zerstreut, ohne zu töten, zu verstümmeln oder, wie Militärverantwortliche sagen, sogar ohne irgendjemanden auch nur leicht zu verletzen. Von den Pentagonplanern ist vorgesehen, dass die Waffe Strahlen elektromagnetischer Energie abgibt, die in der Lage ist brennende Gefühle auf der Haut von Leuten zu erzeugen, die bis zu 700 Yard entfernt sind – ohne sie wirklich zu verbrennen, sagen die Verantwortlichen."[253]
Die Bemühungen der Verantwortlichen in der militärischen Öffentlichkeitsarbeit begannen zu bröckeln, als Forscher, die auf der ganzen Welt geachtet und sei Jahren bei den Militärplanern unter Vertrag stehen, anfingen sich zu diesen Themen zu äußern. Dr. Ross Adey war einer von denen, die sich offen äußerten.

„Die Behauptungen von US-Militärverantwortlichen, dass eine neue Waffe, die die Haut aufheizt, keine dauerhaften Gesundheitsprobleme verursacht, sind übertrieben und höchst verdächtig, teilten Experten am Dienstag *United Press International* mit. Mögliche langfristige Nebenwirkungen können Krebs und Katarakte einschließen, sagten sie. ‚Die Behauptungen sind ein Haufen Müll', sagte Professor W. Ross Adey, Professor für Physiologie am *Loma Linda University Medical Center* in Loma Linda, Calif. ‚Wir wissen, dass viele For-

men von Mikrowellen auf einem Niveau unter dem Erwärmungs-
grad auf lange Sicht entscheidende gesundheitliche Auswirkungen
haben können.'"[254] Die Presseberichte nahmen zu, und die Beun-
ruhigung erreichte viele auf der ganzen Welt, verschwand aber in
den USA aus dem Blick der Öffentlichkeit, ohne dass der Kongress
irgendeine politische Aktion oder ernsthafte Untersuchung vorgenommen hätte. „Der ‚Personen-Zapper' wird allmählich zur politisch heißen Kartoffel. Die ganze Welt ist an der futuristischen
Strahlenenergiewaffe des Corps interessiert – in der Tat vielleicht
mehr interessiert als das Corps selbst. Aber während die Kritiker
gespannt darauf warten, das Konzept verurteilen zu können, und
die Polizeibehörden und andere gespannt auf die weitere Entwicklung warten, entwickeln die *Marines* bereits Taktiken für diese neue
Waffe."[255]

„Die Zukunft des ‚Personen-Zappers' liegt in den Händen von einigen wenigen Colonels und Generälen. Das *Joint Non-Lethal
Weapons Directorate* möchte mit der Waffe voranschreiten, einer
revolutionären Strahlenenergiewaffe, die gegen Personen eingesetzt
werden soll. Aber die Dienstgrade trauen der Sache nicht."[256]

„Testreihen zu den möglichen Verwendungen der Waffe werden
bereits vom Zentrum für auftretende Bedrohungen und Möglichkeiten (CETO), einer Partnerschaft zwischen dem *Marine Corps
Warfighting Lab* und dem Potomac-Institut für politische Studien,
einer Denkfabrik in Arlington, durchgeführt."[257] „'Die Technologie
feuert Millimeterwellen mit einer Frequenz von 95 GHz ab, die zwischen Mikrowellen und Infrarotlicht im elektromagnetischen Spektrum liegt', sagte Dr. Kirk Hackett. Die Wellen unterscheiden sich
von der Mikrowellenenergie, die zum Kochen verwendet wird, sagte Hackett, hauptsächlich deshalb, weil diese Welle mit 2,5 GHz
gesendet werden und viel tiefer in das Objekt eindringen, so dass
die Lebensmittel binnen weniger Minuten von innen her gekocht
werden."[258]

Wieder ist die Einstellbarkeit der entscheidende Schlüssel, wie die
hier genannten Berichte zeigen. Andere Berichte begannen die

Möglichkeit anzusprechen, dass sogar Landminen damit getroffen werden könnten.

„Jahrelang wird schon überlegt, ob hochenergetische Mikrowellen (HPM) ein geeignetes Mittel sein könnten, um Landminen zu räumen. Jedoch fehlt der Beweis für die Effektivität einer solchen Räumungsmethode noch weitgehend. Diese Studie – die hauptsächlich aus einem Screeningtest besteht, der eine starke Testeinrichtung im Freien verwendet – wurde durchgeführt, um zu untersuchen, wie verschiedene Komponenten in Landminen auf hochintensive Mikrowellenstrahlung reagieren. Unsere Schlussfolgerung ist, dass HPM derzeit für eine Räumung von Landminen nicht effektiv genutzt werden kann, aber dass HPM dazu verwendet werden kann, um Minendetektoren und verschiedene elektronische Geräte für die Kontrolle von Minenfeldern zu zerstören."[259] Spätere Berichte deuteten an, dass neue Systeme für Minenräumung unter Verwendung von HPM-Energie entworfen werden.

Zielen auf die Hardware

„Die Abteilung hochenergetische Mikrowellen im Strahlenenergieprogramm des *Air Force Research Laboratory* entwickelt eine Technologie, um hochenergetische Mikrowellenstrahlung zu erzeugen, sie auf ein Ziel auszurichten, die Wirkungen am Zielobjekt und die Reaktionen des Systems zu erfassen und die Effektivität und Nützlichkeit eines kompakten HPM-Systems zu zeigen, das in verschiedene Systeme der *Air Force* eingepasst werden kann. Diese Technologie ist für eine Vielzahl von Waffen- und Radaraufträgen nützlich.

Hochenergetische Mikrowellentechnologie basiert auf einer stabilen Grundlage, die von elektromagnetischer Pulstechnologie geliefert wird. Anders als bei den elektromagnetischen Pulsen hat sie jedoch eine höhere Frequenz und dringt weiter in die Zielobjekte ein. Starkstrommikrowellen produzieren Durchbrennen und Zerstörung in elektronischen Systemen, während sie für Menschen nicht schädlich sind. Sie haben ein niederes kollaterales Schadenspotenzial und können in einer Vielzahl von nicht letalen Missionen nützlich sein, wo konventionellere Waffen nicht angewandt werden können, weil man Opfer bei der Zivilbevölkerung oder Schäden in der Umgebung befürchtet.

Die Forschungsarbeit der Abteilung umfasst auch die Wirkung in Innenräumen, besonders den Aufbau und die Simulation von hochenergetischen Mikrowellenquellen, des weiteren Wirkungen und Möglichkeiten, Pulsstromentwicklung, HPM-Quelle und Antennenentwicklung, Felddemonstrationen und Systemstudien.

Die Forschung und Entwicklung sowohl von Schmalband- als auch Breitband-Hochenergiemikrowellenquellen war bis jetzt erfolgreich mit der Herstellung von Geräten, die zu den stärksten Mikrowellenpulssendern der Welt gehören. Die Impuls-Strahlungs-Antennentechnologie, die von der oben genannten Abteilung der *Air Force* entwickelt wurde, zeigt sich als fokussierende Ultrabreitband-Strahlung in einem konischen Strahl mit einer Strahlbreite von ungefähr einem einzigen Grad. Die Hydrogenschaltertechnologie wurde kürzlich in einer Demonstration der fortschrittlichen Technologiekonzepte als effektiv vorgestellt.

Die Feststoffschaltertechnologie verwendet den gleichen Typ des Ultrabreitbandstrahls, aber mit der Fähigkeit die Antenne an die Oberfläche eines Systems anzupassen. Mit der Aussicht auf hohe Effizienz liefert die Technologie auch die Fähigkeit die Strahlenphase der Strahlung in einen extrem schmalen Strahl zu steuern. Im Bereich der HPM mit engem Strahl befinden sich mehrere Technologien in der Entwicklung, einschließlich der magnetisch isolierten Oszillatortechnologie, die eine Kompatibilität mit explosiven Pulsgeneratoren verspricht, um eine enorme Menge von Energie in Mikrowellen umzuwandeln. Die Einrichtungen der HPM-Abteilung sind die besten der Welt, alle nötigen Funktionen befinden sich auf der *Kirtland Air Force Base*, New Mexico."[260]

„Patentanträge für Detektoren der HPM-Strahlung wurden bereits eingereicht, und einer davon wartet jetzt unter der schwedischen Patentnummer 507 085 auf die Anerkennung. Mit dieser Erfindung ist es möglich, die Feldstärke, Wellenlänge und Polarisation einer HPM-Strahlung zu unterscheiden. Fotografische Filme und ther-

males Druckerpapier wurden erfolgreich als Detektorindikatoren in Tests an der FOA in Schweden eingesetzt, wobei ein HPM-Generator mit 37 GHz eingesetzt wurde.

Der zum Patent angemeldete HPM-Detektor ist sowohl als passives als auch als aktives Gerät verfügbar. Der Vorteil des passiven Detektors ist, dass er billig in der Herstellung ist und daher umfassend eingesetzt werden kann. Die Möglichkeiten kurze Mikrowellenpulse mit extrem hoher Pulskraft mit Hilfe von immer kompakteren Geräten zu erzeugen, bedeuten eine neue elektromagnetische Bedrohung für die Nationale Verteidigung und die zivile Gesellschaft. Die Ausrüstung für die Erzeugung von hochenergetischen Mikrowellenpulsen kann auf verschiedenen Fahrzeugtypen montiert werden und daher leicht für geheime Sabotageaufträge zu den verschiedensten Einrichtungen transportiert werden, zum Beispiel zu Hallen, wo Verteidigungselektronik gelagert wird, und zu Systemen, die einen Teil des Telekommunikationsnetzwerks bilden. Ein Aggressor könnte derartige mobile Mikrowellenwaffen verwenden, um Sabotageaktivitäten auszuführen, um zum Beispiel die Funktion von gelagerten elektronischen Systemen auszuschalten, auch wenn sie nicht aktiviert sind.

Eine Vorwarnung, dass HPM-Strahlung aufgetreten ist, könnte dem Aggressor den Zeitvorteil und das Chaos entziehen, das er mit dieser Art der verborgenen Sabotageaktivitäten zu erzeugen hofft. Daher braucht das Militär einen Sensor, der feststellen kann, dass ein Objekt möglicherweise schädlichen Mikrowellenpulsen ausgesetzt war.

Ein derartiger Sensor könnte auch zivile Anwendungsmöglichkeiten haben. Es könnte zum Beispiel festgestellt werden, ob die Bestrahlung mit starken Mikrowellenpulsen einen Unfall oder Vorfall verursacht haben kann. Computerinstallationen können mit solchen Sensoren ebenfalls ausgestattet werden, um feststellen zu können, ob Systemfehler möglicherweise durch eine Mikrowellenbestrahlung hervorgerufen wurden. Eine weitere zivile Anwendung der HPM-Detektoren für Kurzpulse ist die Überwachung der Mikrowellen im

Hinblick auf die biologische Gesundheit. Wenn biologische Sicherheitsstandards für Bestrahlung mit Mikrowellenkurzpulsen für Personal vereinbart und etabliert sind, wird es den Bedarf für ein Produkt geben, um die HPM-Pulse mit kurzer Dauer zu überwachen. Die vorhandenen HPM-Detektoren würden diesen Bedarf decken."[261]

Infrasound und Ultraschall

Dabei handelt es sich um die erschreckendsten Waffen des 21. Jahrhunderts, weil die Ideen immer weiterentwickelt werden. Im Verlauf der vergangenen acht Jahre haben wir immer wieder über diese Technologien berichtet, und unsere Besorgnis hat sich immer weiter gesteigert. Diese Technologien stellen jetzt die größte Herausforderung an die Werte der Menschlichkeit auf der Ebene der Seele dar. Werden wir es zulassen, dass in die Essenz dessen, was wir als menschliche Wesen sind, eingedrungen wird?
„Akustische Waffen: Die Abgabe von Energie bei bestimmten Frequenzen macht es möglich, die personellen und radioelektronischen Einheiten des Feindes zu zerstören. Militärgeneratoren können auf Versorgungseinrichtungen auf dem Meer, in der Luft und im Weltraum errichtet werden. Auch der Einsatz von Ballons ist möglich. Indem eine Energieemission auf ein Ziel gerichtet wird oder im Hintergrund Energieemissionen erzeugt werden, ist es möglich eine feindliche Division in eine Herde verängstigter Idioten zu verwandeln. Die Leute erfahren unerklärliche Angst und schwere Kopfschmerzen, ihre Handlungen werden unvorhersagbar. Sie können sogar total und unwiderruflich verwirrt werden."[262]

„Weder Wallanlagen noch Rüstung können einen gegen die Wirkungen der akustischen oder psychotronischen Waffen schützen. Um genau die gleichen Ziele mit traditionellen Waffen zu erreichen, braucht man eine große Menge verschiedenster Munition. Zusätzlich verstärken nicht letale Waffen den Wirkungskreis von Präzisionswaffen, und ihre Geschwindigkeit, versteckte Anwendung und Überraschungseffekte verstärken ihren psychologischen Effekt."[263]
„Ein Programm zur Vorführung von akustischen Waffen läuft derzeit bei *PRIMEX Physics International*. Ein Bombenprototyp, der aus

einer Anordnung von vier Geräten, die durch Verbrennung zur Detonation kommen, besteht, wurde entwickelt und erfolgreich getestet. Die Prototypen mit den vier akustischen Geräten können simultan oder unabhängig voneinander abgefeuert werden. Das ermutigendste Ergebnis bisher ist, dass der akustische Druck von bis zu 165 dB bei einer Entfernung von 50 Fuß von der Geräuschquelle bereits erreicht wurde. Ebenso wichtig ist, dass die Druckwellenform des Prototyps ... sehr wünschenswerte Charakteristika der Entstehungszeit und Pulsbreite enthält, die für eine optimale akustisch-physiologische Kopplung an Ziele bei der Anwendung gegen Personen wichtig ist."[264] Erinnern wir uns an die Formeln für Schall in Luft im Gegensatz zu Schall in Wasser. Bei diesem Niveau in der Luft kann ernsthafter Schaden entstehen.

„Eine Vielzahl akustischer Quellen wird entwickelt und getestet für eine mögliche Anwendung als Spezialwaffen in Szenarien wie Massenkontrolle und Zugangshemmnis in bestimmte Bereiche, die eine weniger als letale Anwendung erfordern. Diese Quellen umfassen auch Geräte, die akustische Energie durch wiederholte Verbrennung oder Detonation von brennstoffoxidierenden Mischungen erzeugen. Die Geräte sind attraktiv für die Entwicklung als Feldwaffen, weil sie die Vorteile der einfachen Bauart und eines hochintensiven akustischen Outputs aus relativ kleinen Paketen bieten, die mit üblichen chemischen Brennstoffen angetrieben werden. Die akustischen Signale, die von diesen Geräten erzeugt werden, sind typischerweise repetierende Impulswellenformen, die denen ähneln, die von Explosivstoffen erzeugt werden ..."[265] Der Unterschied liegt darin, dass es kohärente Signale sind, die für einen speziellen biologischen oder anderen Zweck erzeugt werden, je nachdem welche einstellbaren Parameter der Technologie verwendet werden. Diese neuen Energiewaffen sind der Schlüssel zur Kriegsführung des 21. Jahrhunderts und sind auch die verwundbarsten Ziele. Verteidigungssysteme, Messtechnologien und Anwendungstechnologien wurden mit Milliarden Dollars vorangetrieben, und das auf globaler Ebene und ohne wirkliche Debatte. Die Debatte tritt jedoch jetzt allmählich auf, wie sich in den vergangenen Jahren bei diesen und anderen ähnlichen Themen gezeigt hat.

Wie diese Waffen funktionieren

„Frühere Forschungen deuten an, dass eine Anordnung von Ultraschallquellen, die mit einem Frequenzverstärker betrieben werden, Infraschall oder sehr niederfrequente Energie erzeugen kann. Diese Energie ist sehr nützlich, weil sie richtungsmäßig nicht festgelegt ist und sich mit wenig Absorption fortbewegt. Mit ausreichender Energie können die entstehenden Infraschallwellen verletzend oder tödlich sein. Die Firma *Synethics* schlägt einen Versuch zur Entwicklung von Infraschallwellen vor, die schließlich in zukünftige tragbare kleine Waffensysteme integriert werden können. Dafür verwendet man moderne pneumatische Technologie, die eine extrem hochenergetische Ultraschallquelle hervorbringt. Die dabei entstehende Frequenz wird präzise kontrolliert, so dass die erwünscht hochenergetische Infraschallfrequenz am Zielobjekt erzeugt werden kann, indem zwei fokussierte Ultraschallquellen verwendet werden.

Die subsonischen Waffen, die jetzt erforscht werden, können grundsätzlich in zwei Typen unterteilt werden. Der erste Typ ist der ‚Nerven-Typ', dessen Vibrationsfrequenzen sehr nah an denen des Alpharhythmus (8-12 Hz) des menschlichen Gehirns liegen, was zu einer neuralen Verwirrung führt. Wenn man eine Resonanz erzeugt, kann das menschliche Gehirn effektiv stimuliert werden, was neurale Verwirrung auslöst."[266] Was hier zum Ausdruck gebracht wird, ist die Tatsache, dass Oszillationen oder Energiepulse in vielerlei Formen, die uns von außen treffen können, große Veränderungen im menschlichen Gehirn hervorrufen können. Als Ergebnis der Verwendung dieser Technologien können alle regulierenden Systeme des Körpers zerstört werden, weil das Gehirn die Hauptsteuerung ist. Das Ausschalten unserer natürlichen Energiesysteme ist die neue Essenz der Technologie – ist das Folter oder nicht-letale Waffe? Das fragen wir Autoren uns.

„Einige größere militärisch orientierte Länder begannen in den 1960er und 1970er Jahren eine Erforschung der Infraschallwaffen. Infraschall erwies sich als in der Lage, die sensorischen und inneren Organe des Menschen zu zerstören und Menschen außer Gefecht zu setzen. Eine kleine Menge Outputenergie kann einen instabilen mentalen Zustand und Fehlfunktionen hervorrufen, ebenso wie Symptome mentaler Erkrankung. Ein fortschrittlicher Infraschall-generator, der auf Personen gerichtet wird, wurde gebaut und getestet. Dabei kann die Energiemenge der erzeugten Infraschallwelle angepasst werden, um bei den betroffenen Personen Verwirrung, Übelkeit, Erbrechen und Inkontinenz hervorzurufen."[267] Diese Systeme sind heutzutage noch viel weiter fortgeschritten und werden weiterentwickelt, während auch Wissenschaft und Technologie voranschreiten.

Letale Energiewaffen

„Eine tägliche Dosis an Radiowellen kann dabei helfen die eindringenden Zebramuscheln, die kleinen Süßwasserschnecken, die die Wasserleitungen in Nordamerika blockieren, zu vernichten. Wenn man extrem niederfrequente elektromagnetische Strahlung (ELF-EM) auf die Muscheln richtet, dann wird ihre Körperchemie durcheinander gebracht, wodurch sie binnen weniger Wochen sterben, wie die neueste Forschung zeigt. Diese Wirkung scheint speziell bei den Zebramuscheln aufzutreten, sagt der Chemiker Matthew Ryan von der *Purdue University*."[268] Diese Art der Energieverwendung war bei diesen Tieren einzigartig. Das ist die Basis für die Entwicklung einer Vielzahl von Technologien, die töten können auf der Basis von spezieller genetischer Empfindlichkeit oder Funktion oder auf der Basis von speziellen Resonanzeffekten, die durch kohärente Energiequellen ausgelöst werden.

Die frühere Führung der Sowjetunion war sich auch dieser Systeme bewusst und kommentierte sie bereits 1989, lange vor den Bekanntmachungen aus den USA. Die Beweislage für Forschungsansätze aus den vorausgegangenen Jahrzehnten ist ganz klar. „Boris Jelzin .. teilte einem Journalisten mit, dass der KGB ein ELF-Gerät besitzt, das ein menschliches Herz zum Stillstand bringen kann ... Jelzin sagte, dass KGB-Mitarbeiter ihm gesagt hatten, das sie ein Gerät besitzen, das ein kräftiges Signal von 7 bis 11 Hz aussendet, das das Herz stillstehen lässt. Nach Jelzin sagten die KGB-Agenten: ‚Wenn kein medizinischer Notfalldienst in der Nähe ist, dann ist es aus.'"[269]

Noch einmal die militärische Revolution

In unseren beiden Büchern *Löcher im Himmel* und *Freiheit nehmen* (beide erschienen im Michaels Verlag) besprachen wir bereits ausführlich eine Arbeit, die unter dem Titel „Revolution in militärischen Angelegenheiten und Konflikte, die gerade noch kein Krieg sind" veröffentlicht wurde. Das Thesenpapier wurde 1990 vom *US Army War College* verfasst. In diesem Dokument wurde behauptet, dass die neuen Technologien des 21. Jahrhunderts eingesetzt werden würden, weil die Angst vor Drogen und Terroristen am Wachsen sei. Es wurde behauptet, dass die Amerikaner durch eine Verstärkung der Furcht ihre traditionellen Werte im Austausch für Sicherheit hingeben würden. Haben wir das alle erkannt? – Terroristen und Drogen sind das Thema. Das wurde damals schon als die Art und Weise vorgetragen, auf die die neuen Technologien die Einsatzerlaubnis in den Vereinigten Staaten erhalten würden, über den Widerstand der zivilen Gesellschaft hinweg. In der Richtung, in der wir uns gerade bewegen, mit unserer auf Furcht gründenden Motivation, werden wir schwere Fehler machen, die unsere Sicht des Krieges verändern werden. In diesem Papier geht es um das Niederschießen von Drogenhändlern und um die Komplikationen, wenn Gerichtsverhandlungen, Geschworene und Richter vergessen werden. Wie sieht es mit den Irrtümern aus? Sind wir die unter Kapuzen verborgenen Henker, die sich hinter der Technologie verschanzen und die Verfassung vergessen, die wir doch beschützen müssen? In vielerlei Hinsicht hat die Realität diese Voraussagen eingeholt ...

„Die Regierung von Peru hat unter der Aufsicht der USA seit 1992 mehr als 100 Flugzeuge beschossen und abgeschossen als Teil eines Programms, das darauf abzielt den Fluss von Kokain in die Vereinigten Staaten zu reduzieren, sagten gestern US-Geheimdienstmitarbeiter. Die USA begannen 1992 unter der Regierung Bush mit einer begrenzten Luftüberwachung und Flugunterbrechung in Peru und anderen südamerikanischen Staaten. Das ging weiter und eskalierte 1998, als die Clinton-Administration das Programm aufgrund ‚anderer drängender Bedürfnisse' abbrach."[270] Geschworene, Rich-

ter, Prozesse – wo sind sie geblieben? Dies sind die Themen, die
zum ersten Mal 1990 in dem erwähnten Militärpapier zur Sprache
gebracht wurden.

Und Fehler passierten wirklich. „Verwandte von US-Missionaren,
deren Flugzeug über dem Amazonas abgeschossen wurde, sagten,
dass das Flugzeug die Erlaubnis zum Landen erhalten hatte, und
das nur wenige Augenblicke, ehe die peruanische Luftwaffe ohne
Warnung das Feuer eröffnete. Ein US-Geheimdienstoffizier sagte
am Sonntag, dass die Crew eines Überwachungsflugzeugs der CIA
in dem Gebiet dem peruanischen Militär mitgeteilt hatte, dass das
Flugzeug Drogen transportieren könnte, aber später ‚Einwände er-
hoben hatte' gegen ein Abschießen des Flugzeugs."[271] Es besteht
immer der Wunsch die Technologie zu benutzen, wenn die Aufträge
verwirrend sind. Ist es richtig, das Militär in zivilen Angelegenheiten
einzusetzen, wo Tod nicht das gewünschte Ergebnis ist?

Fingerabdruck des Gehirns nach Farwell

„Der Fingerabdruck des Gehirns nach Farwell ist eine revolutionäre neue Technologie für die Untersuchung von Verbrechen und die
Rehabilitierung von unschuldigen Verdächtigen. Nach Untersuchungen der FBI-Agenten, der US-Regierungsbehörden und Feldfor-
schung besteht ein Genauigkeitsgrad von 100 Prozent. Der Fingerabdruck des Gehirns löst das zentrale Problem, indem wissenschaftlich geklärt wird, ob ein Verdächtiger die Details eines Verbrechens
in seinem Gehirn gespeichert hat."[272] „Das geistige Kind von
Lawrence Farwell, der Fingerabdruck des Gehirns, ist eine computer-
gestützte Technologie, um den Täter eines Verbrechens sicher und
mit wissenschaftlichen Methoden zu identifizieren, indem die Gehirn-
wellenreaktionen auf verbrechensrelevante Wörter oder Bilder auf
einem Computerbildschirm gemessen werden."[273]

„Nach Aussagen von Dr. Larry Farwell, dem Erfinder dieser Technologie, gründet sich ‚der Fingerabdruck des Gehirns' auf dem Prinzip, dass das Gehirn für alle menschlichen Aktivitäten zentral ist. Es
plant, führt aus und speichert Informationen. Wenn daher jemand
Informationen hat, die zu einem Verbrechen gehören, dann ist diese

Information dauerhaft im Gehirn gespeichert. Mit entsprechendem Training und der Technologie können die Erinnerungen, die im Gehirn gespeichert sind, wiedergewonnen werden."[274]

„Der Fingerabdruck im Gehirn funktioniert folgendermaßen: Worte und Bilder, die zu einem Verbrechen gehören, werden auf einem Computerbildschirm eingeblendet, zusammen mit andern, nicht relevanten Worten oder Bildern. Elektrische Gehirnreaktionen werden durch ein Stirnband mit Sensoren gemessen. Die wissenschaftliche Forschung hat gezeigt, dass eine spezifische Gehirnwellenreaktion mit dem Namen MERMER (Gedächtnis und kodierende verwandte vielschichtige elektroenzephalografische Reaktion) angeregt wird, wenn das Gehirn wichtige Informationen verarbeitet, die es wiedererkennt. So wird vom Gehirn eines Täters ein MERMER ausgelöst, wenn Details eines Verbrechens, die nur der Täter wissen kann, vorgelegt werden. Das funktioniert mit dem Gehirn eines unschuldigen Verdächtigen nicht. Beim Fingerabdruck des Gehirns analysiert ein Computer die Gehirnreaktion, um MERMER festzustellen, und so wird wissenschaftlich festgestellt, ob die verbrechensrelevante Information im Gehirn eines Verdächtigen gespeichert ist oder nicht."[275]

Die Zulassung von Fingerabdrücken des Gehirns vor Gericht wurde noch nicht erteilt. Die folgenden anerkannten Merkmale des Fingerabdrucks im Gehirn werden jedoch relevant sein, wenn die Frage der Zulassung vor Gericht getestet wird.

1) Fingerabdrücke des Gehirns wurden gründlich und wissenschaftlich fundiert getestet.
2) Theorie und Anwendung des Fingerabdrucks des Gehirns wurden genauestens überprüft und veröffentlicht.
3) Die Irrtumsquote ist extrem niedrig – praktisch nicht existierend – und klare Standards für die anzuwendenden Techniken beim Einsatz der Technologie wurden geschaffen und veröffentlicht.
4) Theorie und Praxis des Fingerabdrucks des Gehirns erhielten allgemeine Akzeptanz in der zuständigen wissenschaftlichen Gemeinschaft.
5) Der Fingerabdruck des Gehirns ist nicht beeinflussbar und gilt nicht als Zeugenaussage."[276]

„Das FBI sagt, dass es vorsichtig optimistisch ist, dass der Wahrheitsdetektor vor Gericht Bestand haben wird. Die höchst geheime CIA
ist ebenfalls begeistert und unterstützt einige der Forschungen finanziell. Farwell sagt, dass sein Wahrheitsdetektor bisher zu 100
Prozent zuverlässig war. Es basiert alles auf der einfachen Theorie,
dass, auch wenn die Leute lügen wollen, das Gehirn trotzdem die
Wahrheit sagt."[277] „Zehn Gesetzesvollzugsbehörden auf lokalem,
staatlichem und nationalem Niveau in der Gegend um Washington,
D.C., und in Iowa haben zugestimmt, das System für den Fingerabdruck des Gehirns nach Farwell einzusetzen, sobald die angemessene Finanzierung steht. Mit der Einführung ist der Fingerabdruck
des Gehirns nach Farwell eine praktisch angewandte Technologie
geworden. Eine neue Ära im Gesetzesvollzug und Geheimdienst
hat begonnen. Jetzt gibt es keinen Grund mehr, warum irgendjemand
jemals wieder fälschlicherweise eines Verbrechens überführt werden sollte. Und keine schuldige Person soll in Zukunft aufgrund
fehlender Beweise der Strafe entgehen."[278] „Der mögliche Nutzen
dieses Programms beläuft sich auf eine große Bandbreite an
Gesetzesvollzugsanwendungen, einschließlich des organisierten
Verbrechens, der Gewalttaten, der Verbrechen in Verbindung mit
Drogen, ausländischer Gegenspionage, nicht traditioneller Ziele und
auch anderer Kategorien. Die neue Technologie verspricht einen
enormen Nutzen sowohl auf nationaler Ebene als auch für den staatlichen und regionalen Gesetzesvollzug."[279]

Wieder sind die Auswirkungen und das Potenzial für das Erkennen
von Verbrechen enorm, während die zunehmende Transparenz von
ansonsten unschuldigen Privatpersonen zur Diskussion steht. Diese
Technologien führen auch zu den üblicheren Verwendungen wie
der Schaffung künstlicher Gedächtnisse für die Ausbildung oder
andere Zwecke. Diese Technologien werden erwartet und sind schon
im Kommen, wie es in vielen Berichten heißt, die in unseren früheren Büchern zu diesen Themen zitiert wurden. Befragung, Privatsphäre und die Bedeutung der 5. US-Verfassungsergänzung sind
im Vorfeld dieser Technologien außerordentlich wichtig, will man
entscheiden, wie und wann diese Technologien eingesetzt werden
sollen. Die Idee einer Integration dieser Systeme in Werbestrate-

gien, in die Entwicklung politischer Meinungsbildung oder andere Bereiche macht alles zu einem geeigneten Feld für Missbrauch. Die allerletzte Invasion in die Privatsphäre ist eine Interferenz mit den Gehirnfunktionen. „Eine Technologie, bekannt als Biofusion, verbindet Sensoren, um biologische Systeme zu untersuchen, damit man verstehen kann, wie Informationen und neurale Strukturen gemeinsam Gedanken produzieren können, und um den Gedanken in seinem mathematischen Aussehen zu zeigen. Indem man eine fortschrittliche Datenbank schafft, die diese Begriffe enthält, können Forscher jetzt auf Gehirnaktivität blicken und entscheiden, ob eine Person lügt, falsche Befehle empfängt oder sich auf bestimmte Gedankentypen konzentriert, die vielleicht Aggression andeuten."[280] Das Lesen der Gedanken anderer Leute ist von einem Salonspielchen zu einer High-Tech-Geschichte geworden, mit der man in das eindringt, was im Kopf einer Person vorgeht. Ist das die Richtung, in die unsere zivile Gesellschaft gehen soll?

Möglichkeiten für die Gesundheit

„Chirurgen bereiten sich darauf vor, den ersten Halbmaschinenmenschen aus Ehemann und Ehefrau zu schaffen: Sie planen, einem britischen Professor und seiner Frau Computerchips zu implantieren um zu sehen, ob sie Gefühl und Bewegung durch Gedanken allein weitergeben können. Der Professor hofft, dass der Versuch zeigen wird, wie zwei Gehirne interagieren können. Die Ärzte am *Stoke Mandeville Hospital*, die die Operation durchführen werden, hoffen, dass es zu neuen Behandlungsmethoden für Lähmungsopfer führen wird."[281]

„Jahrzehntelang haben Ärzte Schrittmacher dazu verwendet das Herz zu regulieren. Jetzt implantieren sie ähnliche Geräte ins Gehirn. Tausende von Patienten mit den schlimmsten Erkrankungen an Parkinson und Epilepsie haben die Geräte erhalten, seit 1997 die Genehmigung durch die US-amerikanische Gesundheitsbehörde kam. Weitere mehrere hundert Personen sind bereit an klinischen Versuchen teilzunehmen, mit denen festgestellt werden soll, ob die elektrischen Impulse von Schrittmachern chronische Schmerzen, Depression und sogar Fettsucht kontrollieren können."[282]

„Forscher an anderen Einrichtungen haben zuvor Affen und Leuten Elektroden implantiert und gezeigt, dass die Gehirnsignale einen Cursor bewegen können. Die neue Arbeit steigert die Geschwindigkeit und Genauigkeit, mit der das Gehirn den Cursor lenken kann. Forscher glauben, dass sie vielleicht nur noch ein Jahrzehnt davon entfernt sind, die Technik für gelähmte Patienten zu perfektionieren."[283]

Ein Verstehen des Gehirns und Methoden der Interaktion ohne den Einsatz von Chemikalien, sondern durch Energie selbst ist auf dem Vormarsch. Diese Forschungsrichtung wird viele Antworten für die Gesundheit der Menschen bringen, so wie wir unser Verständnis des menschlichen Körpers als ein offenes System verbessern, der den Einflüssen feinster Energieveränderungen unterliegt. Wir werden dann die Lösung zu einigen der dringendsten gesundheitlichen Bedingungen des Menschen wiederentdecken.

Kapitel 6

Persönliche Privatsphäre - Ist das keine vernünftige Forderung?

Immer öfter gibt es Gerüchte, bei denen es um Themen der Privatsphäre geht, und besonders jetzt in Zeiten nach Terroranschlägen und der sich daraus ergebenden Furcht. Identifikationssysteme tauchen immer mehr in einer Art auf, die alles verändern wird, wenn es um die Wahrung der Privatsphäre geht. Wir haben diese Systeme während der letzten Jahre verfolgt und im Januar 2000 ausführlich über sie berichtet. Das ist nachzulesen in unserem ersten Buch dieser Reihe. Unsere Vorhersagen und Besorgnisse sind in letzter Zeit in der Öffentlichkeit an die allererste Stelle gerückt, und heute herrscht ein vollkommen anderes Empfinden als noch in den 1990er Jahren.

In der Zeit nach den Anschlägen vom 11. September 2001 in New York und weiteren Attentaten in den folgenden Jahren beispielsweise in Madrid und London geschah in der öffentlichen Meinung eine bedeutsame Verschiebung. Die Themen der Privatsphäre werden beiseite geschoben im Austausch für das, was den Leuten als eine zusätzliche Sicherheit für unser Leben verkauft wird. Diese Technologien werden es möglich machen, allen Leuten auf dem Planeten nachzuspüren, wenn diese Technologien ohne Kontrolle weiter vorangetrieben werden. Dieses Kapitel befasst sich mit einigen dieser Technologien, die in letzter Zeit die größten Auswirkungen hatten.

ID-Systeme und Aufspüren von Personen

Die neuesten Identifikationssysteme beginnen mit Biometrie. „Biometrie umfasst die einzigartigen messbaren Charakteristika unseres Menschseins. Es kann sich dabei um Charakteristika des Körpers oder des Verhaltens handeln. Die hauptsächlichen biometrischen Technologien umfassen: Gesichtserkennung, Fingerscannen, Fingergeometrie, Handgeometrie, Iriserkennung, Handflächenabdruck, Retina, Unterschrift und Stimme."[284]

„Die Verwendung von am Computer verarbeiteten Biometrie-Sys-
temen – Systeme, die individuelle Körpermaße oder Muster wie
Fingerabdrücke, Stimme, Irismuster oder Gesichtsmerkmale lesen
– wird immer beliebter. Von Experimenten der Banken mit Iris-
Scannern bis hin zur umfassenden biometrischen Datenbank der
US Army befassen sich verschiedene Abteilungen mit dieser Technologie. In der Tat sagen Experten voraus, dass sich der kommerzielle Markt für Biometrie in den nächsten drei Jahren um das Zehnfache vermehren wird. Die Technologie geht auf die Zeit vor hundert Jahren in Argentinien zurück, wo die Polizei damit begann, an
Verbrechensschauplätzen Fingerabdrücke zu nehmen."[285] In den
letzten drei Jahren bewegten sich diese Themen aus dem Schatten
heraus und hinein in den Fokus des Interesses, da Sicherheitsthemen
debattiert wurden und Sicherheitsfragen auftauchten.

Biometrische Systeme werden mit schnelleren Computern und besserer Verarbeitungssoftware verfügbar und schnell weiterentwickelt.
Diese Technologien werden von Gesetzesvollzugsbehörden verlangt,
während Bürgerrechtsvertreter und andere zur Vorsicht mahnen.
Diese Besorgnisse werden nicht in der traditionell liberalen Ecke
der amerikanischen Politik geäußert, sondern werden sowohl von
Konservativen als auch von Gruppierungen jenseits aller traditionellen politischen Grenzen formuliert. Die Themen Privatsphäre,
Freiheit und Freizügigkeit betreffen alle Sektoren der zivilen Gesellschaft – Republikaner, Demokraten und Unabhängige.
„Biometrische Identifikationstechniken, die einzigartige biologische
Charakteristika wie Fingerabdrücke oder Irismuster verwenden,
kommen jetzt auf den freien Markt. Die kürzlich erfolgte Preis-
senkung für solche Technologie hat es biometrischen Identifikations-
systemen möglich gemacht, in zwei Hauptbereichen eingesetzt zu
werden: in Banken und in Regierungsbehörden. Für Banken ist die
Verwendung der Technologie mehr zum Zweck der Bequemlich-
keit als der Sicherheit, da der Kunde keine ATM-Pinnummer braucht,
sondern nur noch in eine Kamera blicken muss.
Während diese Technologie einen Dieb davon abhalten kann, eine
Pinnummer zu erraten, kann es keine Verzögerungen bei ATMs
verhindern. Für Regierungsbehörden findet die Technologie mehr

im Bereich der Sicherheit Anwendung, da sie es erleichtert falsche Identitäten aufzuspüren. Einige Staaten verwenden Biometrie, um die Identität von Sozialhilfeempfängern sicherzustellen, und das Verteidigungsministerium und die Behörde für Kriegsopfer und Veteranen untersuchen derzeit beide die Verwendung von Fingerabdrücken, um Angestellte und die, die eine Unterstützung erhalten sollen, zu identifizieren. Biometrische Technologie ist jedoch unter Beschuss geraten von Seiten von Datenschutzgruppen und Bürgerrechtlern, die behaupten, dass die Technologie es undemokratischen Regierungen erlaubt Bürger zu unterdrücken und Dissidenten aufzuspüren. Gegner sagen, dass die, die in autoritären Ländern eine unerwünschte Meinung vertreten und auch die, die ihre Identität verändern müssen, um einem Stalker oder einem Missbrauchstäter zu entkommen, es nötig hatten, mit Hilfe von falschen Papieren zu überleben. Kritiker halten dagegen, dass totale Kontrolle möglich ist, wenn die Regierung jeden in der Bevölkerung absolut identifizieren kann. Die Aussicht, dass Hacker in eine Datenbank einbrechen, wo IDs gespeichert sind, ist ebenfalls ein furchterregender Aspekt, sagen Kritiker. Diese negativen Konsequenzen sind Teil des Grundes, warum der Kongress beständig gegen die Idee einer universell erforderlichen ID-Karte gestimmt hat. Und sogar Befürworter der Technologie sagen, dass es unwahrscheinlich ist, dass die gesamte Bevölkerung der Vereinigten Staaten notwendigerweise irgendeine Art von biometrischer Identifikation erhält. Die meisten Analysten behaupten jedoch, dass ein gewisser Teil der Bevölkerung, höchstwahr-scheinlich die Armen, die Sozialhilfe erhalten, und die Immigranten unter die Erfordernis der biometrischen Identifikation fallen werden. Damit gehen ihnen die Persönlichkeitsschutzrechte verloren, die dem Rest der Gesellschaft gewährt werden."[286]

Die in den Vereinigten Staaten führenden Hersteller dieser Technologien exportieren sie in Länder, wo die öffentliche Meinung nichts zählt und im Entscheidungsprozess auch nicht beachtet wird. China und auch andere Entwicklungsländer sind wichtige Konsumenten dieser Technologie und werden zum „Testgebiet" für die weitere Ausbreitung dieser Technologie auf globaler Ebene für militärische, politische und kommerzielle Zwecke. „Die Firma, die die umstrittene Gesichtserkennungstechnologie lieferte, die verwendet wird, um in Tampa, Fla., die Leute auf der Straße zu scannen, arbeitet mit Handelspartnern in China zusammen, um dort die gleiche Technologie zu installieren. Joseph Atick, Vorsitzender und CEO von *Visionics Corp.* und ein Erfinder der Gesichtserkennungstechnologie, sagte am Mittwoch zu Reportern, dass seine Firma in etwa 50 bis 60 Nationen Geschäfte macht, auch in China."[287] Warum erlauben die Vereinigten Staaten den Export dieser Technologien an Regierungen, die sie sicher zu Zwecken verwenden werden, die die meisten für nicht akzeptabel halten? Es waren US-Systeme, die in China an Ort und Stelle waren, als in den 1990er Jahren bei prodemokratischen Protesten Hunderte von Chinesen verhaftet wurden, die für die grundlegenden Bürgerrechte und fundamentale demokratische Prinzipien kämpften.

Das Problem bei jedem dieser Systeme ist, dass immense Mengen an Informationen gesammelt werden, die von denen missbräuchlich verwendet werden könnten, die Zugang zu diesen Daten haben. Außerdem bleibt auch das Hacken für die Leute besorgniserregend, die sich mit diesen Themen befassen, denn da die Informationen gespeichert sind, kann mit ihnen auch Missbrauch getrieben werden. Das wird noch deutlicher in den Veröffentlichungen bezüglich zukünftiger Kriege und Konflikte, wo Informationssysteme die Hauptziele für jeden möglichen Gegner sind, der sich mit den Supermächten des 21. Jahrhunderts anlegt.

Um ein Gefühl für Sicherheit für die Öffentlichkeit aufrecht zu erhalten, werden die neuen Systeme auch in Zukunft weiterentwickelt werden, beginnend mit Identifikationskarten und wahrscheinlich endend mit implantierbarer Technologie. In der Vergangenheit gab es immer dann, wenn in irgendwelchen öffentlichen Bekanntmachungen von Implantaten die Rede war, stärksten Widerstand von Seiten der Bevölkerung – so ist das heutzutage nicht mehr. Diese Systeme werden für Tiere verwendet, um sie zu identifizieren, und werden für Kinder oder ältere Leute vorgeschlagen, die vielleicht Gedächtnisschwierigkeiten haben. Wieder wird hier mit Angst argumentiert, um die Leute auf diesem Gebiet zu motivieren.

Implantate – Die Technologie von heute

„Die Implantat-Technologie ist ein anderer Fall von Science Fiction, der sich zur Realität entwickelt. Diejenigen, die sich schon lange für die Idee der implantierten Chips einsetzen, sagen, dass es eines Tages keine leicht zu fälschenden Ausweise mehr geben wird und auch keine schlummernden Aufsichtspersonen. Nur noch einen Computer-Chip – etwa von der Größe eines Reiskornes – der nur mit Schwierigkeit zu entfernen und nur sehr schwer nachzumachen wäre."[288] Berichte von *Associated Press* und Nachrichtenmeldungen hatten in zunehmenden Maße diese Technologien zum Inhalt. Die gebräuchlichsten Märkte oder Zielgruppen für diese Technologie sind Gefangene, Militärpersonal, Kinder, ältere Leute und Besucher der Vereinigten Staaten.

„Eine Technologiefirma in Florida ist gerade dabei, bei der Regierung anzufragen, ob sie zum ersten Mal einen Computer-ID-Chip auf den Markt bringen darf, der unter die Haut implantiert werden könnte. Für Flughäfen, Atomkraftwerke und andere Hochsicherheitseinrichtungen wäre die sofortige positive Auswirkung, dass es ein viel narrensichereres Sicherheitssystem bieten würde. Aber die Vertreter des Datenschutzes warnen davor, dass der Chip zu Beeinträchtigungen der bürgerlichen Freiheiten führen könnte."[289] Mit dieser Bekanntmachung liefern die Kontrollbehörden bereits von ihrer Seite grünes Licht für diese neuen Systeme. „Das Bundesgesundheitsministerium (FDA) hat entschieden, dass ein implantierbarer Mikrochip für Identifikationszwecke kein Kontrollinstrument ist, und ebnet damit den Weg für den sofortigen Verkauf des Chips in den Vereinigten Staaten, wie der Hersteller heute bekannt gab."[290]

Einige Geräte werden dazu verwendet die Bewegungen einer Person nachzuvollziehen und gleichzeitig die Körperfunktionen zu überwachen. „Integrierte Mikrosysteme werden bei UM entwickelt. Sie können in den menschlichen Körper implantiert werden, um zu belauschen, was mit bestimmten biologischen Funktionen los ist, die Informationen zu interpretieren und irgendwelche auftretenden Störungen zu behandeln, indem chemische oder elektrische Stimuli, die auf Zelleebene eingebracht werden, Anwendung finden."[291]

„Das System Digital Angel^R verwendet das Netzwerk der GPS-Satelliten, um die Position des Chips zu bestimmen. Eingebaute biometrische Technologie ist in der Lage, lebenswichtige Werte wie Körpertemperatur, Pulsrate und Blutdruck zu überwachen. Diese Informationen werden dann mit Hilfe eines anderen GPS-Signals oder eines drahtlosen Kommunikationssystems an ein entferntes Überwachungssystem weitergegeben. Das ganze System wird von der Körpertemperatur mit Energie versorgt, so dass der Chip keine Batterien braucht, die ersetzt werden müssen."[292] Die Batterien sind biologisch inbegriffen, da die Menschen zur Energiequelle für ihre eigene Versklavung werden.

„Die Firma *Applied Digital Solutions, Inc.* gab heute bekannt, dass sie die Patentrechte für Miniatursender – mit dem Namen ‚Digital Angel^R' – erworben hat, der für eine Vielzahl von Zwecken eingesetzt werden kann, wie zum Beispiel für ein fälschungssicheres Identifikationsmittel für gesteigerte Sicherheit im elektronischen Handel, für das Auffinden verloren gegangener oder vermisster Personen, für das Auffinden wertvoller Gegenstände und für die Überwachung medizinischer Zustände bei Risikopatienten. Der implantierbare Sender sendet und empfängt Daten und kann fortwährend von GPS-Technologie aufgespürt werden."[293] Geographische Positionssysteme (GPS) werden dazu verwendet, um Eigentum oder Personen mit einem hohen Maß an Genauigkeit ausfindig zu machen. Diese Systeme wurden zunächst vom Militär benutzt und dann in kommerziell verwendeten Fahrzeugen für die Überwachung des Güterflusses eingesetzt. Diese GPS-Systeme werden noch effizienter, wenn die Technologie fortschreitet, und sie werden immer kleiner.

Die Systeme sind bereits soweit entwickelt, dass die Geräte in der Größe, wie sie vor ein paar Jahren im Einsatz waren, jetzt Vitalfunktionen überprüfen und das Stressniveau, Chemikalien im Körper oder andere Parameter des Lebens überwachen können. In der Zukunft, in der Stromkreise kleiner, in vielfältiger Anwendungsweise effektiver und billiger in der Herstellung werden, wird es noch zusätzliche Fortschritte geben. Es ist abzusehen, dass diese

Technologien eines Tages dafür benutzt werden, alle gesicherten Geschäftstransaktionen durchzuführen, indem sie Bargeld und jegliche Art der Identifikation ersetzen. Fragen der Sicherheit werden weiterhin den Prozess vorantreiben. Nach Aussagen der US-Handelskommission ist der Identitätsdiebstahl bereits jetzt die am schnellsten wachsende Verbrechenssparte in Amerika. Die Frage des Identitätsdiebstahls wird weiter ansteigen und finanzielle Verluste für Banken und Körperschaften mit sich bringen. Das wird zunächst zu mehr Sicherheit bei Kreditkarten und dann in Zukunft zu Implantaten für offizielle Identifikation, das Auffinden von einzelnen Personen und dann zur vollen Integration ins gesellschaftliche Leben führen. Diese „praktischen" Systeme werden eines Tages eine Matrix für Manipulation liefern, die zu einer „kontrollierteren und mehr gesteuerten Gesellschaft" führen, vor der bereits im vergangenen Jahrhundert die Autoren und Forscher gewarnt haben. „1984" war mit seinen Vorhersagen nur ein paar Jahrzehnte zu spät dran, aber es ist sehr wohl auf dem Weg in den ersten Jahren dieses Jahrhunderts Realität zu werden.

Schlaue Karten oder Eindringen?

Sicherheit bei Bankgeschäften ist etwas, was die meisten Leute verstehen und wovon sie oft hören. In die Werbemixtur für ATT und die Banken ist die Idee von Smartcards bereits enthalten, die unter Verwendung von Radiosignalen gelesen werden, die von den neuen Geräten ausgehen. Damit können nicht nur Transaktionen, sondern auch die Bewegung von Leuten in Geschäften oder größeren Bereichen nachvollzogen werden. „Von der US-Bank herausgegebene Smartcards für Anwendung bei Handel per Mobiltelefon oder Internet sind schon einen Schritt näher an der Realität dank einer Initiative von *MasterCard International*. Der Ausgeber von Bankkarten sammelte eine Koalition von Smartcard-Entwicklern, Terminalverkäufern und Sicherheitsdienstleistern, um standardmäßige interoperable Lösungen für digitale ID-Smartcards zu entwickeln. Ziel ist es, die 22.000 Mitgliedsbanken von *MasterCard International* auf ID-Smartcards umzustellen, bei denen

Identifikationscodes, persönliche Identifikationsnummern oder biometrische Daten enthalten sind, um die Kartenbesitzer zu authentisieren oder zu identifizieren."[294]

Durch entsprechenden Druck wird eine weitere Verwendung dieser Systeme durch Banken und Kreditkartengesellschaften verstärkt werden, da sie versuchen werden, Verluste durch Betrug zu verringern. Werden diese Technologien nicht akzeptiert, wird es zu einem segmentierten Markt kommen, wo die, die zuerst diese Geräte übernehmen, größere Sicherheit erhalten werden, da die Verluste an die Kreditbanken und Banken gehen, während die, die die neue Technologie nicht übernehmen, für ihre eigenen Verluste verantwortlich sein werden. Wie werden sich die Leute entscheiden, wenn es zunehmend schwierig wird, Zugang zum wirtschaftlichen System zu erhalten, es sei denn ein Individuum ist bereit, die legitimen Grenzen der Privatsphäre zu opfern, so dass Regierung und Firmen eine größere Kontrolle über unser Leben erhalten können? Wir erwarten, dass dies eine allmähliche Veränderung sein wird, da Furcht, Unsicherheit und Wunschdenken die Privatsphäre in Form allgemeiner Besorgnis überschatten.

In der Zwischenzeit steigt die Angst, und der gesunde Menschenverstand verdampft. Wir zielen immer auf die wenigen, wenn wir der Bevölkerung etwas vorstellen, damit sie das akzeptieren, was von den meisten denkenden Menschen abgelehnt werden würde. „Indem sie sagten, die Nation müsse ihre Grenzen sichern, um in Zukunft Terroristen aus dem Land zu halten, gaben zwei US-Senatoren heute bekannt, dass sie eine weit reichende Gesetzgebung einreichen würden, um Millionen von Ausländern dazu zu bringen ihre ‚biometrischen Smart-Visa' bei sich zu tragen, wenn sie durch die Vereinigten Staaten reisen. Die Karten, die wie Kreditkarten funktionieren, würden Fingerabdrücke und andere persönliche Informationen enthalten, wie es in der von Senator Jon Kyl, R-Ariz., und Senator Diane Feinstine, D-Calif., geplanten Maßnahme vorgesehen ist."[295] Die Politiker geben das wieder, was sie glauben, dass die Öffentlichkeit hören will, wenn sie ihre Aussagen machen. Das Aufspüren von Sextätern und überführten Verbrechern wird wahrscheinlich als Grund für Implantate verwendet werden, und auch für die Einführung eines elektronischen „Roten Briefes" oder eines „Gelben Sterns" für eine leichtere Identifikation. Schließlich wird der Druck zunehmen, dass alle Leute auf die gleiche Art behandelt werden sollen – indem Implantate hinzukommen im Austausch für politischen, wirtschaftlichen und sozialen Zugang.

Der Kongress stimmte nun einer Sache zu, die vor den Anschlägen in New York völlig undenkbar gewesen wäre, und tauschte damit Privatsphäre gegen Sicherheit ein. „Still und leise in das Anti-Terrorismuspaket, das Präsident Bush zum Gesetz machte, eingeschnürt ist eine Maßnahme, die von Ausländern verlangen könnte, Identifikationskarten zu benutzen, wenn sie in die Vereinigten Staaten reisen wollen. Identifikationskarten würden mit Hilfe der ‚biometrischen' Technologie entwickelt werden. Das Gesetz empfiehlt auch die Herstellung von ‚fälschungssicheren' Reisepässen."[296] Das stellt einen ersten Schritt in eine Richtung dar, wo ein gefährlicher Abgrund auf uns wartet.

Neue militärische Identifikation

1995 berichteten wir[297] davon, dass militärische Denkfabriken die Verwendung von Implantattechnologien und Smartcards für mehrere verschiedene Zwecke in Betracht zogen. In diesen frühen Berichten wurde in den militärischen Schriften auch ganz klar gesagt, dass diese Technologien von der Öffentlichkeit in Frage gestellt würden, wenn man sie einführen wollte, ohne dass ein Klima der Furcht vorherrschte. Diese Furcht, so wurde vorhergesagt, könnte auf internationalem Terrorismus und Drogenhandel gegründet sein. Es dauerte acht Jahre und brauchte einen Anschlag in New York, um das zur Realität werden zu lassen. Das hat die Bühne bereitet für riesige Veränderungen in der Gesellschaft – jetzt beginnt der Verrat.
Im Fall von Militärpersonal ist die Verwendung von Implantaten wichtig geworden, um die Leute auf dem Schlachtfeld wiederzufinden und ihre lebenswichtigen Funktionen zu überwachen. Dieses System macht es möglich, dass unsere eigenen Truppenbewegun-

gen mitverfolgt werden können, und es könnte es auch ermöglichen, dass ein komplex ausgestatteter Gegner ebenfalls unsere Leute
exakt ausfindig machen könnte. Viele vergessen, dass ein System
nur kurze Zeit wirklich fortschrittlich ist, wenn man die Entwicklungen auf der ganzen Welt betrachtet. Wo die USA und einige andere
Regierungen heute vielleicht einen Vorsprung haben, können sie auf
dem Gebiet der Gegenmaßnahmen ganz schnell ins Hintertreffen
gelangen. Technologie ist weit verbreitet, und Innovation ist bei allen Menschen möglich. Wer wird der Erste sein? Irak, Russland,
China oder sonst jemand? Wer wird der Letzte sein? Und noch viel
wichtiger: Werden diese Systeme den menschlichen Interessen dienen oder unserem eigentlichen Menschsein schaden?
Der erste Durchgang im Herausgeben von Smartcards war Ende
des Jahres 2001, wobei in den folgenden Monaten noch mehr kommen sollten.
„Die Karte – mit zwei Fotos, zwei Strichcodes, einem Magnetstrei-
fen und dem markierten Goldchip – sieht aus wie ein Führerschein
für Steroide. Mehr als 120.000 Personen des aktiven Militärpersonals,
ausgewählte Reservisten, Zivilangestellte des Verteidigungsministeriums und einige Vertragspartner bekamen in den letzten
Monaten diese Karten. Etwa 4 Millionen sollen in den nächsten
zwei Jahren ausgegeben werden."[298] „Das Pentagon plant die Ausgabe von 4 Millionen oder mehr hochtechnisierter Identifikationskarten an Soldaten und anderes Personal auf der ganzen Welt. Man
hofft damit bessere Sicherheit für den Zugang zu Stützpunkten,
Gebäuden und Computersystemen zu erreichen. Die neue ‚allgemeine Zugangskarte' enthält einen kleinen Computerchip und verwendet die ‚Smartcard'-Technologie, um Unmengen Informationen zu speichern und zu verarbeiten. Ähnliche Technologie wird
bereits von kleineren Regierungen benutzt, einschließlich Spanien
und Finnland, und in wirtschaftlichen Operationen."[299]
„Die Software der AktivCard liefert gleichzeitige und sichere Verbindungen zu zwei unabhängig gesteuerten Systemen, von denen
Benutzeranwendung und Daten erforderlich sind. Das erste System ist das *Defense Enrollment Eligibility Reporting System
(DEERS)* von DMDC, das Informationen von über 23 Millionen
Personen enthält. Das zweite System ist das *PKI Certificate Ma-*

nagement System der Informationsabteilung des Verteidigungsministeriums. Das Endresultat ist ein System, das weltweit angewandt
wird, um CAC-ID-Anstecker für alle Angestellten und Vertragspartner des Verteidigungsministeriums herzustellen. Die neuen An-
stecker werden eine große Bandbreite an Funktionalität von
Gebäudezugang über Finanzdienstleistung bis zu digitaler Identität
für den Zugang zu Regierungsdiensten bieten. Sie enthalten Informationen über das Personal und verarbeiten Hinweise, die eine digitale Unterschrift, Verschlüsselung und exakte Authentisierung der
Benutzer möglich machen."[300] „Eine zusätzliche Funktion, die bei
den ActivCard-Badges eingebaut wird, ist die Bearbeitung von
Essensgebühren in den militärischen Kantinen ... Vorgesetzte versuchen individuelle medizinische oder zahntechnische Daten auf der
Karte zu speichern, zusammen mit Details zu Trainings- und Schieß-
ergebnissen, wie Offiziere in einer Veröffentlichung bekannt gaben." Der September des Jahres 2002 war das Zieldatum für die
erste Ausgabe, mit dabei sein sollten aktives Militärpersonal, ausgewählte Reservekräfte, zivile Angestellte des Pentagon und Vertragspartner.[301]

Wir glauben, dass die nächste Generation der Implantattechnologie
jetzt bereits im Kommen ist, und sie gründet sich auf den Stand der
Technologie, der in ausgewählten Bereichen bereits im Einsatz ist.
Wir erwarten, dass diese Technologien bereits bei Spezialeinheiten
und anderen Missionen mit höchster Priorität im Einsatz sind, wo es
lebenswichtig ist, das Risiko und den Standort richtig einzuschätzen. Wenn ich diese Möglichkeit überdenke: Wäre ich im Militär-
dienst, würde ich ein Implantat wollen? Wenn ich vielleicht an einem Kampf teilnehmen müsste, würde ich dieses zusätzliche Gerät
haben wollen als eine Möglichkeit, um gefunden zu werden, wenn
ich verwundet, vermisst oder gefangen genommen bin. Diese Entscheidung wäre jedoch nicht meine eigene, sondern die des Militärs
unter Bedingungen des Militärdienstes. Das bringt neue zusätzliche
Fragen, wer denn eigentlich verantwortlich ist für das, was dem
Einzelnen unter die Haut kommt – der Einzelne oder die Regierung?

Snooper Bowl

Im Vergleich zu Implantaten scheinen andere Systeme zu verblassen, doch auch diese Systeme müssen in Betracht gezogen werden. Der *Super Bowl* von 2003 kam ohne Gesichtserkennungskameras aus, CNN äußerte die Entschuldigung, dass die Technologie eine Aufbesserung bräuchte, die für diese Anwendung genau genug arbeite, während der wirkliche Grund die Besorgnis der Öffentlichkeit über die Wahrung der Privatsphäre war. Das interpretierten wir als gutes Zeichen, denn die Öffentlichkeit wurde zu diesem Thema gehört, aber das geschah nur, weil es öffentliche Aufmerksamkeit bedeutete. In anderen Teilen der Welt ist dies nicht der Fall.

2001 war die Öffentlichkeit das Ziel in einem Test dieser Gesichtserkennungstechnologien. „Als die Polizei geheime Kameras benutzte, um die Gesichter von 100.000 Leute beim *Super Bowl* zu scannen, schienen sie ein lange ersehntes Ziel zu erreichen, indem sie in einer Menschenmenge schnell Kriminelle erkennen konnten. Aber die Bedenken aufgrund des Eindringens in die Privatsphäre mag vorschnell gewesen sein, denn die Technologie ist noch weit davon entfernt narrensicher zu sein und ist nicht in weit verbreiteter Nutzung. Experten warnen, dass verdeckte digitale Gesichtsscanner im öffentlichen Raum höchst unzuverlässig sein können, weil digitalisierte Fotos, die aus einem Winkel heraus oder bei schlechter Beleuchtung gemacht werden, Bilder erzeugen, die oft den existierenden Fahndungsfotos nicht entsprechen."[302] „Super-Bowl-Fans wussten es niemals, aber polizeiliche Videokameras waren auf ihre Gesichter gerichtet, auf einen nach dem anderen, als sie am Sonntag durch den Eingang in Tampa strömten. Kabel lieferten die Bilder sofort an Computer, die weniger als eine Sekunde brauchten, um sie mit Tausenden von digitalen Bilder bekannter Krimineller und mutmaßlicher Terroristen zu vergleichen. Der außerordentliche Technologietest während des allerwichtigsten US-Sportereignisses des Jahres erbrachte einen Volltreffer: ein Ticketbetrüger, der in der Menge verschwand, wurde gefasst, berichtete ein Beamter der Firma, die die Kameras installiert hatte."[303]

Gesichtserkennungstechnologie ist immer noch eine ziemlich kleine Industrie und ihre Zuverlässigkeit wird immer noch in Frage gestellt. Gemäß Jim Wayman, dem Leiter des Biometrischen Testzentrums an der *San Jose State University*, deuten die Ergebnisse von Labortests an, dass die Technologie nur für ‚ein grobes Filtern' von Verdächtigen geeignet ist. Ein neuere Studie, die vom *National Institute of Standards and Technology* durchgeführt wurde, wies 43 Prozent der Ergebnisse als falsch zurück. Verwendet wurde der gleiche Computer, der 18 Monate zuvor die Fotos der Verdächtigen aufgenommen hatte. Ein ähnlicher Test mit im Prinzip identischen Resultaten wird vom Verteidigungsministerium herausgegeben. Kürzlich verwendete die Polizei beim *Super Bowl* in Tampa *Graphco Technology*, um damit heimlich die Gesichter von 100.000 Zuschauern zu scannen. Sie waren in der Lage 19 Leute zu identifizieren, die bei einer Überprüfung ihrer Daten einen kriminellen Hintergrund hatten. Vor den Tests beim *Super Bowl* hatte die Polizei von Tampa *Graphco* eine Datenbank mit 1700 Personen gegeben, die ein Verbrechensregister hatten, das von Ticketbetrug und Betrügerei bis zu schweren Verbrechen reichte.

Die Kasinos in Las Vegas verwenden ebenfalls die neue Technologie, aber ein Softwarehersteller, *Images Technologies*, hat bereits darauf hingewiesen, dass aufgrund der Kasinobeleuchtung die Effektivität eingeschränkt sei. Jemanden innerhalb eines Kasinos effektiv zu identifizieren ist eine Herausforderung, nicht nur wegen der Beleuchtung, sondern auch aufgrund der Kamerawinkel. Experten empfehlen, dass Kameras entwickelt werden sollen, die einen 360-Grad-Rotationswinkel und die Kapazität schnell auf Ziele hinzuzoomen haben sollen. Viele Gemeinden verwenden die Technologie um Verkehrssünder zu fotografieren und dann den Leuten eine Rechnung zu schicken. Oder sie verwenden die Technik, um in den geschäftigen Straßen der Stadt die Menge zu beobachten. Während es einige gibt, die vielleicht den Eindruck haben, dass die geheime Natur der Technologie die Persönlichkeitsrechte beeinträchtigt, glaubt Michael D. Brasfield, der Polizeichef von Fort Lauderdale, Fla., dass ‚jede Technologie, die die öffentliche Sicherheit verbessert, aber nicht die Rechte des einzelnen Bürgers verletzt, es wert ist weiter verfolgt zu werden.'"[304] Was hat er gesagt? Verstehen diese Individuen, was Privatsphäre in der wirklichen Welt der modernen Technologie ist?

„'Wenn die Öffentlichkeit sich nicht dagegen wehrt, was beim ‚Snooper Bowl' passiert ist, dann werden die Behörden sich sicher ermutigt fühlen, uns auf dem Weg zur totalen Überwachung noch weiter zu verfolgen', sagte Howard Simon von ACLU."[305] Diese Einschätzung traf genau auf den Punkt, als es um die größeren Themen ging, und hat dabei geholfen, die Entwicklung der Technologie etwas zu verlangsamen.

Politische Führer begannen ebenfalls sich die Technologie im Licht der allgemeinen Richtung und der langfristigen Wirkungen dieser Neuerungen anzuschauen. „Senator Chris Dodd, D-Conn., der sich als Mitglied des Datenschutzrates im Kongress mit neuen Datenschutzgesetzen auf Bundesebene befasst, sagte, dass die Überwachung beim *Super Bowl* das neueste Beispiel für eine ständige Erosion der Privatsphäre ist. ‚Wir sind jetzt an dem Punkt, wo sogar der Besuch einer so unverdächtigen Veranstaltung wie eines Sportereignisses bereits dazu führen kann, dass private Informationen über Leute gesammelt und gespeichert werden, ohne dass sie zuvor davon wussten oder ihr Einverständnis gegeben haben', sagte Dodd. ‚Das ist ein Thema, das über Politik, Ideologie und Partisanentum hinausgeht.'"[306] Es machte uns Mut, dass das Thema besprochen wurde, aber wie alle Themen dieser Tragweite ist viel Nacharbeit nötig, sonst nimmt das öffentliche Interesse ab und das System kann einfach voranschreiten.

Die Olympischen Spiele waren das nächste Ereignis, bei dem diese Art System installiert und eingesetzt wurde. „Die Firma *Sensormatic Electronics Corporation* aus Boca Raton, Fla., installierte etwa 260 High-Tech-Kameras bei den Olympischen Winterspielen 2002 in Salt Lake City, Utah, die zur Sicherung und Vorbeugung eingesetzt wurden. Die Firma sagt, dass sie die erste Kamera, die ein Bild um bis zu 176 Mal vergrößern kann, an der Bobbahn und am Eiskanal installiert hat. Eingestellt war das Gerät auf die Stelle, wo der Name am Helm des Athleten zu lesen ist. Eine Sprecherin von *Sensormatic* sagte, dass die Firma nur gebeten wurde, die Ausrüstung zu liefern, und dass die olympischen Organisatoren Programmierung und verantwortliche Durchführung selbst übernehmen wollten. Die Kameras haben eingebaute Heizungen, damit sie der brutalen Kälte des Winters in Utah widerstehen können, und sie werden überall im Athletendorf und an anderen Schlüsselstellen installiert. In anderen Meldungen sagte die Sprecherin von *Sensormatic*, dass die umstrittene Gesichtserkennungstechnologie, die im Januar beim *Super Bowl* eingesetzt wurde, für die Olympischen Spiele nicht verwendet würde. Die Technologie verärgerte die amerikanische Bürgerrechtsvereinigung, die behauptete, dass sie sich für die verfassungsmäßigen Rechte stark mache, dass alle Bürger frei von unrechtmäßigen Durchsuchungen und Festnahmen sein können.'"[307]

Gesichtserkennung und andere Erkennungssysteme

„Überwachungskameras nehmen häufig ein kriminelles Verhalten auf, liefern aber zu verschwommene Bilder, als dass der Verbrecher identifiziert werden könnte. Neue Software, die von dem Doktoranden James Robinson an der *Staffordshire University* in Großbritannien entwickelt wurde, könnte diese Lücke im Apparat des Gesetzesvollzugs schließen. Die Software verbindet mehrere der verschwommenen Bilder, die auf den Filmen der Sicherheitskameras aufgefangen wurden, und schafft ein dreidimensionales Modell des Gesichts des Übeltäters."[308] Dieser Durchbruch wird sich weiterentwickeln und die Gesichtserkennungssysteme in ihrer verschiedenen Anwendung noch nützlicher machen, indem ihre Genauigkeit zunimmt.

„ILEFIS ist ein Gesichtserkennungssystem der nächsten Generation, das eigens gebaut wurde für die Verwendung durch den Gesetzesvollzug auf lokaler, staatlicher und Bundesebene. Es basiert auf einem Rahmenwerk für die Darstellung von Gesichtern (Köpfen) in drei Dimensionen. Verwendet werden dazu die vorhandenen 2-D-Bilder (ein frontales Bild und eine Seitenansicht) von verhafteten Personen, die derzeit in lokalen, staatlichen oder Bundes-Dateien erfasst sind. ILEFIS wird entwickelt als dringend be-

nötigte robuste Gesichtserkennungstechnologie, die die existierenden Technologien übernehmen wird. Es verarbeitet auch Aufnah-
men aus Seitenwinkeln und verbindet alle vorhandenen
Gesichtserkennungstechnologien. Es ist dazu gedacht, auf niederer
bis mittlerer Kostenstufe zu arbeiten und ist national als integriertes
Netzwerk mit ILEFIS-Stationen geplant, die bei Gesetzesvollzugs-
organisationen auf lokaler, staatlicher und Bundesebene installiert
sind. Jede ILEFIS-Station hat eine Kapazität, um vor Ort kodierte
Information über die verfügbaren Kopfbilderdateien und die dazugehörigen Aktenordner (z.B. Verhaftungen) zu speichern und zu
verarbeiten. Es geht dabei um mehr als 60 Millionen Bilder, die sich
in den Vereinigten Staaten jedes Jahr um rund 20 Millionen neue
Bilder vermehren."[309]

Die Firma *Visionics Corporation* ist weiterhin in diesem Bereich
führend. „Eine Firma, die ihr Gesichtserkennungssystem als mächtiges neues Werkzeug für Sicherheit und Verbrechensbekämpfung
anpreist, hat mehrere Millionen Dollar an Fördergeldern erhalten,
um ihre Überwachungstechnologie für militärische und geheimdienstliche Nutzung zu verbessern, wie aus Dokumenten und Interviews bekannt wurde. *Visionics Corp.* aus Jersey City, N.J., spezi-
alisiert sich auf Systeme, die Kameras benutzen, die mit Computern
verbunden sind, um Gesichter zu scannen und automatisch mit elektronischen Fotos zu vergleichen, die in Datenbanken gespeichert
sind."[310] Diese Technologien sind nicht nur für geheimdienstliche
Zwecke, sondern auch für zivile Projekte geeignet.
In Florida werden diese Systeme nicht nur für das Militär verwendet, sondern auch für andere Aktivitäten des Gesetzesvollzugs. „Bis
jetzt hat die Polizei in Tampa noch keine Verhaftungen aufgrund
von Gesichtserkennungssoftware vorgenommen. Aber Beamte in
der Gemeinde Newham in East London, wo 250 Kameras von
Visionics installiert wurden, überwachen damit seit drei Jahren die
Fußgänger. Sie behaupten, dass gesetzesfürchtige Bürger nichts zu
befürchten haben. Die Technologie, sagt Bob Lack, ein Vertreter
der Stadt, ist nicht Big Brother, sondern mehr wie ‚freundliche Onkel und Tanten, die auf dich aufpassen.'"[311] Nur freundliche Onkel
und Tanten ...?

Großbritannien ist normalerweise bei diesen Technologien für zivile Zwecke im Gesetzesvollzug sehr fortschrittlich. In Europa wird Gesichtserkennungstechnologie bereits dazu benutzt, um bekannte Fußball-Hooligans zu identifizieren, die dafür bekannt sind, bei Sportereignissen Gewalt auszulösen. „*Visionics Corporation* gab bekannt, dass die auf der Welt führende automatische Gesichtserkennungsmaschine, FaceIt[R], in einer erfolgreichen Aktion eingesetzt wurde, um bekannte Fußball-Hooligans zu identifizieren, die sich bei einem hoch-profilierten Spiel in der Gegend rund um das Stadion versammelt hatten."[312]

Diese Systeme wurden in den Straßen britischer Städte installiert und werden zunehmend eingesetzt, da Terror und Angst immer mehr die Gefühle von Einzelnen und von der Regierung bestimmen. „Die Gemeinde Newham in London rüstet ihre CCTV-Anlage für die Verbrechensbekämpfung auf, die die Software FaceIt[R] von *Visionics* zur Gesichtserkennung verwendet. Es geht hier um eine Ausweitung des Verbrechensreduzierungsprogramm der britischen Regierung, das im Juli 1998 begann. Die FaceIt[R]-Software scannt automatisch die Gesichter von Leuten, die am Netzwerk mit insgesamt 250 Kameras vorbeigehen, die in Newham aufgestellt sind. Die Gesichter werden dann nach denen von bekannten Kriminellen abgesucht, und der Gesetzesvollzug wird alarmiert, wenn Übereinstimmungen vorkommen. Malcolm Smith, zuständiger Ratsdirektor des CCTV-Systems von Newham, sagt, dass die Software maximale Effizienz habe und bereits Verbrechen und unsoziales Verhalten reduziert habe. *Visionics* hat seitdem die dritte Generation an FaceIt[R]-Geräten auf den Markt gebracht und will so in der Konkurrenz ganz vorne liegen. Newham berichtete eine Verbrechensreduktion von fast 70 Prozent in den 18 Monaten, seit das System installiert wurde."[313]

Die Institutionen, die sich mit dieser Art Thema befassen, sind in ihren Reaktionen langsam und unserer Meinung nach auch nicht auf dem neuesten Stand, wie er sich aus den letzten Entwicklungen ergeben hat. Dadurch steigen sie erst in die Debatte ein, nachdem die ersten Schlachten für die Akzeptanz durch die Öffentlichkeit bereits ausgekämpft wurden. Es ist nötig sich mehr und genauer in der Forschung und in der öffentlichen Diskussion zu engagieren, und diese Bemühungen müssen unterstützt werden, damit sie effektiv sind, wenn es darum geht, die Flut der Entwicklung zu bremsen. *Visionics Corporation* verbreitet weiterhin Informationen, die Kapital aus dem allgemeinen Klima der Angst schlagen, das im Land vorhanden ist. „Ein künstliches Geheimdienstprogramm mit dem Namen FaceIt, entwickelt von *Visionics Corp.* aus Jersey City, N.J., kann die Art und Weise nachmachen, wie das menschliche Gehirn ein Gesicht sieht, und kann die Kennzeichen, die erkannt werden, mit den gespeicherten Bildern in einer Datenbank vergleichen. Jedes Gesicht ist anders, und die Beziehung zwischen den Kennzeichen bildet eine Karte, die das Programm unterscheiden kann. Aber während die Gesichtserkennung großartig für die Identifikation sein mag, ist die mögliche Verwendung zur Überwachung beunruhigend. Die Fähigkeit der Technologie die Bewegungen einer speziellen Person zu überwachen, deuten auf Big Brother hin. Die amerikanische Bürgerrechtsvereinigung und andere Aktivistengruppen fangen damit an die Probleme zu erforschen, die mit der Gesichtserkennung in Zusammenhang stehen. Aber es führt dazu, dass die normalen alltäglichen Aktivitäten von unschuldigen Mitgliedern der Gesellschaft von öffentlichen und privaten Gruppen nachvollzogen werden. In Newham, einem Stadtbezirk von East London, hat die Gesichtserkennungstechnologie bereits dazu geführt, dass die Verbrechensrate vermindert wurde, indem Gesichter überprüft werden, die an den Kameras in der Nachbarschaft vorbeikommen, und gegen eine Datenbank mit den Bildern von Kriminellen abgeglichen werden. Die Gemeinde erhielt mehr Fördermittel von der Regierung für einen verstärkten Einsatz, und Anwälte sagen, dass die Technologie für unschuldige Leute harmlos ist, da die aufgezeichneten Bilder, die nicht mit denen der Datenbank übereinstimmen, wieder gelöscht werden. Aber der ACLU wünscht eine bessere Regelung. Es wird behauptet, dass die Möglichkeiten für Missbrauch enorm sind."[314]

Die Verwendung dieser Systeme für den Zugang zu Computerterminals scheint eine der Verwendungen zu sein, die mit einer verbreiteten Akzeptanz rechnen könnten. Sie könnten sich als eine der besten Möglichkeiten zum Schutz von kommerziell oder privat genutzten Computern erweisen. „Gesichtserkennung ist die einzige Biometrie, die auf zwei Weisen genutzt werden kann – Zugangs- und dauerhafte Überwachung. Die erste Möglichkeit ist ein Abwehrmechanismus. Eine autorisierte Person erlangt nach einem einmaligen Einloggen Zugang zu einem Netzwerk oder einem Teilbereich. Danach bietet das System normalerweise keine weitere Authentisierung mehr an. Mit FaceIt[R] könnten Benutzer dauerhaft überprüft werden, so dass immer sicher gestellt ist, dass die Person vor dem Computer oder dem tragbaren Gerät immer noch die gleiche Person ist, die sich eingeloggt hat."[315] Der wichtige Aspekt bei all diesen Technologien ist nicht ihre tatsächliche Anwendung, sondern die Absicht und der Wille der einzelnen Personen, die diese Systeme bedienen. Die gleichen Systeme, die dazu dienen die Privatsphäre abzuwerten, können oft auch dazu benutzt werden, die Privatsphäre zu verbessern, und auf diese Weise können zivile Standards dessen, was auf diesem Gebiet richtig und falsch ist, verstärkt werden.

„FaceIt[R] fängt automatisch Bilder im Gesichtsfeld ein, zieht sie aus dem Hintergrund heraus und vergleicht sie mit einer Fahndungsliste oder einer Datenbank bestimmter Personen. Das könnten Ladendiebe, bekannte Terroristen oder Kriminelle, VIP-Gäste oder Kunden, erwartete Besucher oder ganz allgemein alle sein, die als Freund oder Feind einzuordnen sind. Dieses automatisierte System kann auf Flughäfen, in Kasinos, öffentlichen Gebäuden, Schulen, U-Bahnen, Universitäten, Fabriken, Geschäftseinrichtungen, Wohnvierteln oder Wohnblöcken usw. genutzt werden."[316]

Wieder werfen diese Verwendungen die Frage auf, wie diese Informationen ausgewertet werden könnten. Diese schlauen Systeme werden die Art und Weise verändern, wie Information genutzt und Dienstleistung überall in der Gesellschaft ausgeübt wird. Die Gesellschaft wird sich verändern, wenn sich die Technologie so weiterentwickelt, dass ein hohes Niveau an Transparenz und zusätzlicher Information erreicht wird. Die Verwendung der Informationen, um politische Ergebnisse, Kundenwünsche oder andere Entscheidungen zu beeinflussen, die wir als Einzelpersonen oder als größere Gemeinschaften machen, wird schließlich das Ziel der neuen Technologien sein.

„Indem Suchvorgänge mit Bildern des Gesichts durchgeführt werden, bietet FaceIt[R] sofortige Ergebnisse, stellt die Identität eines Verdächtigen augenblicklich fest und überprüft Millionen von Akten auf mögliche Übereinstimmungen, und das alles schnell, automatisch und zuverlässig. Keine andere Technologie gibt dem Gesetzesvollzug die Möglichkeit Verdächtige ohne ihre aktive Beteiligung zu identifizieren."[317] Während die Firmen, die diese Technologie vorantreiben, mit ihren Forderungen die Realität Lügen strafen, wird die Fähigkeit diese Forderungen zu erfüllen bald in die Tat umgesetzt werden können, wenn massive Forschungsgelder in diesen Sektor strömen. Die Technologien werden als High-Tech-Geräte zur politischen Kontrolle gefordert. Die wichtigen Fragen werden sich darauf konzentrieren, wer Zugang zu den Technologien erlangen wird, für welchen Zweck und wann sie benutzt werden.

Größere Fortschritte in der Technologie bieten den Benutzern sogar noch mehr Möglichkeiten als nur die Gesichtserkennung. Die Technologien interpretieren auch die Bewegungen einer Person um festzustellen, ob sie sich im normalen Bereich der Aktivität bewegen. Die „neue Technologie mag es Maschinen erlauben, nach ‚abnormem' Verhalten Ausschau zu halten und Sicherheitspersonal zu alarmieren, noch ehe ein Verbrechen überhaupt geschehen ist. Ein Prototyp dieser Technologie wurde von Steve Maybank an der *University of Reading* und von David Hogg an der *University of Leeds* entwickelt. Die Forschung wurde als ein möglicher Weg gesehen, um Autodiebstähle in Parkgaragen zu verringern. Ein Computer wurde unter der Annahme programmiert, dass sich die meisten Leute auf vorhersehbare Weise verhalten, wenn sie zu ihrem Auto gehen, also wie in einem mathematischen Muster, und der Computer erkennt das als solches. Der Computer erkennt auch grundlegende Formen wie Autos und Personen. Jeder, der jetzt von diesem festgelegtem Muster abweicht, also zum Beispiel jemand, der in Kreisen läuft oder in dunklen Ecken stehen bleibt, löst einen

Alarm aus, der Sicherheitspersonal zum Einsatz rufen kann. Die Benutzer dieser Technologie können die Definition von ‚normalem Verhalten' verändern, indem der ‚Schwellenwert' von Faktoren wie die Schrittgeschwindigkeit verändert wird. Diese Technologie findet jedoch nicht nur Autodiebe heraus, sondern jegliches abweichende Verhalten, also auch Faustkämpfe. Eine andere Technologie mit dem Namen Cromatica wurde kürzlich in London entwickelt, um das dortige U-Bahn-System zu überwachen. Das System alarmiert das Personal bei gefährlichen Menschenansammlungen, abnormem Verhalten und bemerkenswerterweise auch bei Leuten, die vorhaben Selbstmord zu begehen, indem sie sich vor die U-Bahn werfen. Die Forscher analysierten frühere Selbstmordversuche und programmierten den Computer darauf nach solchem Verhalten Ausschau zu halten, wie beispielsweise mindestens 10 Minuten auf der Plattform stehen bleiben und mehrere Züge vorbei fahren lassen. In Versuchsläufen erkannte Cromatica 98 Prozent der Ereignisse, die auch vom Sicherheitspersonal erkannt wurden, und löste nur in einem Prozent der Fälle falschen Alarm aus. Trotz des Guten, das diese Technologie bewirken kann, sind Datenschutzexperten sehr besorgt darüber. Sie fragen sich, wer ‚normales Verhalten' definieren wird, und sorgen sich, dass irgendjemand, der sich nicht an die höchst strengen Standards von akzeptablem Benehmen anpasst, aufgegriffen und von Sicherheitspersonal befragt werden wird. Sie sagen, dass dies den Effekt hätte, die Gesellschaft völlig konform zu machen, so als wären wir in ‚1984'. Trotzdem sagen Überwachungsexperten, dass es egal ist, wie die Technologie benutzt wird. Die Überwachungsausrüstung wird in jedem Fall in der näheren Zukunft viel effektiver und vorbeugender werden und nicht nur reagieren können."[318] Diese Technologie ist jetzt drei Jahre alt und wurde bereits in diese provokativen Bereiche hinein weiterentwickelt, dass sie zur vorbeugenden Deutung menschlichen Verhaltens eingesetzt wird.

Während die Genauigkeit weiterhin ein Problem bleibt, entwickeln sich diese Systeme schnell und werden auf der ganzen Welt bevorzugt bezuschusst. Sicherheit und Sicherung ist bei all diesen neuen Durchbrüchen der Verkaufsfaktor. Die richtige Verwendung von

Wissenschaft und Technologie bleibt bei vielen von uns an vorderster Front, wenn wir versuchen die Zukunft auf der Grundlage des derzeitigen Technologiestands zu sehen.

„*AuthenTec* enthüllte kürzlich einen neuen Chip, der Fingerabdrücke erkennt. Es wird erwartet, dass er in die Produkte von Computerherstellern, Mobiltelefonherstellern und anderen Hardwareherstellern integriert wird. Die Technologie, die auf 36 Patenten beruht, könnte verwendet werden, um Computer zu starten oder Zugang zu empfindlichen e-Mails oder Websites zu gewähren einschließlich des Zugangs zu Bankkonten. Firmen könnten das Fingerscanning auch dazu benützen um Geld für ein Passwortsystem zu sparen und könnten den Scanner statt Schlüsseln oder Nummernkombinationen verwenden, um den Zugang zu Gebäuden oder Räumen zu beschränken. *Biometric Group* sagt, dass der Verkauf von Hardware und Software, die einzigartige körperliche Charakteristika verwenden, um den Nutzer zu identifizieren, von 58,4 Millionen Dollar 1999 auf bis zu 594 Millionen Dollar im Jahr 2003 steigen könnte. Fingerscanning steigt dabei bis zum Jahr 2003 von derzeitig 34 Prozent auf 46 Prozent des biometrischen Marktanteils. Wenn die Größe der Scanner sich verkleinert, der Preis herunter geht und die Genauigkeit steigt, wird das System für Firmen viel attraktiver werden, sagen Experten."[319]

Die Unsicherheit hat neue Märkte eröffnet, von denen erwartet worden war, dass sie in den zehn Jahren von 1993 bis 2003 um 1000 Prozent wachsen würden. Nicht erwartet wurde der 11. September 2001, als die Welt für immer verändert wurde. Wachstum in diesen Bereichen erfolgte sprunghaft im Anschluss an dieses Ereignis und beschleunigt sich noch weiter, wenn die Realität in einem Meer aus Furcht verloren geht.

„Die Integration der Technologie geschieht bereits im jungen Alter. Seit diesem Herbst werden einige Studenten ihr Mittagessen einfach dadurch kaufen, dass sie in eine Web-Kamera in der Kantine blicken und ihren Namen sagen. Das ist dank einer Lebensmittelservicefirma möglich, die Gesichts- und Stimmerkennungstechnologie einsetzt. Die biometrische Erkennungssoftware von

BioID erkennt gleichzeitig das Gesicht, die Stimme und die Lippen-
bewegungen eines Nutzers."[320] Die Verwendung dieser Technologie bei jungen Leuten etabliert eine Akzeptanz, so dass diese Systeme in die Gesellschaft integriert werden und die Leute sie als nützlich und angenehm und weniger als aufdringlich empfinden.

DNA-Identifikation

Das ultimative Identifikationssystem wird biometrische Daten mit
anderen Informationen kombinieren, so dass sichere Kommunikationsmittel und Interaktionen aller Art möglich sind, seien sie kommerziell, militärisch oder privat. DNA bietet die bedeutendsten Veränderungen und Möglichkeiten, wo es zu Missbrauch kommen kann,
indem wörtlich genommen die physische Blaupause zu unserem individuellen Erscheinungsbild als lebende Seelen verfügbar wird. Ist
die DNA eine Angelegenheit der Privatsphäre?

Als man diese Frage der Polizei in Großbritannien stellte, tauchten
schwere Bedenken auf, in welcher Hinsicht es sie betreffen könnte. Wenn es darum geht, in die Privatsphäre von anderen einzudringen oder sich selbst damit konfrontiert zu sehen, kommen ganz andere Antworten zu Tage. Das gleiche passierte in den Vereinigten
Staaten, als man mit bundesstaatlichen Angestellten sprach, deren
genetische Information von einer Bestimmung geschützt war, die
damals von Präsident Bill Clinton herausgegeben worden war. Der
Rest der US-Bevölkerung war durch dieses Gesetz nicht geschützt
und blieb im Großen und Ganzen gegenüber Missbrauch von Informationen ungeschützt. In Großbritannien „weigerten sich Tausende
von Polizeibeamten DNA-Proben für eine neue Datenbank des In-
nenministeriums abzugeben mit der Begründung, dass die genetischen Fingerabdrücke in Vaterschaftsprozessen gegen sie verwendet werden könnten. Die Polizeibeamten sind angeblich auch besorgt, dass ihre Proben dazu verwendet werden könnten, sie auf
Drogen zu überprüfen. Aber ihre Hauptsorge ist, dass das Jugend-
amt in der Lage sein könnte Zugriff zu dieser Datenbank zu bekommen, um Vätern auf die Spur zu kommen, die sich ihrer Verantwortung entziehen."[321]

Während man sich in den USA den Problemen des Datenschutzes wohl bewusst ist, gewinnen die Sicherheitsfragen immer mehr an Gewicht. „Probleme der Privatsphäre bei der Verwendung von biometrischer Technologie zur Sicherung von Daten kann das Verteidigungsministerium dazu bringen, die Art und Weise zu verändern, wie diese Information gekennzeichnet und behandelt wird – indem biometrische Daten als persönliche Informationen ausgewiesen werden, die unter dem Gesetz zum freien Informationszugang geschützt sind. Die Technologie gewinnt immer mehr Befürworter, besonders im Pentagon, wenn es um den Schutz von physikalischen Einrichtungen und Informationsnetzwerken geht."[322] Mit jedem weiteren System, das online zugänglich gemacht wird, können wir voraussagen, dass die Systeme verletzt und von Hackern geknackt werden, wodurch noch bessere Sicherheitssysteme erstellt werden müssen, was schließlich dazu führen wird, dass das aufdringlichste aller Systeme zum Einsatz kommt – implantierbare und „fälschungssichere" Technologie.

Die Vereinigten Staaten haben zumindest einige verfassungsmäßige Vorkehrungen, die das begrenzen können, was in anderen Teilen der Welt passiert. Wieder ist es Großbritannien, das ins Gespräch kommt, wenn Amerikaner nach 200 Jahren daran erinnert werden, warum Europa einst verlassen wurde – man war auf der Suche nach Freiheit, Selbstbestimmung in der Religionsausübung und Freiheit von Folter und der damit verbundenen Selbstanklage. „Autofahrer und andere Leute, die von der Polizei angehalten werden, könnten aufgefordert werden, sofort Haar- oder Speichelproben abzugeben, damit festgestellt werden kann, ob es sich um gesuchte Kriminelle handelt. Wissenschaftler der Regierung haben tragbare DNA-Testgeräte entwickelt, die bei regulären Kontrollfahrten von Polizeibeamten mitgeführt und bedient werden. Das Gerät wäre elektronisch mit der nationalen DNA-Datenbank gekoppelt, die Tony Blair als notwendiges Mittel im Kampf gegen Verbrecher angepriesen hat. Der kriminaltechnische Dienst wird in dieser Woche dem Parlament bekannt geben, dass die Ausrüstung für einen standardmäßigen Einsatz binnen weniger Jahre bereit sein wird."[323]

Diese Systeme sind dazu gedacht, das gesamte Leben einer Person einer öffentlichen Überprüfung zugänglich zu machen. „Das System in Nordirland dringt in das gesamte Leben einer Zielperson ein. Das ist in Ordnung, wenn man damit Bombenattentäter stoppen kann. Aber die Überwachungsmaschine wird jetzt zunehmend auf britische Bürger in ihrem Zuhause angesetzt, weil sie sonst zu wenig zum Einsatz kommt. Die britische Bevölkerung ist jetzt die am meisten überwachte Bevölkerung auf der ganzen Welt. Der Verlust der Privatsphäre für Terroristen wird jetzt auf die gewöhnlichen Bürger ausgedehnt."[324] Dieser Verlust der Privatsphäre hat das zum Einsturz gebracht, was zivilisierte Menschen bisher für ein grundlegendes Menschenrecht gehalten haben – das Recht auf ein Privatleben.

Wie weit sind wir in den USA von dieser Art Invasion entfernt? Wieder müssen wir nur über den Ozean nach Europa blicken. „Die Aussicht auf eine routinemäßige DNA-Erfassung der gesamten Bevölkerung kam gestern in greifbare Nähe, als die britische Regierung anregte, der Polizei die Befugnis zu geben in unbegrenztem Maß Zugang zu Proben zu erhalten, die von unschuldigen Leuten genommen wurden. Dieser Vorschlag bildet das Kernstück des Gesetzes für Verbrechensbekämpfung und Polizei, das auch eine deutliche Ausweitung der polizeilichen Gewalt bietet, um Straßen zu kontrollieren und Eigentum einzuziehen. Das Gesetz gibt der Polizei neue Befugnisse, um Dokumente und Computerdisketten zu beschlagnahmen, auch wenn sie besonders privilegierte Informationen enthalten."[325] Sicherheitsfragen und Ängste in der Öffentlichkeit werden es möglich machen, dass diese Veränderungen in der persönlichen Privatsphäre auch in den Vereinigten Staaten zustande kommen.

Die Vereinigten Staaten haben bereits eine große Menge Rohmaterial, aus dem sie schöpfen können, wenn es um den Aufbau eines DNA-Überwachungssystems geht. „Eine Hauptquelle der DNA liegt in der Art der Blutabnahme, wie sie bei Neugeborenen durchgeführt wird, um sie auf genetische Krankheiten hin zu untersuchen. Seit der Mitte der 1960er Jahre wurde das Blut auf so genannten ‚Guthrie-Karten' getrocknet und in staatlichen Laboratorien aufbewahrt. Einige bewahren die Karten ein paar Wochen auf, andere bis zu 25 Jahre. DNA-Proben werden auch von Militärrekruten genommen. Auf der Coast Guard Website heißt es, dass die Proben 50 Jahre lang aufbewahrt werden, und DNA-Tests werden nur durchgeführt, um den Körper eines Soldaten zu identifizieren. Eine dritte Hauptquelle ist das Kombinierte DNA-Index-System (CODIS) des FBI, das die DNA-Profile von Leuten sammelt, die eines Verbrechens überführt wurden, und von Beweismaterial, das an Verbrechensorten gesammelt wurde."[326] Auf der ganzen Welt wird das Einordnen und Sammeln von DNA-Material auf kommunaler und auch landesweiter Ebene zunehmend von den Regierungen empfohlen.

„Der Wissenschaftler, der den genetischen Fingerabdruck entdeckte, möchte, dass die gesamte Bevölkerung von Großbritannien DNA-Tests gemacht bekommt, um dadurch zu versuchen schweren Verbrechen entgegenzuwirken. Professor Sir Alec Jeffreys, der das System entwarf, um Kriminelle nach den einzigartigen Charakteristika ihrer Gene zu identifizieren, sagte, dass er seine Meinung bezüglich der Beeinträchtigung der Menschenrechte durch eine universelle DNA-Datenbank geändert habe."[327]

Politiker treiben ebenfalls diese Themen voran, damit sie in der modernen Gesellschaft zur Realität werden und effektiv die Beschränkung auf persönliche Informationen verringern, die auf Personendaten besteht. Wo die Grenzen liegen und wo alles enden wird, hängt vom politischen Prozess und seiner Effektivität ab. Es ist eine Veränderung nötig, aber diese Veränderung sollte von den richtigen Werten und nicht von Angst herbeigeführt werden. „Der Vorschlag eines Politikers, verpflichtend DNA-Proben von allen Australiern bei ihrer Geburt zu nehmen, wurde heute von einem Zivilliberalen als Polizeistaattaktik bezeichnet. Der liberale Bundesabgeordnete Peter Lindsay forderte verpflichtende DNA-Proben, die von allen Australiern genommen werden sollten, angefangen bei den Neugeborenen, damit so die Gesetzesvollzugsbehörden im Hinblick auf die gesteigerte Kriminalität in Australien mehr Macht bekommen."[328]

„Jedes Mal, wenn die Polizei eine Speichel- oder Blutprobe für einen genetischen Fingerabdruck nimmt, sammeln sie ohne es zu wissen Material, das möglicherweise empfindliche genetische Informationen über die Gesundheit der getesteten Verdächtigen enthält. Ein britisches Team hat herausgefunden, dass die standardmäßigen DNA-Fingerabdrücke, die von der Polizei auf der ganzen Welt verwendet werden, eine komplizierte Signatur enthalten, die mit der Anfälligkeit einer Person für Diabetes vom Typ 1 in Verbindung gebracht werden kann."[329] Da wird noch mehr entdeckt werden, und die Zeit, die öffentliche Meinung und der politische Wille der betroffenen Bevölkerung wird die Verwendung bestimmen.

Nach den Terroranschlägen von New York wurden DNA-Tests in großem Umfang genutzt, um Leute in all dem Durcheinander zu identifizieren. Doch die wirkliche Effektivität zeigte sich in der Unfähigkeit, den Anforderungen der Situation gerecht zu werden, ohne vorher schon Proben von den Unglücksopfern zu haben. „Nach dem 11. September wurden Tausende von Gegenständen von den Familien eingesammelt, die ihre Angehörigen im Angriff auf das *World Trade Center* verloren hatten. Das war eine überstürzte und oft unkoordinierte Aktion, um die menschlichen Überreste identifizieren zu können. Aber jetzt gibt das Büro des Medizinischen Dienstes in New York City bekannt, dass mehr als die Hälfte der erhaltenen Proben ungeeignet sind, um Abgleichungen vorzunehmen."[330] Sogar mit nur begrenztem Erfolg blieb die Hoffnung auf die Verwendung von genetischer Information von Interesse, wenn es um die Identifizierung unserer Toten und auch unserer Gegner geht. „Die Regierung ist auf der Suche nach DNA-Proben von der Familie von Osama bin Laden, um feststellen zu können, ob menschliche Überreste, die in Afghanistan gefunden wurden, dem Terroristenführer gehören, sagten Gesetzesvollzugsbeamte und andere US-Beamte am Mittwoch. In der Theorie bräuchte man keine umfangreiche Probe. Ein Bluttröpfchen, ein Abstrich von der Innenseite des Mundes, sogar ein Haarfollikel könnte genug DNA für eine Abgleichung ergeben."[331]

Weitere Entwicklungen

„Biometrische Technologie, die seit Jahren eine Lösung für die Authentifizierung auf der Suche nach einem Problem darstellt, ist jetzt auf der Suche nach einem neuen Markt: Online-Vorgänge. Weil keine zwei Personen die gleichen Fingerabdrücke haben, sehen Beobachter den Vorgang des Fingerscannens, einer Form der Biometrie, als vielleicht das sicherste Mittel für eine Authentifizierung an. Obwohl die Technologie noch unerprobt ist und manche in Frage stellen, dass die Benutzer die Technologie als angenehm empfinden, gab es mehrere technologische Vorstöße und Pilotprojekte mit Schlüsselcharakter."[332] Dieses System wurde vorgeschlagen, um damit Zugang zum Computer zu ermöglichen, eine Handfeuerwaffe zu bedienen oder sogar Haustüren und Autotüren aufzuschließen. Einige dieser Verwendungsmöglichkeiten haben als Sicherheitsmaßnahmen großen Wert, sind aber Missbrauch und technischen Störungen ausgesetzt. Wieder geht es bei diesen Fragen darum, was eine faire und vernünftige Verwendung ist – Standards, die sich immer verändern, aber bereits von solchen Firmen wie IBM als sichere Heim- und Geschäftscomputer angepriesen werden.

Identifizierung und die bösen Buben

Mein Bruder Mark Begich schlug während seiner Dienstzeit in der *Anchorage Assembly*, dem lokalen Parlament, gemeinsam mit anderen vor, dass man Kameras in Schulgebieten gegen Verkehrssünder einsetzen solle. Dieses Thema erinnerte viele von uns an „Big Brother", und mein kleiner Bruder Mark erhielt von der Öffentlichkeit sowohl Zustimmung als auch heftige Ablehnung. Das Thema wurde in Alaska vor Gericht verhandelt, wo damals die Verwendung dieser Systeme abgelehnt wurde. Andere Gemeinden in anderen Staaten mit weniger Schutz für die Privatsphäre machten weiter damit diese Systeme voranzutreiben und erhielten unterschiedliche Reaktionen. Der Trend geht dahin, dass diese Systeme allmählich allgemeine Anerkennung finden und in mehreren Gemeinden bereits die Oberhand gewinnen. Sie werden gewöhnlich entweder als Strafzettellieferanten oder als Sicherheitsmaßnahmen für die Gemeinden angepriesen.

„Die Verwendung von Überwachungskameras von *City Link* und elektronischen Signalen, um Raser zur Kasse zu bitten, war ein vernünftiger Einsatz der umstrittenen Technologie, wie es in einer Übersicht für mögliche Nutzer heißt. Aber der Entwickler, *Transurban City Link*, hat bereits abgelehnt, seine Kameras und Zollstationen in Gerätschaften für den Gesetzesvollzug umzuwandeln, wenn später in diesem Jahr das Straßennetzwerk in Betrieb geht. 61 Prozent der Leute, die im vergangenen Monat im Rahmen einer fortlaufenden Studie der Gemeindenutzung des 1,8 Milliarden teuren privaten Straßennetzes überprüft wurden, sagten, dass es vernünftig sei die militärische Technologie zu verwenden, um Gesetzesbrecher aufzuspüren."[333] Diese Verschiebung in der öffentlichen Meinung ist manipuliert, da die Leute, die die Technologien vorantreiben, gelernt haben ihre Geschichten in publikumsfreundliche Normen zu verpacken. Aber sogar sie haben Probleme, die sie vielleicht lieber verbergen möchten. „Das Rechnungssystem von *City Link* ist in Schwierigkeiten, nachdem bekannt wurde, dass eine elektronisch registrierte Kundin 1645 Dollar zahlen musste, weil *Transurban*, der private Entwickler des Mautsystems, fälschlicherweise Geld von ihrem Konto abgebucht hatte – 329 Mal. Angesichts der Kritik, dass die Technologie von *City Link* unfähig sei den Fehler zu erklären, gab *Transurban* gestern zu, dass noch drei weitere Kunden inkorrekte Rechnungen erhalten hatten. Aber es wurde weiter behauptet, dass die Probleme nur Einzelfälle seien."[334]

Andere Systeme, die früher nur militärisch genutzt wurden, sind ebenfalls auf dem Vormarsch. Stimminformation wird für eine umfassendere Nutzung vorgesehen als bisher. „Das Ziel dieser Bemühungen ist es eine biometrische Identifikationskapazität zu schaffen, die Stimmerkennung in einer speziellen Fahrspur nutzt, die es registrierten Nutzern erlaubt, die Grenze zwischen den USA und Mexiko ohne normale Kontrolle zu passieren. Dieses System, das vom *Immigration and Naturalization Service* (INS) finanziert ist, wird von einem gemeinsamen Team von *Air Force Research Lab* (AFRL) und *New York State Technology Enterprise Corporation*

(NYSTEC) entwickelt. Ein Fahrer, der im System erfasst ist, bekommt ein tragbares Gerät. Wenn der Fahrer in die entsprechende Fahrspur einfährt, spricht er in das Gerät, das dann das Stimmbeispiel per Infrarotlink an einen Empfänger am Straßenrand sendet. Das Stimmbeispiel wird dann an eine Stimmerkennungssoftware weitergeleitet, die vom *Air Force Research Lab* entwickelt wurde. Dort wird das Stimmbeispiel mit aufgezeichneten Stimmproben verglichen, die aufgenommen wurden, als der Fahrer zur Teilnahme am System erfasst wurde. Daraufhin wird die Identität des Fahrers festgestellt."[335] Die Stimme ist so einzigartig wie der Fingerabdruck und kann dazu benutzt werden, einen Telefonanruf unter Milliarden von Anrufen herauszufiltern, so wie man das richtige Sandkorn aus dem Strand der Menschheit herausfinden kann.

Viele der Enthüllungen über den internen Sicherheitsapparat der Vereinigten Staaten brachten für die USA vor dem 11. September Probleme. FBI, NSA und CIA standen von mehreren Seiten in der Kritik, bis dieses schicksalhafte Ereignis stattfand, und danach verstummten die meisten Widersprüche. „Ein Jahr nachdem zwei Expertenteams festgestellt hatten, das die Nationale Sicherheitsbehörde unter schwerwiegenden operationalen und organisatorischen Problemen litt, sagte letzte Woche der Direktor des Signalgeheimdienstes von Fort Meade, dass er allmählich die Verbesserungen einer umfassenden Umorientierung erkennen kann, die darauf abzielen, die Kultur der Behörde zu verändern, indem die technischen Kapazitäten verbessert und die Beziehungen zu den wichtigsten Geldgebern ausgebaut würden."[336] Jetzt, drei Jahre später, haben diese Behörden mehr Autorität, mehr Geld und sogar weniger Verantwortlichkeit erhalten, wodurch der Abgrund der „neuen Weltordnung" immer näher rückt – ein Orwellsches Szenario, von dem viele von uns hoffen, dass es vermieden werden könnte.
Der Terrorangriff hat stattgefunden. Die Auswirkung auf uns alle wird für den Rest unseres Lebens bei uns bleiben. Was wollten die Terroristen erreichen? Wollten sie Angst, Unsicherheit und Unruhe in die wirtschaftlichen und politischen Systeme des Westens bringen? Wollten sie die Grundlage der Werte zerstören, die zur Bildung der größten demokratischen Staaten der Welt geführt haben?

Wenn die Freiheit zerstört wird, wenn die Privatsphäre vernichtet und die individuelle Privatsphäre gegen Sicherheit eingetauscht wird, die aber auch nicht wirklich sicher ist, wer gewinnt dann überhaupt? Wenn wir unsere Werte verlieren in einer Welt aus Angst, Hass und Misstrauen, dann haben wir den wichtigsten Wettlauf aller Zeiten verloren. Wir haben dann die Essenz von Freiheit und Freizügigkeit verloren, die dem Menschen innewohnt.

Alles überall aufspüren können – Neue Anwendungen

Es gibt eine Vielzahl von Verwendungen für diese neuen Systeme, die auf den ersten Blick von einigen für gut gehalten werden, während sie auf andere ganz anders wirken. Es wird sogar möglich sein den Fluss von Bargeld auf ganz andere Weise zu verfolgen. „*Hitachi* hat einen Chip entwickelt, der in Papiergeld eingewoben werden kann, um Fälschungen besser identifizieren zu können. Der Chip könnte auch weit reichende Auswirkungen für Identifikations- und Überwachungstechnologien haben. Der Chip könnte zum Beispiel in jegliches Papiergeld implantiert und drahtlos mit den Internet verbunden werden, so dass die Behörden in der Lage wären die Bewegungen des Bargelds zu verfolgen."[337] Man stelle sich vor, dass jeder Dollar verfolgt werden kann, der über den Ladentisch geht, und man kann genau feststellen, wo auf dem Planeten er sich befindet! Die entsprechenden Lesegeräte könnten unser Bargeld zählen, während wir über einen öffentlichen Platz gehen, oder die Geldmenge berechnen, die unter unserer Matratze versteckt liegt. Ist das eine gute Sache? Es hängt von der Perspektive ab und wie diese Informationen benutzt werden. Schließlich werden alle finanziellen Transaktionen, auch mit Bargeld, mit den internationalen Transaktionssystem verbunden werden. Alles Bargeld, alle Kredite und Bankanteile könnten dann auf personenspezifische Weise überwacht werden und die Kontrolle jeglichen Handels ermöglichen. Ist das eine gute Sache?

Die Geschäftemacher glauben, dass es eine gute Sache ist für den Handel und die Vermarktung. Das Kennen des Kunden bekommt eine ganz neue Bedeutung, wenn so vieles über Leute auf grund ihrer Kundenaktivitäten in Erfahrung gebracht werden kann, was jetzt unter anderem von Firmen und der Regierung erfasst wird. „Drahtlose Systeme, die in der Lage sind Fahrzeuge und Personen auf der ganzen Welt aufzuspüren, geben Geschäftsinteressen ganz neue Möglichkeiten, und einige Verfechter der Privatsphäre sind zutiefst besorgt. Diese Technologien sind einer der am schnellsten wachsenden Bereiche der drahtlosen Kommunikationsindustrie. Der Markt für Lokalisierungsdienste wird auf fast 600 Millionen Dollar geschätzt und hat die Prognose, binnen drei Jahren auf 5 Milliarden Dollar anzuwachsen ...“[338] Willkommen in der drahtlosen Welt und bei einigen ihrer gespenstischeren Anwendungen! Hier ist der Balanceakt wichtig, nicht nur für die Integration dieser Anwendungen, sondern gerade auch für ihre ehrliche Verwendung. Diese Systeme müssen nach einer ausführlichen öffentlichen Diskussion gegen Missbrauch abgesichert werden. Außerdem sollten, weil eben diese Systeme für umfassenden Missbrauch so anfällig sind, Wächter eingesetzt werden. Deutliche Strafmaße sollten für die bereit stehen, die diese Systeme missbrauchen.

Was hast du zu verbergen?

Die Politiker waren schnell damit, das neueste bürokratische Steuersystem zu verbannen. „Die Gesetzgeber von Michigan werden wahrscheinlich die staatliche Förderung für eine umstrittene Studie zurückrufen, bei der es um den Einsatz von Satelliten geht, die die Steuer für die Autofahrer für jede gefahrene Meile ausrechnen sollen. Staatssenator Bill Bullard jun., der Vorsitzende des Transportkomitees, möchte die staatliche Förderung von 20.000 Dollar für eine 700.000 Dollar teure Studie für eine Kilometersteuer zurückrufen, die die Auswirkung hätte, dass alle Straßen zu Mautstraßen würden, indem mit Hilfe von GPS-Systemen alle Fahrten überwacht würden.“[339]
Bußgelder, Steuern und angebliche öffentliche Sicherheit sind einige der vielen Argumente, die verwendet werden, um die neuen Systeme zu rechtfertigen. Sogar im liberalen San Francisco gewinnen

diese Systeme an Akzeptanz. „Wenn ein Fahrer im Stadtgebiet von San Francisco durch eine FasTrak-Spur fährt, dann registriert das ein Computer, der die Information in einer Datenbank abspeichert, von der Beamte des Gesetzesvollzugs oder sogar Anwälte für eine unbestimmte Zeit diese Daten abrufen können. Automatische Mautspuren werden immer häufiger, so dass die Verfechter der Privatsphäre es zur Diskussion stellen, ob die Innovationen in der Technologie es nicht allzu einfach machen die Bewegungen von Personen nachzuvollziehen. Es wird immer leichter die Leute aufzuspüren, wo immer sie sich auch bewegen. Größere Automobilhersteller fangen damit an GPS in immer mehr Modellen zu installieren, die vom Fließband laufen, und Bundesbeamte legten fest, dass Firmen für drahtlose Geräte aufgefordert werden, ihre Produkte so herzustellen, dass jedes Handy innerhalb von rund hundert Metern aufgespürt werden kann, damit schnelle Hilfe erfolgen kann, wenn ein Notruf kommt. Einige Datenschützer fragen sich jedoch, ob die Absicht zu helfen der Hauptgrund für die Erfordernis derartiger Kapazitäten ist. Kalifornische Gesetze hindern Regierungseinrichtungen daran, persönliche Informationen zugänglich zu machen, es sei denn, es liegt ein Gerichtsbeschluss vor, von dem der Betroffene zuvor in Kenntnis zu setzen ist. Die Information, die erfasst wird, wenn ein Nutzer von FasTrak auf der Mautspur fährt, ist nur für Zwecke der Kostenabrechnung. Anscheinend dienen die Daten jedoch auch anderen Zwecken. Zum Beispiel wurde ein Auto, das auf einer Brücke in Vallejo, Calif., in einen Unfall mit Fahrerflucht verwickelt war, mit Hilfe von FasTrak-Daten identifiziert. Detektive in New York scannen angeblich diese Informationen regelmäßig, um die Bewegungen von verdächtigen Kriminellen zu verfolgen. Derzeit verwenden im Bay-Gebiet 100.000 Autofahrer den FasTrak-Mautdienst."[340] Erinnern wir uns daran, dass all diese Dinge zu unserer persönlichen Sicherheit sind ... Vielleicht wäre ein bisschen mehr Selbstverantwortung eine bessere Alternative zur offenen Invasion durch die Regierung.

„Technologie, die es Herstellern von drahtloser Kommunikation erlaubt, den Aufenthaltsort von Handy-Nutzern festzustellen, damit sie den nächstgelegenen Bankautomaten, die nächste Tankstelle oder Polizeistation finden können, wird von der *California Highway Patrol* derzeit getestet, um damit Notrufern helfen zu können. Bis Oktober 2001 müssen alle Netzanbieter die Kapazität bieten, um den Aufenthaltsort der Nutzer feststellen zu können, entsprechend einer Anordnung der Bundeskommunikationskommission. Dieses Mandat könnte bedeuten, dass die Polizei Zugang zu dieser Technologie erhält, um verzweifelte Anrufer zu finden, die ihren Aufenthaltsort nicht angeben können. Diese Technologie hat jedoch das Potenzial, in die Privatsphäre und Sicherheit der Nutzer einzudringen, indem sie den Herstellern von drahtlosen Geräten die Möglichkeit gibt, den Aufenthaltsort nicht nur der Polizei, sondern auch anderen Teilnehmern mitzuteilen. Nach den derzeit gültigen Gesetzen ist es den Gesetzeshütern erlaubt Gespräche möglicher Krimineller abzuhorchen und so Details zu Orten zu erhalten, die für einen Fall relevant sind. Alan Davidson, Betriebsrat am Zentrum für Demokratie und Technologie und ein Gegner solcher Technologie, glaubt, dass es ein Eindringen ist und sogar ein ‚Orwellscher Albtraum', je nachdem wie die Technologie verwendet wird."[341]

Wir wollen betonen, dass diese Systeme zweischneidig sind, weil sie Fortschritte ermöglichen, die nützlich und wichtig sind. Das Gleichgewicht hängt von jedem von uns selbst ab, dass wir uns zunächst selbst klar werden und dann in einer angeregten öffentlichen Diskussion über diese Technologien und ihre möglichen Nutzungen unsere Überzeugung deutlich äußern.

„Die Mercedes S-Klasse und Lexus LS 430 bieten anpassungsfähige Fahrtkontrollen, die dabei helfen können, dass Kollisionen vermieden werden und angemessen gefahren wird. Solche Systeme würden Leben schützen, indem sie die Passagiere mit einem elektrischen Sicherheitspolster umgeben. Die Fahrtenkontrolle von Mercedes lässt das Auto im bestimmten Abstand hinter einem anderen Fahrzeug zurückbleiben. Das Lexus-System hat einen Laserstrahl, der im Verkehrsfluss beschleunigt, verlangsamt oder bremst. Diese Systeme machen die Neueinstellung von Fahrtenkontrollen überflüssig. Die komplexe Technologie lässt das Fahren entspannter werden, sagt Michael Schamberger, Vorsitzender von *Automotive Distance Control Systems GmbH*. Kameras können den Fahrern einen 360-Grad-Rundumblick ermöglichen, so dass es keine toten Winkel mehr gibt. Wenn das Lenken und Bremsen durch Technologie kontrolliert wird, könnte das System helfen, das Fahrzeug in der Spur zu halten. Der Ford Explorer von 2002 bietet einen Überrollsicherheitsvorhang, der in Funktion gesetzt wird, ehe das Auto sich überschlägt, während das GPS-System den Aufenthaltsort des Fahrzeugs feststellt, so dass man sich nicht mehr verfahren kann. Der Gesetzesvollzug wird schließlich Satellitenverkehrsdaten nutzen, um Verdächtige und Raser zu lokalisieren, wenn Datenschutzbedenken ausgeräumt sind. Es bedarf jedoch noch einer größeren Akzeptanz der Technologie, wenn der Verkehr satellitenkontrolliert werden soll."[342]

Zur Unterstützung der vermehrten Überwachung durch Firmen auf der ganzen Welt verringerten die USA die Sicherheitsschwelle und ließen andere von der GPS-Technologie profitieren. Das Weiße Haus gab bekannt: „Heute freue ich mich bekannt geben zu können, dass die Vereinigten Staaten ab heute Nacht Mitternacht die absichtliche Störung der GPS-Signale, die der Öffentlichkeit zugänglich sind, beendet. Diese Störungsmaßnahme nennen wir Selektive Verfügbarkeit. Das wird bedeuten, dass zivile Nutzer des GPS in der Lage sein werden, Aufenthaltsorte bis zu zehn Mal genauer als bisher bestimmen zu können."[343]

„Michael Fattouche, Präsident und CEO bei *Cell-Loc Inc.*, erhielt ein Patent für einen Typ der drahtlosen Technologie, der dazu verwendet werden kann, den Aufenthaltsort von Handy-Nutzern zu bestimmen, die einen Notruf abgeben. Mit den Millionen von US-amerikanischen und kanadischen Kunden von Mobilfunkgesellschaften, die diese Notrufe tätigen, wird der Bedarf für diese Dienste wahrscheinlich besonders hoch sein. In der Tat werden Handy-Nutzer in den Vereinigten Staaten ersucht, bis Oktober 2001 diese Funktion zu installieren. Aber während der anfängliche Zweck dieser Geräte für Notfälle und Notrufe gedacht ist, hofft Fattouche, dass sie auch in vielen anderen Bereichen einen Markt finden, auch im Gesetzesvollzug. Nach Aussagen von Fattouche hat *Cell-Loc* die Fähigkeit seine drahtlose Technologie dafür zu nutzen, um die Bewegungen von gestohlenen Gütern, Verbrechern oder anderen

Sachen und Personen zu verfolgen, die überwacht werden müssen. Fattouches Plan ist es, Verbindungen zwischen Mobiltelefon-Anbietern wie AT&T herzustellen, bei denen die Nutzer freien Zugang bekommen, um Notrufe aufzuspüren. Im Gegenzug kann *Cell-Loc* dann die Sendemasten für den Signalempfang nutzen. *Cell-Loc* hat bereits einen Vertrag mit einer brasilianischen Firma abgeschlossen, um den Service für die Versicherungs- und Bankindustrie bereit zu stellen, und Fattouche sagt, dass es hier großes Potenzial dafür gibt, dass die Systeme von Beamten des Gesetzesvollzugs in Zentral- und Südamerika genutzt werden. *Cell-Loc* zielt auch auf Alberta, Kanada, ab, um ein Versuchsprogramm laufen zu lassen, mit dem festgestellt werden soll, in welchen Gegenden und Bereichen die Technologie am effektivsten ist."[344]

Wieder blicken die multinationalen Konzerne auf repressivere Gesellschaften, um ihre Technologien zu verkaufen. Diese wirtschaftliche Aktivität, die für die Firmeninteressen förderlich ist, respektiert aber nicht die menschlichen Interessen. Was in den Ländern, wo diese Technologien zunächst entwickelt wurden, nicht toleriert wird, wird mit Regierungsunterstützung erforscht, um andere unschuldige Leute auf der ganzen Welt auszunutzen. Willkommen in der neuen Weltordnung!

Kapitel 7

Die Zukunft der Technologie
Nachwort

Wir werden oft gefragt, was man als Einzelner tun kann, und unsere Antwort ist immer die gleiche – sich engagieren. Politik und politische Veränderung waren schon oft Thema unserer Bücher und unserer Veröffentlichungen, und wir haben eine Reihe von Ideen veröffentlicht, die beim In-Gang-Bringen von Veränderung hilfreich waren. Wir haben einige Aufsätze zu diesen Themen geschrieben, die im Internet auf unserer Website frei zugänglich sind. Auf dieser Site gibt es eine Reihe von Artikeln unter dem Stichwort „Empowerment". Die Texte dürfen an andere weitergegeben werden, so lange sie nicht kommerziell verwendet werden. Lest diese Texte. Wenn ihr sie hilfreich findet, dann gebt sie weiter und lasst uns wissen, was ihr darüber denkt.

Auf den vorliegenden Seiten haben wir versucht, eine Reihe von Technologien vorzustellen, die in manchen Fällen sehr vielversprechend sind, während sie in anderen Fällen bedeutende Herausforderungen für uns alle darstellen, unabhängig davon, wo wir auf unserem Planeten leben.

Earthpulse Press hat über Jahre hinweg an vorderster Front dieser Debatte gestanden, indem wir Material sammelten und es der Öffentlichkeit zugänglich machten, damit Denken und Diskussion ermutigt werden. Wir urteilen hart über die Technologien, nicht weil wir alle ablehnen, denn das tun wir wirklich nicht. Unser Interesse ist eine offene Diskussion, die zu einer angemessen Verwendung der Technologie führen und sie sicherstellen kann.

Die Welt wird immer ein Platz sein, wo Menschen den größten Profit anstreben und über das größtmögliche destruktive Potenzial verfügen. Im Laufe der Zeit hat sich unsere Fähigkeit, Leben zu schaffen oder zu nehmen, auf Ebenen begeben, an die vorher nie zu denken war. Einige der neuen Bedrohungen umfassen Terrorismus, Revolution, wirtschaftliche Zerstörung und Drogenhandel, die oft das Ziel der neuen Militarisierung sind. Ideologie ist für viele Ziele der Regierung nicht mehr von Bedeutung, da spezielle Interessen ihre Kontrolle über die Politik so zum Ausdruck bringen, dass nationale Politik nur bruchstückhaft gemacht werden kann, und das im Widerspruch zu vielen grundsätzlichen Überzeugungen der demokratischen Staaten. Wirtschaftspolitik – die internationale Politik der Gier – ist das, was einen Großteil dessen antreibt, was in der Welt passiert, ohne dass an die Auswirkungen gedacht wird. Es werden die Menschen sein, die bei diesen Technologien den Unterschied ausmachen – die Aktivisten des 21. Jahrhunderts.

Es gibt wunderbare Leute, die sich bei vielen Gesellschaften und Organisationen engagieren, die auf diesen Seiten kritisiert werden, und die wollen wir nicht an den Pranger stellen. Wir rufen die Leute guten Willens auf, dass sie uns allen die höheren Werte der Menschlichkeit vor Augen halten. Nach Frieden zu streben ist immer noch eine wertvolle Sache, sogar im kriegsähnlichen Klima, in dem wir uns im Augenblick befinden. Vielleicht erleben die Amerikaner jetzt das, was so viele andere Leute in einer so unsicheren Welt jeden Tag als ihren Alltag erleben. Die Entscheidungen dieser Generation werden die Richtung von Freiheit und Freiheitlichkeit bestimmen, werden entscheiden über Frieden oder Krieg und ob es ein lebendiger oder toter Planet sein wird.

Die Vereinigten Staaten sind an diesem Punkt in der Geschichte das mächtigste Land der Erde. Wir haben die Macht, das natürliche Regulationssystem des Planeten im Meer, in der Luft, auf dem Land und sogar im Weltraum zu beeinflussen. Wir haben die Macht erlangt, Lebenssysteme, die Umwelt und Maschinen zu manipulieren, wie es noch keiner Zivilisation vor uns möglich war. Die Herausforderungen sind nicht weit von uns entfernt, sondern sie sind jetzt überall um uns herum. Was diese Generation lebender Seelen heute entscheidet, wird festlegen, ob wir die Welt und die Zivilisation zerstören, eine neue Weltordnung schaffen, die korrupte Werte der Großindustrie achtet, oder ob wir uns auf eine höhere Stufe menschlicher Werte zu bewegen. Wir haben die Wahl.

Der Untertitel dieses Buches lautet „Der Verrat an der Wissen-schaft, der Gesellschaft und der Seele". Der Titel wurde so ge-wählt, weil es das ist, was unserer Meinung nach passiert ist. Ich denke da an die Geschichten der persönlichen Erlebnisse im Laufe meines Lebens und ich bin zuversichtlich, weil ich einige Leute ken-ne, die immer noch den Unterschied ausmachen. Wir kämpfen für das, was wir für die wahre Freiheit halten – es geht um das Freiset-zen des menschlichen Potenzials in eine Richtung der positiven Ver-änderung. Unsere Hoffnung ist, dass die Worte auf diesen Seiten andere dazu ermutigen können, sich den Herausforderungen zu stel-len und sich uns anzuschließen.

Jede große Sache, die je auf dem Planeten passiert ist, begann mit einem einzelnen Vordenker oder einer kleinen Gruppe von Den-kern. Jeder verfügt über ein unglaubliches kreatives Potenzial und die Fähigkeit, die Welt um ihn herum auf wirksame Weise zu beein-flussen. In den neun Jahren, die vergangen sind, seit wir damit an-gefangen haben, diese Ideen zu diskutieren, hat sich eine Menge verändert. Wir sind jetzt noch mehr der Überzeugung, dass wir auf dem richtigen Weg sind. Veränderung beginnt damit, dass jeder von uns sich in ein Thema einarbeitet, das er für wichtig hält. Jeder von uns hat Anliegen, die es wert sind sich damit zu befassen, und wir ermutigen alle, sich zu engagieren.

Alle guten Dinge passieren dann, wenn jeder von uns anfängt, nach dem Prinzip zu handeln, was er für gut und richtig hält. Heute ist ein guter Tag, um damit anzufangen.

Fußnoten:

[1] Boggs, Lindy, und Hatch, Katherine, *Washington Through A Purple Veil: Memoirs Of A Southern Woman*, 1994.

[2] Enge, Marilee, „Begich mystery endures", 16. Okt. 1992, *Anchorage Daily News*

[3] Simpson, Glenn R., „Report on Hale Boggs's Downed Plane Disclosed", 3. August 1992, *Roll Call*

[4] Randall, Gail, „No new search for Begich", 8. August 1992, *Anchorage Daily News*

[5] Begich, Thomas S., *Second Term: The Life of Nick Begich*, limitierte Auflage, 1982

[6] „Part 1: Marine Mammal Environmental Policy", nicht geheimes NATO-Dokument, ohne Datum.

[7] „Pentagon says it needs relief from environmental rule", *Washington Post*, Eric Pianin, 7. März 2003, abgedruckt in *Anchorage Daily News*

[8] „What is Sonar?" www.sanjuan.edu

[9] Natural Resource Defense Council, „Sounding the Depths: Supertankers, Sonar and The Rise of Undersea Noise", www.nrdc.org

[10] Natural Resource Defense Council, „Sounding the Depths: Supertankers, Sonar and The Rise of Undersea Noise", www.nrdc.org

[11] „Is Spreading Sonar Smart Science or Overkill?", Stephanie Siegel, CNN Interactive, 2. Juli 1999

[12] „Workshop on Broadband Sonar Solutions fo Littoral MCM", 4.-6. August 1998, gesponsert vom Office of Naval Research. Dr. Randy Jacobson, DR. Robert Gisiner, Dr. Harold Hawkins und Dr. Teresa McMullen, *Wide Band Signal/Array Processing and Animal Sonar*, von Richard Altes.

[13] www.nonoise.org

[14] Environmental News Network, „Impact of Underwater Noise Studied", 27. Juli 1999

[15] „FY98 Naval Submarine Medical Research Laboratory, Current Important Programs". www.scitechweb.com

[16] „Part II: SACLANTCEN Marine Mammal and Human Divers Risk Mitigation Rules – Planning", nicht geheimes NATO-Dokument, Supreme Allied Commander Atlantic Undersea Research Centre - NATO

[17] „Summary Record, SACLANTCEN Marine Mammal Environmental Policy, La Spezia, Italy, 17.-19. Juni 1998, Punkt 20", Supreme Allied Commander Atlantic Undersea Research Centre - NATO

[18] „Acoustics and Sonar", von John Perry Fish und H. Arnold Carr, AUSS Ltd., MA, USA.

[19] Focus: Environmental Health Perspectives Volume 102, Nr. 11, November 1994: „Environmental Impact on Hearing: Is Anyone Listening?"

[20] www.surtass-lfa-eis.com. Diese Site wird von der Navy unterhalten und soll Informationen bezüglich der Umwelteinflüsse des Sonarsystems SURTASS LFA bieten.

[21] www.surtass-lfa-eis.com. Diese Site wird von der Navy unterhalten und soll Informationen bezüglich der Umwelteinflüsse des Sonarsystems SURTASS LFA bieten.

[22] *Technology for the United States Navy and Marine Corps, 2000-2035, Becoming a 21st Century Force, Vol. 7 Undersea Warfare.* Panel on Undersea Warfare Committee on Technology for Future Naval Forces, Naval Studies Board, commission on Physical Sciences, Mathematics, and Applications, National Research Council. National Academy Press, Washington, D.C., 1997. National Academy of Sciences.

[23] Federal Register: 22. Oktober 1999 (Vol. 64, Nr. 204), Department of Commerce, National Oceanic and Atmospheric Administration, 50 CFR Part 216, S. 57026-57029.

[24] National Resource Defense Council, „Sounding the Depths: Supertankers, Sonar and the Rise of Undersea Noise", www.nrdc.org

[25] Brief vom 7. Okt. 1999, von Captain S. C. Miller, III., Head, Undersea Surveillance (N874), gerichtet an James H. Maloney, Mitglied des US-Repräsentantenhauses. Zur Verfügung gestellt von Marsha Green vom Ocean Mammal Institute.

[26] Brief von Anwalt Lanny Sinkin an Verteidigungsminister William Cohen vom 18. Januar 2000.

[27] „FY98 Naval Submarine Medical Research Laboratory, Current Important Programs", www.scitechweb.com

[28] „Does Acoustic Testing Strand Whales", Dr. A. Frantzis, *Nature* 392: 29, 1998

[29] Brief vom 7. Oktober 1999, von Captain S. C. Miller, III., Head, Undersea Surveillance (N874), gerichtet an James H. Maloney, Mitglied des US-Repräsentantenhauses. Zur Verfügung gestellt von Marsha Green vom Ocean Mammal Institute.

[30] *Marine Mammal Science* 11:260-263, „The US Navy and Academic Freedom", H. & Weilgart L. Whitehead, 1995

[31] *Marine Mammals and Noise*, 1995, Academic Press

[32] Dieser Artikel weist zahlreiche Hinweise auf frühere Studien an Meeressäugetieren auf, die der Navy bereits vor ihren Testreihen zugänglich waren: „The US Navy's Low Frequency Active Sonar: Cause for Concern", Marsha L. Green, Ph. D., Ocean Mammal Institute, Albright College, Reading, PA., USA, 1999

[33] „Navy Noise Policies: Bad Mistake or Worse Strategy?", von William Rossiter, Vorsitzender der Catacean Society International, Whales Alive! Vol. IX, Nr. 3, Juli 2000

[34] „Mass Stranding of Multiple Cetacean Species in the Bahamas on March 15-17, 2000". Dieser Bericht wurde vorbereitet von Wissenschaftlern des Office of Protected Resources/National Marine Fisheries Service; Harvard Medical

[35] „Mass Stranding of Multiple Cetacean Species in the Bahamas on March 15-17, 2000". Dieser Bericht wurde vorbereitet von Wissenschaftlern des Of-

fice of Protected Resources/National Marine Fisheries Service; Harvard Medical School; Woods Hole Oceanographic Institute; Southeast Fisheries Science Center/National Marine Fisheries Service und einem privaten Tierarzt.

[36] „Evidence Links Underwater Noise to Whale Beaching", *The Washington Post*, abgedruckt in *Anchorage Daily News*, 16. Juni 2000 A-5.

[37] „Navy Abandons Controversial Sonar Test", 28. Mai 2000, The Orange County Register, Associated Press Story.

[38] „Navy Calls Off Sonar-System Tests After Concern for Marine Life", von Marc Kaufman, *The Washington Post*, abgedruckt in *The Anchorage Daily News*, 27. Mai 2000

[39] „The US Navy's $100 Million Mistake: Low Frequency Sonar and the Health of the Oceans", von Lanny Sinkin.

[40] „Prototype State of the Cetacean Environment Report (SOCER)", Standing Working Group on Environmental Concerns of the International Whaling Commission's Scientific Committee, 1999-2000

[41] N00-013, Titel: Middle Game Localization Utilizing Air Deployable Active Receiver (ADAR)

[42] „Electro-magnetics Section", EMO 199, DREA Defense Research Establishment Atlantic. Canadian National Defense

[43] „Surveillance Acoustics", UA0399, DREA Defense Research Establishment Atlantic. Canadian National Defense

[44] „What's New @ DAN: US Navy Announcement. US Navy Announces Advisory in the Gulf of Alaska."

[45] Final Consistency Finding for SURTASS LFA SONAR DEIS, State I.D. No. AK 9909-01JJ, 2. November 1999

[46] „Salmon Use Sun, Familiar Smells as Guide Back to Birthplace", von Ross Anderson, Seattle Times, 30. Juni 1999

[47] „Do Salmon Navigate by the Earth's Magnetic Field?" Artikel Nr. 691 von Larry Gedney, 23. November 1984

[48] „Magnetic Field Detection in Marine Vertebrates", von Chris Williams und Amiya Khare

[49] „A Call for Congressional Oversight Hearings into Navy's Active Sonar Activities", Press Release, Ocean Mammal Institute, Joyce O'Neal und Dr. Marsha Green, Mai 2000

[50] „ASW Speak – Glossary", PMA-264 SPEAK 102: Glossary

[51] *Technology for the United States Navy and Marine Corps, 2000-2035, Becoming a 21st Century Force, Volume 7 Undersea Warfare*. National Academy of Sciences, 1997

[52] „ATOC Project Delayed (Temporarily) by Dead Whales", von Brent Hall Board Membedr, Cetacean Society International, Whales Alive!, Volume V No. 1, Januar 1996

[53] „Is Spreading Sonar Smart Science or Overkill?", von Stephanie Siegel, CNN Interactive, 2. Juli 1999

[54] „US Navy Sound Surveillance Systems (SOSUS)", US Department of Commerce, NOAA/PMEL VENTS Program, SOSUS Monitoring System

[55] „Dolphin Type Sonar Helps Detect Mines in Shallow Water", *Defense Systems Daily*, 25. Januar 2001

[56] „Dolphins Use Sonic Booms to Kill Prey", von Robert Uhlig, Technology-Korrespondent, *London Telegraph*, 1. Februar 2001

[57] „Environmentally Adaptive Sonar", von Edward C. Gough jun. und Kenneth G. Dial

[58] ebd.

[59] Passive Automation; www.trwiuss.com

[60] Commonality; www.trwiuss.com

[61] TwinLine Array; www.trwiuss.com

[62] Mobile Inshore Undersea Warfare System Upgrade Program; www.spawar.navy.mil

[63] Norton-Taylor, Richard (*The Guardian*), „Navy's anti-sub frigates to fire shots as warnings to dolphins", 21. August 2001

[64] Natural Resource Defense Council, „Sounding the Depths: Supertankers, Sonar and the Rise of Undersea Noise".

[65] Chiang u.a., „Health Effects Of Environmental Electromagnetic Fields", *Journal of Bioelectricity*, 8(1), 127-131 (1989)

[66] Dutta u.a., „Radiofrequency Radiation-Induced Calcium Ion Efflux Enhancement From Human and Other Neuroblastoma Cells in Culture", *Bioelectromagnetics*, 10: 197-202 (1989)

[67] *AAP General News*, „FED: Pregnant Women Warned To Be Wary Of Using Mobile Phones", 1. Mai 1999

[68] Dutta u.a., „Radiofrequency Radiation-Induced Calcium Ion Efflux Enhancement From Human and Other Neuroblastoma Cells in Culture", *Bioelectromagnetics*, 10: 197-202 (1989)

[69] Veyret u.a., „Antibody Responses of Mice Exposed to Low-Power Microwaves Under Combined, Pulse-and-Amplitude Modulation", *Bioelectromagnetics*, 12: 47-56 (1991)

[70] Fist, Stewart, „Cell Phones And Cancer", *The Australian Newspaper*, 5. Mai 1997

[71] Klitzing, L. von, „Low-Frequency pulsed electromagnetic fields influence EEG of man", *Physica medica*, 28. April 1995

[72] *ARRL Handbook for Radio Amateurs*, „RF Radiation and Electromagnetic Field Safety", 1996

[73] Sobel u.a., „Electromagnetic Field Exposure and Alzheimer's Disease", *Neurology*, Dezember 1996

[74] Lai, Henry, „Neurological Effects of Radiofrequency Electromagnetic Radiation Relating to Wireless Communication Technology", Bioelectromagnetics Research Laboratory, Department of Engineering, University of Washington, Seattle, Washington. Abhandlung, die auf der IBC-Konferenz zum Thema „Mobile Phones – Is there a Health Risk?" vorgelegt wurde, 16.-17. Sept. 1997 in Brüssel, Belgien.

[75] Phillips u.a., „DNA damage in Molt-4 T-lymphoblastoid cells exposed to cellular telephone radiofrequency fields in vitro", Bioelectrochemistry and Bioenergetics, 9. Jan. 1998

[76] Harris, Sarah, „Now Mobiles Give You Kidney Damage", *Daily Mail*, 13. Dezember 1999

[77] General Accounting Office, „Telekommunikation – Research and Regulatory Efforts on Mobile Phone Health Issues", GAO-01-545, Mai 2001, Bericht an den Kongress

[78] Ridley, Kirstin, „British Scientists Demand Cell Phone Warnings", *Reuters*, 1. Jan. 1998

[79] Frey, Allan H., „Headaches from Cellular Telephones: Are They Real and What Are the Implications?", *Environmental Health Perspectives*, März 1998

[80] Petrides, Michael, *In Focus Neuroreport Vol. II No. 15*, „Exposure to Electromagnetic Fields by Using Cellular Telephones and its Influence on the Brain", 20. Oktober 2000

[81] Adey, Dr. W. Ross, „Cell And Molecular Biology Associated With Radiation Fields Of Mobile Telephones", Dept. of Biochemistry, University of California, Riverside

[82] Frey, Allan H., „Headaches From Cell Phones: Are They Real?", veröffentlicht auf *microwavenews.som*

[83] Frey, Allan H., „Headaches from Cellular Telephones: Are They Real and What Are the Implications?", *Environmental Health Perspectives*, März 1998

[84] *Svenska Dagbladet*, „Microwaves open up the Blood Brain Barrier", 15. Sept. 1999

[85] Frey, Allan H., „Headaches from Cellular Telephones: Are They Real and What Are the Implications?", *Environmental Health Perspectives*, März 1998

[86] *Lancet*, „Mobile Phone Electromagnetic Fields Increase Rsting Blood Pressure", 20. Juni 1998

[87] Pryer, Nick, „Mobile Phones Can Affect Memory", *Associated Newspapers Ltd.*, 16. Juli 1998

[88] Coghill, Roger, „Why I believe That All These Items Should Carry A Health Warning", *Daily Mail*, 17. Juli 1998

[89] „Neurological Effects of Radifrequency Electromagnetic Radiation", Bioelectromagnetics Research Laboratory, Thesenpapier zum Symposium „Mobile Phones and Health", 25.-28. Okt. 1998, Universität Wien, Österreich

[90] Burcum, Jill, „A Medical Enigma – A Rise in Brain Tumors Sets Off Search For A Reason", *Minneapolis Star Tribune*, 6. Jan. 1999

[91] Ebden, Theresa, „Do Convenient, Little Phones Pose Risk?", *Toronto Star*, 28. Jan. 1999

[92] Uhlig, Robert, „New studies link brain tumors to mobile phones", *Electronic Telegraph*, 24. Mai 1999

[93] Dr. Lennart Hardell, Örebro University, und Dr. Kjell Hansson Mild, National Institute for Working Life in Sweden, „Swedish Study on use of Cellular and Cordless Telephones and the Risk for Brain Tumors", Conference on Mobile Telephones and Safety, 6. Juni 2001

[94] Goodwins, Rupert, *ZDNET (UK)*, „Study: How Cellphones Can Cause Cancer", 25. Juni 2001

[95] Fleming, u.a., „Cover-up claims over mobile phone danger", *Express Newspapers*, 24. Mai 1999

[96] *Earth Rising – The Revolution*, von Dr. Nick Begich und James Roderick, erschienen im Michaels Verlag unter dem Titel *Freiheit nehmen*, 2005

[97] Bass, Gordon, „Is Your Cell Phone Killing You?", *zdnet.com*, Dez. 1999

[98] Bass, Gordon, „Is your cell phone killing you?", *PC Computing Magazine*, 30. Nov. 1999

[99] *Sunday Mirror*, „World's Biggest Probe into Mobile Phones And Cancer", 24. Okt. 1999

[100] University of Washington, „Rats exposed to cell phone microwaves suffer long-term memory loss, according to new study by a University of Washington researcher", Presseverlautbarung, 30. Nov. 1999

[101] Nic Fleming u. Ian Cobain, „Mobile Firms Patent Cancer Shields", *The London Times*, 11. Juni 2001

[102] Sage, Cindy. Sage Associates, Santa Barbara, CA. Brief an den Sekretär im Ministerium für Transport und Umwelt im Schottischen Parlament

[103] *Daily Mail*, „Using a mobile phone makes you age faster", 18. Okt. 1999

[104] Whittelsey, Frances, „Cell Phones and Kids: A Bad Call?", *vote.com*, 1999

[105] Verschaeve, L. „Can non ionizhing radiation induce cancer?" *The Cancer Journal*, Vol. 8, No. 5

[106] General Accounting Office, „Telecommunication – Research and Regulatory Efforts on Mobile Phone Health Issues", GAO-01-545, Mai 2001, Bericht an den Kongress, US-Regierung.

[107] Raloff, J., „Researchers Probe Cell-Phone Effects", *Science News,* 12. Febr. 2000

[108] *Consumidor,* Consumer Group Says China Sell Radiation Levels Unsafe", 16. März 2000

[109] *Reuters,* „Mobile Phones Report Claims ‚Strongest Link Yet' To Cancer", 27. März 2000

[110] *Sunday Mirror,* „Beware – Using A Mobile Can Ruin Your Sex Life", 16. April 2000

[111] MacArthur, John, „The Cell Phone Chronicles", *brain.com,* 25. April 2000

[112] Hardell u.a., „Case-Control Study on Radiology Work, Medical X-ray Investigations, and Use of Cellular Telephones as Risk Factors for Brain Tumors", *medscape.com,* 4. Mai 2000

[113] Adey, Dr. W. Ross, „Cell And Molecular Biology Associated With Radiation Fields Of Mobile Telephones", Department of Biochemistry, University of California

[114] *electric-words.com,* „Dr. George L. Carlo u.a. and the fiasco called Wireless Technology Research"

[115] Silva, Jeffrey, „Motorola Memo Raises Questions About WTR Research", *RCR,* 3. März 1997

[116] Silva, Jeffrey, „Industry launches global effort to counter cancer claims", *RCR News,* 25. Jan. 1999

[117] Schwartz, John, „Cell Phones May Have Cancer Link", *Washington Post,* 22. Mai 1999

[118] Silva, Jeffrey, „Controversy follows WTR to the end", 4. Juni 1999

[119] Oakes, Chris, „Cell Study: Hazards Are Real", *Wired Magazine,* 21. Juni 1999

[120] Gallagher, Ian u.a. „Mobile Phones Cover-Up", *The Express* (UK), 16. Okt. 1999

[121] Maisch, Don, „A Letter Bomb For The Mobile Phone Industry?", EMFacts Consultancy, 19. Okt. 1999

[122] *Chicago Sun Times,* „Phone Makers Not Liable", 23. März 1999

[123] Carlo, George L., Brief an C. Michael Armstrong, Aufsichtsratsvorsitzender bei AT&T Corporation

[124] 20/20 ABC TV, „Worried About Your Wireless?" 20. Okt. 1999, unveröffentlichtes Transkript

[125] Ross, Brian, „Wireless Worries?", *abcnews.com,* 20. Okt. 1999

[126] Rosenberg u.a., „Cell-phone health risks need to be studied, FDA says", *Seattle Post-Intelligencer,* 1. April 2000

[127] Reuters Limited, „Scientist Raises New Mobile Phone Fears", 25. Nov. 2000; http://dailnews.yahoo.com

[128] Goldberg, Robert B., „The Cellular Phone Controversy: Real or Contrived?" *EMF Health Report,* Vol. 1, No. 1, 1993

[129] Keller, John J., „Are They Safe?", *Wall Street Journal,* 11. Febr. 1994

[130] „Nominations from FDA's Center from Device and Radiological Health: Radio Frequency Radiation Emissions of Wireless Communication Devices" (CDRH), 8. Febr. 2000

[131] „Nominations from FDA's Center from Device and Radiological Health: Radio Frequency Radiation Emissions of Wireless Communication Devices" (CDRH), 8. Febr. 2000

[132] Federal Communications Commission, „Radiofrequency FAQs Page", Office of Engineering and Technology, 1. Juni 1998

[133] „Phone Makers Not Liable", *Chicago Sun Times,* 23. März 1999

[134] General Accounting Office, „Telecommunication – Research and Regulatory Efforts on Mobile Phone Health Issues", GAO-01-545, Mai 2001, Bericht an den Kongress, US-Regierung.

[135] Allison, Lynn, Senator, „Democrats Deliver Senate Inquiry On Mobile Phones", Sprecher der australischen Demokraten für Telekommunikation, 9. Dezember 1999

[136] Goldberg, Robert B., „The Cellular Phone Controversy: Real or Contrived?" *EMF Health Report,* Vol. 1, No. 1, 1993

[137] Ryle, Sarah, „Insurers balk at risks of phones", *The London Observer,* 11. April 1999

[138] Meyer, Alan, Seniorpartner: Halsey Meyer Higgins, Anwälte, London, „Mobile Phones and Mobile Networks: Potential Litigation Or Law Suits".

[139] Bob Brewin und Jennifer DiSabatino, *Computerworld,* „CIOs Warned of Cell Phone Risks – Corporate Liability Issue Researcher Says", 31. Juli 2000

[140] Meyer, Alan, Seniorpartner: Halsey Meyer Higgins, Anwälte, London, „Mobile Phones and Mobile Networks: Potential Litigation Or Law Suits".

[141] Willan, Philip, „Cell-phone safety at issue in Italy", *IDG News Service,* 20. Mai 1999

[142] World Health Organization, „Electromagnetic Fields And Public Health", Fact Sheet N181, Mai 1998

[143] Gram, David, *Anchorage Daily News,* Associated Press, „Cellphone Companies Woo Churches as Antenna Sites", 20. Januar 2001

[144] Valmont Microflect, Valmont Industries, Camouflage Structures, 1997

[145] World Health Organization, „Electromagnetic Fields And Public Health", Fact Sheet N181, Mai 1998

[146] Halsey Meyer Higgins, Solicitors, London, „Mobile Phones – Mobile Networks – Safety", 10. Sept. 1995

[147] Maisch, u.a., „Powerline Frequency Electromagnetic Fields and Human Health – Is it the time to end further research?", März 1998

[148] FDA, „Consumer Update on Mobile Phones", Center for Devices and Radiological Health, 20. Okt. 1999

[149] House of Commons, Großbritannien, Dritter Bericht, The Science and Technology Committee, „Scientific Advisory System: Mobile Phones and Health", 22. Sept. 1999

[150] ebd.

[151] CNN, „Makers of Cellphones Hit with Class-action Suits", 19. April 2001

[152] Michaud, Chris, Reuters Limited, „New York Bans Drivers Using Hand-held Cellphones", 28. Juni 2001

[153] House of Commons, Großbritannien, Dritter Bericht, The Science and Technology Committee, „Scientific Advisory System: Mobile Phones and Health", 22. Sept. 1999

[154] *Jerusalem Post*, „Experts Debate Safety Of Earpieces For Cell Phone", 6. April 2000

[155] McGinity, Meg, „Yacking Yourself to Death?", *zdnet.com*, 10. April 2000

[156] CNN, „U.K. Consumer Group: Hands-free Phone Kits Boost Radiation Exposure", 2. November 2000

[157] *The Sunday Mirror*, „Cell Phone On Your Belt Brings Radiation To Liver And Kidneys", 10. Juli 1999

[158] Marks, Paul, *New Scientist*, „Give us a Ring", 11. November 2000

[159] Rodger Coghill und Tamara Galonja-Coghill, „Endogenous Fields and Human Peripheral Blood Lymphocytes: A Big Breakthrough in Biology", 31. Jan. 1999

[160] House of Commons, Großbritannien, Dritter Bericht, The Science and Technology Committee, „Scientific Advisory System: Mobile Phones and Health", 22. Sept. 1999

[161] Moran, Kathy, „Soviet Proof That Mobile Phones Do Cause Brain damage", *Daily Express*, 10. Nov. 1999

[162] Maisch, Don, „Setting radio frequency/Microwave (RF/MW) exposure guidelines to protect workers and the publilc: Russia and the West in major conflict." 18. Jan. 2000

[163] Democrats in Parliament. Australian Senate Hansard for Feb. 12, 1997

[164] Wilson, robert, „What's Cooking?", *The Australian*, 23. März 1999

[165] Independent Expert Group on Mobile Phones, „Report on Mobile Phones and Health", 11. Mai 2000

[166] ebd.

[167] Smith, Karen, „New Evidence Links Mobiles To Cancer", *Wired*, 30. März 2000

[168] World Health Organization, „Electromagnetic Fields And Public Health", Fact Sheet No. 193, überarbeitet im Juni 2000

[169] Maisch, Don, Discussion Paper concerning the validity of the science, promotion and sales of EMR Protective Devices. Emfacts Consultancy. 21. Nov. 1999

[170] Helin, Jan, „How Dangerous Is Your Mobile Phone?", *Aftonbladet*, 8. Febr. 1997

[171] Wilson, Robert, „What's Cooking?" *The Australian*, 23. März 1999

[172] CNN, „Cell Phone Industry to Publish Radiation Data", 17. Juli 2000

[173] CNN, „Mobile Phones to Feature Radiation Labels Next Year", 28. August 2000

[174] Szafranski, Col. Richard (USAF), „A Theory of Information Warfare: Preparing For 2020", *Air Chronicles*

[175] Ackroyd, Carol, u.a., *The Technology of Political Control*, New York, 1997

[176] European Parliament, „An Appraisal of Technologies of Political Control, Interim Study", STOA, 19. Jan. 1998

[177] Wolpert, Stuart, *UCLA Today*, „Dawn of Molecular Computer"

[178] Miller, Maj. Robert, *International Law: How It Affects Rules Of Engagement And Responses In Information Warfare*, März 1997, The Research Department, Air Command and Staff College

[179] Adams, Thomas K., „Radical Destabilizing Effects of New Technologies", *Parameters*, Herbst 1998

[180] Aldrich, Maj., Richard W., „The International Legal Implications of Information Warfare", *Airpower Journal*, Herbst 1996, S. 99-110

[181] Fulghum, David, „New Weapons Slowed By Secrecy Clampdown", *Aviation Week & Space Technology*, 19. Jan. 1998

[182] Maethner u.a., *Worldwide information control system*, Air Force 2025, April 1996

[183] O'Malley, Chris, „Information Warriors of the 609th", *Popular Science*, Juli 1997

[184] Drogin, Bob, „FBI traces `98 siege to Russia sites", *Anchorage Daily News*, 14. Nov. 1999

[185] Drogin, Bob, „Cyberspace emerges as new battleground", *Anchorage Daily News*, 14. Nov. 1999

[186] Joint Chiefs of Staff. Joint Doctrine for Information Operations. Joint Pub 3-13, 9.Okt. 1998

[187] Brewin, Bob, und Verton, Daniel, „Navy kicks off radical intranet buy", *Federal Computer Week*, 28. Juni 1999

[188] Gunther, Judith u.a., „The Digital Warrior", *Popular Science*, Sept. 1994, S. 60-64, 89

[189] Molander, Roger C. u.a., „Strategic Information Warfare: A New Face of War", Rand, 1996

[190] Mussington, David, „Information Warfare: a maturing issue area", *Defence & Ssecurity Review,* 1999

[191] Vatis, Michael, A Message from Michael Vatis, Director of the National Infrastructure Protection Center.

[192] Sullivan, Scott, „Policing the Internet", *FBI Law Enforcement Bulletin,* Juni 1999, Vol. 68, No. 6. Source: NLECTC *Law Enforcement & Technology News Summary,* 3. Juni 1999

[193] Richtel, Matt, „Federal Cybercrime Unit", *New York Times,* 19. Mai 1999. Source: NLECTC *Law Enforcement & Technology News Summary,* 3. Juni 1999

[194] Woodward, Calvin, „In Investigations, Online Activities Can Become an Open Book", *Detroit Free Press Online,* 31. mai 1999. Source: NLECTC *Law Enforcement & Technology News Summary,* 3. Juni 1999

[195] *London Sunday Times Online,* „All Seeing Software Keeps Eye on Hackers", 8. Sept. 1998. Source: NLECTC *Law Enforcement & Technology News Summary,* 11. Nov. 1998

[196] Wadsworth, Stafford, „Crime Busting Search Engine for Germany's Internet Cops", *InternetNews.com,* 19. Mai 1999. Source: NLECTC *Law Enforcement & Technology News Summary,* 3. Juni 1999

[197] Weeks, George, „Sen. Levin wants ‚commando Solo' in skies over Bosnia to counter Karadzic", *Detroit News,* 12. Aug. 1997

[198] EC-130 Commando Solo

[199] Swett, Charles, *Strategic Assessment: The Internet.* Office of the Assistant Secretary of Defense for Special Operations and Low-Intensity Conflict, 17. Juli 1995

[200] DiNardo, R.L., und Hughes, Daniel, „Some cautionary Thoughts On Information Warfare", *Airpower Journal,* Winter 1995

[201] Szafranski, Col. Richard (USAF), „A Theory of Information Warfare: Preparing For 2020", *Air Chronicles*

[202] Lancaster, John, „Abroad at Home", *washingtonpost.com,* 3. Nov. 2000

[203] Dept. of the Air Force, HQ Air Intelligence Agency, „The Air Intelligence Agency Tempest And Emission Security Program", Air Intelligence Instruction 33-203, 22. Aug. 2000

[204] Kelley, Matt, „Scientists sidestep Net's worldwide wait." *Anchorage Daily News,* 9. febr. 1997

[205] Verton, Daniel, „DOD faces infowar controls", *Federal Computer Week,* 11. Jan. 1999

[206] Wolf, Jim, „CIA says US computer networks a target", *China Post,* 30. Juli 1998

[207] Gertz, Bill (*Washington Times*), „High-Tech Warfare", 22. Juli 2001

[208] Beiser, Vince, „Hiding Web trails", *Maclean's*, 16. Aug. 1999

[209] Government of the United States of America. Declaration and reservations made by the United States upon signature of the „Convention against Torture and Other Cruel, Inhuman or Degrading Treatment or Punishment."

[210] Delavigne, Moina, (*Cox News Service)*, „Rights group urges sales ban on torture weapons", *Miami Herald,* 27. Febr. 2001

[211] Highfield, Roger, „Anglo-US scientists unveil tiny motors made out of DNA", *www.telegraph.co.uk,* 10. Aug. 2000

[212] Piller, Charles, „A Glimpse of Atomic-Scale Computing", *Latimes.com,* 3. Febr. 2000

[213] *Technology Review,* „The Story of the 21st Century", Januar-Februar 2000

[214] Timmerman, Kenneth, „US Threatened With EMP Attack", *Insightmag.com,* 7. Mai 2001

[215] *Newscientist.com,* „Wave of destruction: Home-made radio frequency weapon fries electronics in US Army tests", 3. Mai 2001

[216] EME AB, Swedish Defence Research Agency (FOI), „Electromagnetic terrorism or High Power Microwave HPM-weapons", www.eme.se

[217] OMEGA Foundation (Autor). „Crowd Control Technologies (An appraisal of technologies for political control). Hrsg. Europäisches Parlament, STOA-Programm, Juni 2000

[218] Rothstein, Linda (*The Bulletin of the Atomic Scientists)*, „The ,soft-kill' solution", 1994

[219] *World Tribune.com,* „Special Forces begins ,non-lethal' weapons training for Iraqi opposition", 15. Febr. 2001

[220] Department of defense Directive, 9. Juli 1996, Nr. 3000.3, unterschreiben von John P. White, Stellvertretender Verteidigungsminister

[221] Liang u.a., *Assumptions on War and Tactics in the Age of Globalization,* Febr. 1999, Peking, People's Liberation Army Literature Arts Publishing House, CIA, Okt. 1999, freigegeben für die Veröffentlichung Mai 2001

[222] Murphy, Michael R. PhD, Directed Energy Bioeffects Division, Human Effectiveness Directorate. Air Force Reseach Laboratory, Brooks Air Force Base. „Biological Effects of Non-Lethal Weapons: Issues and Solutions", 1997

[223] Alexander, John, „Introduction To Non-Lethal Defense III Proceedings", Febr. 1998

[224] Eisler, R.D. (Mission Research Corporation), „A Methodology Using Biosimulants to Describe Non-Lethal Weapon Effects on People", Non-Lethal Defense III, Febr. 1998

[225] Borisov u.a., (Associates of the Russion Center for Strategic and International Studies), „Wars Are Changing Their Look: The Growing Role of

Nonlethal Weapons In Methods of Combat Operations", 22.-28. Mai 1998, No. 19, CIA, Juli 1998, zur Veröffentlichung freigegeben Jan. 2001. Erhalten über Freedom of Information Act von Harlan Girard

[226] *Joint NLW Directorate News,* „NATO Policy Committee Meets", Vol. 1 No. 7, Aug. 1998

[227] Joint Non-Lethal Weapons Directorate, „JNLWP Master Plan", 3. Quartal 1999, Vol. 2, Issue 3.

[228] Joint Non-Lethal Weapons Directorate, „66mm Redesign Effort", 3. Quartal, Vol. 2, Issue 3

[229] Joint Non-Lethal Weapons Directorate, „HEAP – Blunt Impact Munitions", 3. Quartal 1999, Vol. 2, Issue 3

[230] AFPN, „Sci-fi beam weapons become reality in ne nonlethal technology", 2. März 2001

[231] *Joint NLW Directorate News,* „Joint Non-Lethal Weapons Perception Study", Vol. 1 No. 7, August 1998

[232] US Department of Energy, Special Technologies Program, FY99 Project Proposal. Requirement Number: STP-001-99. Project Title: Disruption of Voluntary Motion. Performing Laboratory: Oak Ridge National Laboratory.

[233] United States Air Force. Air Force Solicitation AF01-066. Titel: Electromagnetic Field Overexposure Indicator

[234] *Reuters,* „Pentagon trains tech for war", 26. Juni 2001

[235] Hess, Pamela, „Pentagon Oks Experimental Tech Projects", 2. Febr. 2001, *Law Enforcement & Corrections Technology News Summary,* 8. Febr. 2001

[236] Heal, Sid, „The Push for Less-Lethal", Nov. 2000, Vol. 27, No. 11. *Law Enforcement & Corrections Technology News Summary,* 14. Dez. 2000

[237] Barry, Ellen, „Non-Lethal Weapons: Sci-Fi Meets Pentagon Mass. Couples' Far-Out Ideas Gaining Military's Respect", 20. Nov. 2000. *Law Enforcement & Corrections Technology News Summary,* 22. Nov. 2000

[238] US-Patent Nr. 6,030,374. 29. Febr. 2000. Titel: „Ultrasound enhancement of percutaneous drug absorption". Erfinder: McDaniel, David H.

[239] Council On Foreign Relations, „Nonlethal Technologies: Progress and Prospects", www.foreignrelations.org

[240] *IEEE Spectrum.* Interview with US Air Force Major General Richard R. Paul, März 1996

[241] Chuandao, Han, „New Concept Weaponry", Beijing Guofang National Defense, No. 4, 15. April 1997, CIA, August 1997, veröffentlicht im Januar 2001. Erhalten über den Freedom of Information Act durch Harlan Girard.

[242] Kennedy, Harold, *National Defense,* „Psyops Units Encouraged to Modernize Their Equipment".

[243] Thomas, Timothy L., „Human Network Attacks", *Military Review,* Sept.-Okt. 1999

[244] *Joint NLW Directorate News,* „NIJ-JNLWP Join Efforts", Vol. 1, No. 7, Aug. 1998

[245] Swedish Defence Research Agency (FOI), „Department of Microwave Technology", www.foa.se

[246] Air Force Research Laboratory, Office of Public Affairs, „Active Denial Technology", Fact Sheet

[247] *Army Times Publishing Company,* „*Marine Corps Times* reports on secret weapon program", 23. Febr. 2001

[248] Hearn, Kelly, (UPI) „New non-lethal energy weapon heats skin", 26. Febr. 2001

[249] Leavitt, Paul, „Marines Working on Microwave Weapon", 27. Febr. 2001. *Law Enforcement & Corrections Technology News Summary,* 1. März 2001

[250] *AP,* „Pentagon unveils non-lethal weapon", 2. März 2001.

[251] Hecht, Jeff, „Microwave beam weapon to disperse crowds", 1. Okt. 2001, www.newscientist.com

[252] *AP,* „Kirtland to test non-lethal weapon",1. März 2001

[253] Dao, James, „Pentagon Unveils Plans for a New Crowd-Dispersal Weapon", 2. März 2001. www.nytimes.com

[254] Hearn, Kelly (UPI), „Scientists dispute military ‚raygun' claims", 6. März 2001

[255] Brinkley, C. Mark, „Zapper Tactics", 30. Juli 2001. *Marine Corps Times*

[256] Brinkley, C. Mark, „Senior officials have unique task in assessing weapon's future", 30. Juli 2001, *Marine Corps Times*

[257] Brinkley, C. Mark, „Groups Consider Field Applications For Human Zapper", 30. Juli – 5. August 2001, *Defense News*

[258] Brinkley, C. Mark, „US Marines Test Nonlethal Riot-Suppression Device", *Defense News,* 12. März 2001

[259] Listh u.a., „Using microwave radiation to neutralise land mines", FOA Report – Abstract. Stockholm, FOA 2000

[260] Air Force Research Laboratory, Office of Public Affairs, „High Power Microwaves", Fact Sheet, Jan. 1998

[261] EME Electro Magnetic Engineering, „High Power Microwave (HPM) detectors invented at FOA", www.eme.se

[262] Khokhlov, Aleksandr, „Army Must ‚Develop Science' To Keep Up", Bericht über ein Gespräch mit dem Militäranalysten Generalmajor Vladimir Slipchenko. *Moscow Komsomolkaya Pravda,* 15. Okt. 1996. CIA, Okt. 1996, veröffentlicht im Jan. 2001

[263] Borisov u.a., „Future War: Growing role of Non-Lethal Weapons", *Moscow Nezavisimoye Voyenoye Obozreniya,* 22.-28. Mai 1998, No. 19.CIA, Juli 1998, veröffentlicht Mai 2001

[264] Sze u.a., (Primex Physics International Company), „Non-Lethal Weapons: An Acoustic Blaster Demonstration Program", Non-Lethal Defense III, Febr. 1998

272

[265] Boesch u.a., (Army Research Laboratory), „Non-Lethal Weapons: an Acoustic Source for Target Effects Experiments and Area-Denial Applications", Non-Lethal Defense III, Febr. 1998

[266] *Beijing Jiefangjun Bao,* „High-energy Microwave Weapons", 25. Dez. 1995, CIA, veröffentlicht Mai 2001

[267] *Beijing Renmin Junyi,* „New Weapons, Medical-Related Problems", Vol. 40, No. 9, Sept. 1997, CIA, zur Veröffentlichung freigegeben 2001

[268] Zandonella Catherine, „Radio waves destroy pest zebra mussels", 1. Aug. 2001, www.newscientist.com

[269] *Microwave News,* „The KGB Signal", Nov./Dez. 1989

[270] Seper, Jerry, „Peru downs planes with help of US in drug program", 24. April 2001

[271] *CBS* mit *AP* und *Reuters,* „Shoot-Down Scenario Disputed", 23. April 2001, www.cbsnews.com

[272] Human Brain Research Laboratory Inc., „Brain Fingerprinting: A New Paradigm in Criminal Investigations", www.brainwavescience.com

[273] Dalbey, Beth, „Farwell's Brain Fingerprinting traps serial killer in Missouri", *The Fairfield Ledger*

[274] Burke, Tod, „Brain Fingerprinting: Latest Tool for Law Enforcement", *Law and Order,* Juni 1999

[275] Farwell, Lawrence, „Forensic Science Report: Brain Fingerprinting Test on Terry Harrington", Human Brain Research Laboratory, Inc., 21. Mai 2000

[276] Farwell, Lawrence, „Technical Report on Field Apllications of Brain Fingerprinting", Human Brain Research Laboratory, Inc., 12. Mai 2000

[277] O'Connell, Jim. Interview mit Lawrence Farwell, *Canadian TV Network News*

[278] Farwell, Lawrence, „Farwell Brain Fingerprinting: A New Paradigm in Criminal Investigations", Human Brain Research Laboratory, Inc., 12. Jan. 1999

[279] Farwell, Lawrence u.a., „Detection of FBI Agents with the Farwell MERA System: A New Paradigm for Psychophysiological Detectionof Concealed Information", Human Brain Research Laboratory, Inc., 7. Mai 1993

[280] Berry, Sharon, (SIGNAL Magazine 2001), „Decoding Minds, Foiling Adversaries", Okt. 2001

[281] Dobson, Roger, „Professor set to ‚control' wife by cyborg implant", *Sunday Times,* 6. Mai 2001

[282] Shachtman, Noah, „This is your brain on electricity", 28. Aug. 2001, http://wired.com

[283] *Washington Post,* „Brain implant may be missing link between mind, computer", 13. März 2002, *Anchorage Daily News*

[284] Visionics Corporation, „An Overview of Biometric Technology", www.faceit.com

[285] Simson, Garfinkel, (Toronto Star), „Reading Your Body", 2. Okt. 2000. *Law Enforcement & Corrections Technology News Summary,* 12. Okt. 2000

[286] *Industrial Physicist,* „Biometric Identikfication", *Law Enforcement & Corrections Technology News Summary,* 30. März 2000

[287] Divis, Dee Ann, (UPI), „Face-scan technology selling in China." 9. Aug. 2001

[288] Newton, Christopher, (AP), „ID chips sure to get under skin", 27. Febr. 2002

[289] Newton, Christopher, (AP), „US to Weigh Computer Chip Implant", 26. Febr. 2002

[290] Scheeres, Julia, (Wired News), „Why, Hello Mr. Chips", 4. Aprile 2002

[291] *RF Globalnet,* „Michigan College of Engineering Becomes First Engineering Research Center for Wireless Integrated Microsystems", 19. Sept. 2000

[292] Della Bitta, Michael, „Digital Angel: The New Eye in the Sky", foxnews.com, 16. Okt. 2000

[293] Applied Digital Solutions, Inc., „Applied Digital Solutions Acquires rights to World's First Digital Device", Presseerklärung des Unternehmens, 15. Dez. 1999

[294] Quan, Margaret, (EE Times), „MasterCard leads coalition to spur smart card use", edtn.com, 30. Aug. 2000

[295] Bustos, sergio, (Gannett News Service), „Kyl proposes ‚smart' ID card for immigration", 25. Okt. 2001.

[296] Boyer, Dave, (*Washington Times*), „New law contains ID-card proposal", 1. Nov. 2001

[297] *Angels Don't Play this HAARP*, Begich & Manning, Sepember 1995, erschienen 2004 im Michaels Verlag unter dem Titel „Löcher im Himmel"

[298] O'Harrow Jr. u.a., (*Washington Post*), „Weapon against terror: the ID card", 23. Dez. 2001, *Anchorage Daily News*

[299] *AP,* „Pentagon Introduces High-Tech ID", 10. Okt. 2000

[300] ActivCArd, Inc. „Activcard Wins Department of Defense (DOD) Project", *PR Newswire,* 10. Okt. 2000

[301] Wolf, Jim, (*Reuters*), „Pentagon Launches ‚Smart Card' ID Badge", 10. Okt. 2000

[302] Piller u.a., «Criminal Faces in the Crowd Still Elude Hidden ID Cameras», *latimes.com,* 2. Febr. 2001

[303] Slevin, Peter, (Washington Post), „Police Video Cameras Taped Football Fans", 1. Febr. 2001

[304] Piller u.a., (Los Angeles Times), «Criminal Faces in the Crowd Still elude Hidden ID Cameras», 2. Febr. 2001, *Law Enforcement & Corrections Technology News Summary,* 8. Febr. 2001

[305] Chachere, Vickie, „Super Security Makes Some Nervous", *AP,* 11. Febr. 2001

[306] Gay, Lance, (*Scripps Howard News Service)*, „Cameras, cameras everywhere", 1. Febr. 2001

[307] *Agence France Presse,* „High-Tech Cameras to Be Used for Security at Salt Lake Games", 7. Febr. 2001, *Law Enforcement & Corrections Technology News Summary,* 15. Febr. 2001

[308] *Technology Review,* „Mug Shot Maker", Juli/August 2000

[309] Justice Technology Information Network (JUSTNET). Project Status Report: Integrated Law Enforcement Face-Identification System (ILEFIS), 11. Mai 1999

[310] O'Harrow, Jr., Robert, (*Washington Post*) „Matching Faces With Mug Shots", 1. Aug. 2001

[311] Wakefield, Julie, „A Face in the Crowd", Nov./Dez. 2001, *Mother Jones*

[312] Visionics Corporation, „FaceIt® Successfully Deployed by London's Metropolitan Police Service at Recent Football Match", Press Release, 10. Jan. 2000

[313] *Business Wire,* „Government Awards London Borough With Major Grant to Expand CCTV Surveillance program", *Law Enforcement & Corrections Technology News Summary,* 10. Febr. 2000

[314] *Montreal Gazette,* „The End of Passwords? Digital-Imaging Technology Will Allow Machines to Recognize Your Face", *Law Enforcement & Corrections Technology News Summary,* 9. März 2000

[315] Visionics Corporation, „Authentication", www.faceit.com

[316] Visionics Corporation, „Human ID at a Distance", www.faceit.com

[317] Visionics Corporation, „Criminal Justice Systems", www.faceit.com

[318] *New Scientist,* „Warning! Strange Behavior.", *Law Enforcement & Corrections Technology News Summary,* 6. Jan. 2000

[319] Williams, Molly (Wall Street Journal), „AuthenTec sees Wide Use for Fingerprint ID", 14. Dez. 2000, „, *Law Enforcement & Corrections Technology News Summary,* 21. Dez. 2000

[320] Branigan, Cara, „Students face controversial new lunch-line technology", 24. Juli 2001

[321] Taylor, David, „Worried police refuse to give DNA samples", *Daily Express,* 2. Juli 2000

[322] Seffers, George, „The details are in the bio", *fcw.com,* 30. April 2001

[323] Cracknell, David, „Roadside DNA tests planned", *www.telegraph.co.uk,* 10. Dez. 2000

[324] Lewis, Anthony, „Big Brother Pounces", *New York Times,* 7. Dez. 1999

[325] Johnston, Philip, „Police to get new powers on DNA testing", www.telegraph.co.uk, 20. Jan. 2001

[326] Hembree, Amy, „ID, registration and DNA, Please", www.wired.com, 26. Febr. 2001

[327] *Electronic Telegraph,* „DNA tests for all will cut crime, says pioneer", www.telegraph.co.uk, 19. Febr. 2001

[328] *AAP,* „Rights group slams plans for DANN database", 26. April 2001, www.theage.com.au

[329] Concar, David, „Fingerprint fear: DNA fingerprints used by police contain information about the health of the suspect, with huge ethical implications", *newscientist.com,* 2. Mai 2001

[330] Chen, David W., „Reopening wounds", 17. Febr. 2002, *Anchorage Daily News*

[331] Lumpkin, John J., „US needs bin Laden DNA sample", 28. Febr. 2002, *Anchorage Daily News*

[332] Mullen, Theo, „A Use For Biometrics?", *techweb.com,* 21. Sept. 2000

[333] McKay, Sandra, „City Link Tracking Speedsters Backed", *The Age,* 12. Jan. 1998

[334] Das, Sushi, „The Big E-Tag Raises An Outcry In Australia", *The Age,* 7. Juli 1999

[335] Justice Technology Information Network (JUSTNET). Project Status Report: In-Vehicle Voice Verification System. 30. Juni 2000

[336] Lardner, Richard, „NSA Chief Pushes Ahead With Overhaul Of Agency's Culture, Operations", *Inside Defense,* 16. Okt. 2000

[337] *CNET News.com Staff,* „Hitachi in the money with tiny chip?", 3. Juli 2001

[338] Romero, Simon, „As Wireless Tracking is Born, Does Privacy Die?", *International Herald Tribune,* 5. März 2001

[339] Kurth, Joel, „Odometer tax proposal likely to stall", *Detroit News,* 9. März 2001

[340] Wallack, Todd, „They Know Where You've Been", 12. Febr. 2001, *Law Enforcement & Corrections Technology News Summary,* 15. Febr. 2001

[341] Kirby, Carrie, „New Technology Can Pinpoint Cell-Phone Users' Locations", 23. Okt. 2000, *Law Enforcement & Corrections Technology News Summary,* 26. Okt. 2000

[342] Ulrich, Lawrence, „Adaptive Cruise Control Offers Glimpse Into Safer Future for Cars", 26. Okt. 2000. *Law Enforcement & Corrections Technology News Summary,* 9. Nov. 2000

[343] The White House, Office of the Press Secretary, „Statement By The President Regarding The United States Decision To Stop Degrading Global Positioning Accuracy", 1. Mai 2000

[344] *Canadian Business,* „Be Careful How You Use Your Cell Phone", *Law Enforcement & Corrections Technology News Summary,* 16. März 2000

Biographie der Autoren

Dr. Nick Begich ist der älteste Sohn des verstorbenen US-Kongress-abgeordneten von Alaska, Nick Begich sen., und der politischen Aktivistin Pegge Begich. Er ist in Alaska bekannt für seine eigenen politischen Aktivitäten und auf internationaler Ebene als Futurist und Referent, der in den USA und 19 anderen Ländern Vorträge gehalten hat. Zweimal wurde er zum Vorsitzenden der Lehrervereinigung von Alaska und des Rats für Erziehung in Anchorage gewählt. Während seines gesamten Erwachsenenlebens widmete er sich unabhängigen Studien in Naturwissenschaft und Politik. Begich erhielt im November 1994 den Doktortitel in traditioneller Medizin von der *Open International University for Complementary Medicines*. Gemeinsam mit Jeane Manning schrieb er das Buch *Angels don't play this HAARP*, auf Deutsch erschienen unter dem Titel „Löcher im Himmel", Michaels Verlag, 2004, und *Earth Rising – The Revolution*, auf Deutsch erschienen unter dem Titel „Freiheit nehmen", Michaels Verlag, 2005. Er ist außerdem der Herausgeber der *Earthpulse Flashpoints* und hat mehrere Artikel aus den Bereichen Naturwissenschaft, Politik und Erziehungswissenschaft veröffentlicht. In Tausenden von Radiosendungen war er zu Gast und berichtete über seine Forschungsarbeiten zu Themen wie neue Technologien, Gesundheit und Geowissenschaften. Er trat auch in Dutzenden Fernsehdokumentationen und anderen Programmen auf der ganzen Welt auf, zum Beispiel bei BBC-TV, CBC-TV, TeleMundo und anderen. Als Experte hielt er ein Referat vor dem Europäischen Parlament. Zu verschiedenen Themen hielt er Vorträge und repräsentierte Bürgerinitiativen, gewählte Vertreter, Wissenschaftler und andere. Er ist der Herausgeber und Miteigentümer von *Earthpulse Press* und steht für den Rat von Chickaloon Village unter Vertrag, dem offiziell anerkannten amerikanischen Indianerstamm *Athabascan Indian Nation*. Dr. Begich ist verheiratet mit Shelah Begich-Slade und hat fünf Kinder. Er lebt nördlich von Anchorage in der Gemeinde Eagle River, Alaska, USA.

James Roderick war Bürger von Alaska. Er arbeitete abwechselnd als Fischer, Minenarbeiter in Goldgruben und Fallensteller. Seine Forschungsarbeiten über militärische Giftabfälle in Alaska führten zu Presseberichten über die Beseitigung chemischer Waffen in den Gewässern von Alaska, über die Verseuchung durch Atomkraftwerke in Zentralalaska und illegale Testreihen mit radioaktivem Iodin an den Ureinwohnern und Inuit von Alaska. Er war 1991 Mitbegründer der Bewegung „No HAARP". Als wissenschaftlicher Mitarbeiter schloss er sich 1993 dem Verlag *Earthpulse Press* an und lieferte einige der wichtigsten Forschungsarbeiten im technologischen Bereich und auch Hintergrundforschung für Vorträge und öffentliche Veranstaltungen. Für den Verlag koordinierte er von September 1998 bis August 2002 die Öffentlichkeitsarbeit und die Kundenbetreuung. Gemeinsam mit Begich schrieb er *Earth Rising – The Revolution* (2004 auf deutsch unter dem Titel „Freiheit nehmen" im Michaels Verlag erschienen). Er war als Autor und Herausgeber für *Earthpulse Flashpoints* tätig und schrieb auch Artikel, die in Dutzenden von Medien auf der ganzen Welt veröffentlicht wurden. Als Mitautor kümmerte sich James bis zu seinem Tod im August 2002 um Entwurf, Forschungsarbeit und Herausgabe des vorliegenden Buches.

Michaels Verlag & Vertrieb GmbH
Ammergauer Str. 80 - 86971 Peiting, Tel.: 08861-59018
Fax: 08861-67091, e-mail: mvv@michaelsverlag.de
Internet: www.michaelsverlag.de

Nick Begich / James Roderick

Freiheit nehmen - High-Tech-Krieg auf unseren Willen und wie wir uns wehren können

In diesem Buch geht es um Technologie und ihre Auswirkungen auf die Menschheit. Es geht um die Grundlagen für Freiheit, Menschenwürde, individuelle Selbstverant-wortung und Selbstbestimmung. Die vorhandenen Materialien sind für alle schockierend. Wir stehen technologischen Fortschritten gegenüber, die das Schicksal der Menschheit im neuen Jahrtausend völlig verwandeln können. Das Buch beschäftigt sich mit einer Reihe von brisanten Themen, zu denen ausführliche Quellentexte aus Regierungsdokumenten, Forschungsberichten und Reportagen bedeutender Medien angeführt werden.

Nick Begich / Jeane Manning

Löcher im Himmel
352 Seiten, ISBN: 3-89539-380-0, Euro 23,80

Der Bestseller aus dem Verlag 2001 überarbeitet, ergänzt und in neuer Form im Michaels Verlag.
Dieses Buch handelt von der Aufdeckung der geheimen militärischen Versuchsanlage HAARP, einem Ionosphärenheizer in Alaska, der auch als Strahlenwaffe eingesetzt werden kann. Die Autoren weisen anhand von Patenten und internen Dokumenten des US Militärs nach, dass HAARP eine neue Dimension des Öko-krieges eröffnet und eine wichtige Grundlagentechnologie im Rahmen der „Revolution in Militärischen Angelegenheiten" des US Militärs darstellt.

Michaels Verlag & Vertrieb GmbH
Ammergauer Str. 80 - 86971 Peiting, Tel.: 08861-59018
Fax: 08861-67091, e-mail: mvv@michaelsverlag.de
Internet: www.michaelsverlag.de

Dr. Florian M.König

Die Natur braucht Chaos - verursacht - erkannt - geschützt

224 Seiten, Hardcover, ISBN: 3-89539-712-1, Euro 23,90

Die Natur und ihre überraschenden Eigenschaften beschäftigt den Menschen seit seiner Existenz. Was in ihr vorging, wurde früher oftmals als mystisch verstanden. Bis heute konnte man viele seinerzeit als übersinnlich interpretierte Effekte in Modelle wandeln und nunmehr beschreiben bzw. nachbauen. Die nun möglich gewordenen Wettermanipulationen können in gewaltige Katastrophen enden. Mit dem rechtzeitigen Erkennen der Ursachen und der Entstehung von Naturereignissen, kann der Mensch sich aber auch schützen. Die Erkenntnis, daß die Natur oftmals die besseren Lösungen vorgibt und der Mensch sich daran orientiert, ist Grundlage dieses Buches.

Alan E.Baklayan

Sanftes Heilen mit Biofrequenzen

ISBN: 3-89539-176-X, Euro 12,80,

Zappen- sanftes Heilen mit Biofrequenzen.

Immer mehr Menschen fühlen sich für ihre Gesundheit selbst verantwortlich und wollen möglichst lang gesund leben.Dieses Buch informiert über die interessanten, fast revolutionären Möglichkeiten moderner und eigenverantwortlicher Gesundheitsvorsorge kompetent und in leicht verständlicher Weise aus der Sicht eines erfahrenen Biofrequenz-Therapeuten.

Das hier vorgestellte neue Gesundheits-Selbsthilfe-System der Eigenbehandlung mit dem Zapper der neuen Generation eröffnet weitere Dimensionen gesundheitlichen Wohlbefindens. Nicht nur alltägliche Erkältungen und Grippe, sondern auch Diabetes, Gicht und rheumatische Beschwerden können durch diese Methode erfolgreich beeinflusst werden.

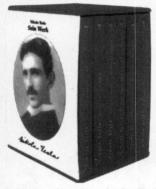

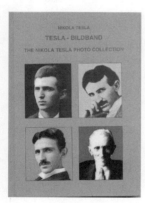

Michaels Verlag & Vertrieb GmbH
Ammergauer Str. 80 - 86971 Peiting, Tel.: 08861-59018
Fax: 08861-67091, e-mail: mvv@michaelsverlag.de
Internet: www.michaelsverlag.de

T.B. Bearden

Skalartechnologie

ca. 300 Seiten, EUR ca. 34,90 ISBN: 3-89539-250-2
(Hardcover)

Bearden ist einer der führenden Wissenschaftler im Forschungsbereich bezüglich Gravitationswellen und Skalarwellen. Bearden will mit diesem Buch Inhalte vermitteln, die zum Verständnis der heutigen Welt von Nöten sind. Strahlenwaffen sind keine Utopie mehr. Mit dem Wissen von T. E. Bearden wird verständlich, daß die von Strahlenwaffen erzeugten Schwingungen verheerende Auswirkungen haben können: z.B. können sie Menschen lähmen, Adern und Gefäße durch Zerplatzen zerstören etc. Es mutet schier unglaublich an, daß Menschen wie Steaks in der Mikrowelle erhitzt werden können oder lebendigen Organismen jegliche Wärme entzogen werden kann. Bearden nennt in seiner Veröffentlichung erschütternde Fakten.

Thomas Valone

Unipolarhandbuch

294 Seiten, EUR 29,90 ISBN: 3-89539-295-2
(Hardcover)

Valone ist im Who's Who wie auch in anderen biographischen Werken gelistet. Er fungiert derzeit als Präsident des Integrity Research Institute. Fragen zur Energieversorgung sind brennender denn je, und wirkliche Lösungsansätze hören dabei nicht bei „Alternativen Energien" auf. Wesentlich weitreicherende Antworten kommen dazu aus dem Bereich der Antigravitation und der Freien Energie. Der US-amerikanische Wissenschaftler Thomas Valone – einer der weltweit führenden Forscher auf diesem Wissenschaftsgebiet – stellt mit dem vorliegenden Buch seine revolutionären Forschungsergebnisse vor. Seit Valone 1980 auf einen Generator von Bruce LePalma stieß, arbeitete er sich tiefer und tiefer in die Materie ein.

MVV

Michaels Verlag & Vertrieb GmbH
Ammergauer Str. 80 - 86971 Peiting, Tel.: 08861-59018
Fax: 08861-67091, e-mail: mvv@michaelsverlag.de
Internet: www.michaelsverlag.de

Peter Lay

Enzyklopädie - Freie Energie

EUR 21,90   ISBN: 3-89539-231-6

Dieses Buch stellt kein Lexikon streng wissenschaftlicher
Fachbegriffe dar, sondern es werden hier Termini so
erklärt, wie sie in der Freie-Energie Forschung verwendet
werden. Die Fachbegriffe sind alphabetisch geordnet.
Ein und dieselben Fachbegriffe, die in Theorie und Praxis
oft unterschiedliche und zum Teil auch gegensätzliche
Bedeutungen haben, werden pluralistisch erklärt. Viele
Abbildungen unterstützen die Erklärungen.

Peter Lay

Hyperraum Kommunikation

ISBN 10: 3-89539-228-6 , ISBN 13: 978-3-89539-228-3
Euro 21,90

Nichts ist schneller als das Licht! Einige japanische,
amerikanische und deutsche Wissenschaftler wissen schon
seit geraumer Zeit, daß dies nicht uneingeschränkt gilt.
Schneller zu sein, als das Licht, fasziniert nicht nur die
Wissenschaftler mit ihren hochmodernen und teuren
Laborausstattungen. Auch Amateure können mit einfachen
Mitteln die Kommunikation mit Überlichtgeschwindigkeit
untersuchen.

Ulrich Heerd

Das Haarp-Projekt

256 Seiten, EUR 23,90 ISBN: 3-89539-266-9
(Hardcover)

Über Mobilfunk zur Strahlenwaffe, über
Wetterveränderung zur Bewußtseinskontrolle. Dieses
Buch stellt in einer bisher einzigartigen Weise den Versuch
dar, eine Chronologie vom Elektrosmog über die Mobil-
funktechnologie zur modernsten Strahlenwaffe
aufzuzeigen. Das Einsteigerbuch für den interessierten
Laien.